RICHARD WURMBRAND
CHRISTUS AUF DER JUDENGASSE

RICHARD WURMBRAND

CHRISTUS
AUF DER
JUDENGASSE

Stephanus Edition · Uhldingen/Seewis

ISBN 3-921213-30-4

Titel der Originalausgabe
„Christ on the Jewish Road"
© by Richard Wurmbrand.
Druck: Stephanus Druck GmbH, 7772 Uhldingen 1
Deutschsprachige Ausgabe bei Stephanus Edition Verlags AG
CH-7299 Seewis
Aus dem Amerikanischen von Ulrike Heinzelmann
Titelbild: Anthony Verlag
Alle Rechte vorbehalten
1. Auflage 1980

INHALT

	Seite
Vorwort	7
1 Ich mache mich auf den Weg	21
2 Juden, die Zeugnis für Christus ablegten	85
3 Argumente für die Auferstehung	153
4 Die faschistische Periode	190
5 Die Kirche wächst	236
6 Gespräche mit Zionisten und anderen Juden	279
7 Unsere Einstellung zum Kommunismus	321
Nachwort	347

Zur Erinnerung an
Isaak Feinstein und andere, die ihr Leben
unter der Herrschaft von Nationalsozialisten
und Kommunisten geopfert haben,
weil sie Juden und Christen waren.

VORWORT

Wenn ich auf mein Leben zurückblicke, bin selbst ich überrascht, was ich alles durchgestanden habe.

Für einen Christen ist das Leben keine Rückschau: er verschwendet seine Zeit nicht mit dem Schreiben von Nachrufen über Vergangenes; statt dessen schreibt er mit der Feder des Heiligen Geistes das Vorwort zu einer lichten und ewigen Zukunft in die Herzen der Menschen. In der Regel werden Memoiren nur von solchen Menschen geschrieben, die keine befriedigende, inhaltsreiche Gegenwart mehr besitzen.

Ich aber habe einen anderen Grund, meine Erinnerungen aufzuzeichnen: ein Vierteljahrhundert ist nun vergangen, seit ich begann, den Juden unter besonders schwierigen Umständen die christliche Botschaft zu predigen — unter dem faschistischen Terror, dem Krieg und später unter dem kommunistischen Regime in Rumänien. Ich habe die Hitze des Gefechts in einem äußerst wichtigen Teil des Schlachtfeldes mitgemacht, wo der ewige Kampf zwischen Licht und Finsternis ausgetragen wird.

„Du hast uns unter den Völkern auserwählt", erklären die Juden täglich in ihren Synagogen. „Das Heil kommt von den Juden", sagte Jesus (Joh. 4, 22). „Die dreckigen Juden sind die Ursache all unserer Schwierigkeiten", sagen die Antisemiten. Und der „internationale" Jude ist in der Literatur Gegenstand zahlreicher Darstellungen.

Manche Menschen finden im Christentum ihr wahres Glück; andere wiederum hassen das Christentum und würden es gerne zerstört sehen. Ein Jude, Jesus, ist die Ursache ihres Glücks bzw. ihrer Wut.

Manche Leute profitieren vom Kapitalismus; andere haben das Gefühl, daß sie vom kapitalistischen System ausgebeutet werden und würden es gerne beseitigt sehen. Es kann keiner leugnen, daß die Juden zu einem frühen Zeitpunkt zur Gründung dieses Systems beigetragen haben und daß sie im Wirtschafts— und Finanzleben immer noch eine sehr wichtige Rolle spielen, die in keinem Verhältnis zu ihrer zahlenmäßigen Stärke steht. Ob man sich nun vom Kapitalismus angezogen oder abgestoßen fühlt, wird zu einem großen Teil von Juden bestimmt, die man wahrscheinlich nie von Angesicht zu Angesicht gesehen hat — wie eben die Leute, die in der kapitalistischen Welt das letzte Wort haben, fast immer anonym sind.

Der Kommunismus kann uns eine Quelle der Freude oder des Leides sein; er stammt von dem Juden Marx und einer ganzen Reihe jüdischer Verfechter dieser Idee, ohne die die Revolution im Osten unmöglich gewesen wäre. Das Schicksal eines vietnamesischen Bauern, der nie in seinem Leben Juden zu Gesicht bekommen hat, wird letzten Endes davon abhängen, ob er das Buch über den Juden Jesus oder das Buch des Juden Marx liest. Welche Richtung auch immer den Sieg davonträgt — die christliche Zivilisation oder die marxistische Welt: beide sind eng mit einem jüdischen Namen verknüpft.

Manche Leute vertrauen auf die moderne Wissenschaft, deren Spitzenleistungen in der Atomphysik liegen — einer Wissenschaft, die der Menschheit ein traumhaftes Leben ermöglicht. Andere warten mit Furcht und Schrecken auf den zerstörenden Atomkrieg, der — so glauben sie —das Endergebnis dieser Wissenschaft sein wird. Im Westen wie im Osten liegt die Atomwissenschaft zu einem Großteil in jüdischer Hand. Einstein hat die Vereinigten Staaten zur Entwicklung von Atomwaffen angeregt. Der Jude Teller ist der „Vater" der Atombombe. Die Juden Rosenberg verrieten an Rußland Atomgeheimnisse. In wissenschaftlichen Büchern wird das Universum nach einem Juden benannt: wir sprechen von Einsteins Universum, so als lebten wir in einem Universum als Gäste eines Juden.

Und dies ist wirklich zutreffend, denn wir sind tatsächlich die Gäste eines Juden; nur ist sein Name nicht Einstein, sondern Jesus Christus.

Er ist Mensch und Jude, aber auch Gott —ein wundervoller Gott, über den wir in Seinem heiligen Buch und zwar im Brief des Paulus an die Römer lesen, „...und aus welchen (den Juden) Christus herkommt nach dem Fleisch, der da ist Gott über alles, gelobt in Ewigkeit" (Röm. 9, 5).

Ein Volk, aus dem Gott kam!

Meine Arbeit ist keine gewöhnliche Missionsarbeit gewesen; ich habe unter diesen Menschen gearbeitet, die im heiligen Buch der Christen „das auserwählte Volk" genannt werden, aus dem Gott gekommen ist, das aber nichtsdestoweniger diesen Gott nicht kennt. Eine Nation, die von Millionen Menschen als die Quelle ihres Glücks oder Elends entweder gesegnet oder verflucht wird — eine Rasse, die mehr als jedes andere Volk das Schicksal der ganzen Welt bestimmt hat und bestimmen wird.

Das jüdische Volk hat der Welt die Bibel gegeben, die aus dem Alten und Neuen Testament besteht, ein Buch, das von Juden geschrieben wurde und doch gleichzeitig das Wort Gottes ist —das einzige Buch, das die geistlichen Bedürfnisse der Welt befriedigen kann. Es wird diese Bedürfnisse befriedigen, wenn es wieder zurückkehrt in die Hände derer, die es geschrieben haben, und wenn sie sich um Ihn versammeln, der das Hauptthema des Buches ist: um Jesus, den Messias der Juden und den Heiland der Völker.

Die überwältigende Mehrheit der Menschen lebt in tiefer Sünde, des wahren Glaubens beraubt. Mord, Ausbeutung, Unterdrückung, Unzucht, Niederlage, Neid, Ausschweifung und Verleumdung gehören zur Tagesordnung. Die Menschheit muß zwangsläufig der raschen Zerstörung erliegen, wenn sie nicht bekehrt wird und sich von dem gegenwärtigen geistlichen Tod erhebt. Die Schriften aber sagen uns, daß die Bekehrung Israels Leben aus den Toten sein wird (Röm. 11, 15).

Jesus und die Juden sind unauflöslich miteinander verknüpft. „Wo ist der neugeborene König der Juden?" fragte einer der Weisen, als Er geboren wurde (Matth. 2, 2). „Dieser ist Jesus, der

König der Juden" lautete die Inschrift auf dem Kreuz (Matth. 27, 37).

Die Prophezeiungen des Alten Testamentes enthalten dieselbe Botschaft. Moses sagte zu den Juden: „Einen Propheten wird dir der Herr, dein Gott, erwecken aus dir und aus deinen Brüdern", (5. Moses 18, 15). Jesaja, der die Geburt Jesu achthundert Jahre zuvor prophezeite, erklärte: „Denn uns ist ein Kind geboren, ein Sohn ist uns gegeben", (Jes. 9, 6) — „uns" bezieht sich auf die Juden. Als Jeremia den neuen Bund voraussagte, den Jesus durch das Vergießen Seines Blutes am Kreuz schließen würde, erklärte er: „Siehe... da will ich mit dem Hause Israel und mit dem Hause Juda einen neuen Bund schließen." (Jer. 31, 31)

Jesus selbst hat gesagt: „Ich bin nur gesandt zu den verlorenen Schafen des Hauses Israel" (Matth. 15, 24). Er erklärte ebenfalls, Er sei der Erlöser der Welt, doch in der obengenannten Stelle und in ähnlichen Erklärungen legte Er Seine besondere Beziehung zum jüdischen Volk dar.

Das beabsichtigte Ziel meiner gesamten Missionsarbeit, über die ich in diesem Buch berichte, war es, das Bewußtsein Israels für diese besondere Beziehung zu wecken, eine Beziehung, die nie zerstört werden kann — ganz gleich, wie sehr wir dagegen sind. Die Juden sind heute nicht mehr, was sie vor zweitausend Jahren waren; sie sind nicht einmal mehr die Juden, die in den Gettos des mittelalterlichen Europas lebten, von dem uns die französische Revolution befreit hat. Wir haben in der Wissenschaft, in der Kunst, in der

Literatur und im gesellschaftlichen Leben Fortschritte gemacht: nur in der Religion herrscht Stagnation oder zumindest geht der Fortschritt nicht so schnell vonstatten, wie in anderen Bereichen. Die damaligen Juden haben vielleicht vernünftige Gründe gehabt, wenn sie einen Zimmermann ablehnten, der erklärte, Er sei der Erlöser der Welt. Wir hingegen befinden uns in einer sehr viel besseren Lage, zu erkennen, wer Jesus war. Wäre Er ein gewöhnlicher Dilettant gewesen, wie einige glaubten, dann hätte Er nicht gesiegt.

Menschen von brillianter intellektueller Kapazität haben Ihm Huldigungen erwiesen.

Der Jude Spinoza erklärte: „Jesus ist das höchste Symbol jüdischer Weisheit." Rousseau schrieb: „Wenn der Tod des Sokrates der Tod eines Weisen war, dann war der Tod Jesu der Tod eines Gottes."

Strauss, der mehrere Werke schrieb, um zu beweisen, daß Jesus nicht Gott ist, erklärt, Er sei das höchste Ziel, das wir in unseren Gedanken anstreben können. Ernest Renan, der sehr viele Leute zum Zweifeln an der Göttlichkeit Jesu brachte, sagte, daß Seine Schönheit ewig sei und Sein Königreich nie enden würde.

Es fällt manchen schwer, an die Aussagen Seiner Jünger über Ihn zu glauben — doch laßt uns dann zumindest Seinen Feinden, wie beispielsweise den Pharisäern, Glauben schenken, die erklärten: „Meister, wir wissen, daß Du wahrhaftig bist und fragst nach niemand; denn Du achtest nicht das Ansehen der Menschen, sondern Du lehrst den

Weg Gottes recht." (Markus 12, 14). Und Judas gestand: „Ich habe unschuldiges Blut verraten." (Matth. 27, 4). Pilatus sagte: „Ich bin unschuldig am Blute dieses Gerechten." (Matth. 27, 24). Und der Hauptmann der Wache, der mit der Kreuzigung beauftragt war, rief aus: „Wahrlich, dieser ist Gottes Sohn gewesen." (Matth. 27, 54).

Der Glaube an Jesus gibt den Gläubigen Zuversicht. Der wahre Glaube an Jesus verwandelt unbeugsame Geister in Herzen, die in Liebe entflammen.

Der wahre Glaube an Jesus reißt die Schranken zwischen den Rassen und Nationen nieder. Der Hof der Nichtjuden war im Tempel von Jerusalem vom Allerheiligsten durch einen Zaun abgetrennt, auf dem in drei Sprachen geschrieben stand: „Wer kein Jude ist und hier weitergeht, wird mit dem Tode bestraft." Die christliche Religion durchbricht nationale Grenzen und macht Gottes Haus zu einem Ort, an dem alle Völker sich im Gebet versammeln.

Es wird aber nun sicher jemand den Einwand erheben: „Wenn der Glaube an Jesus uns in Liebe verwandelt, wie lassen sich dann die heftigen Konflikte, die innerhalb einer christlichen Gemeinde ausbrechen, und die Streitigkeiten zwischen den verschiedenen Konfessionen erklären? Und wenn das Christentum die Menschen aller Nationen zu Brüdern macht, wie sollen wir uns dann die mörderischen Kriege erklären, die zwischen christlichen Nationen ausgetragen werden? Widerlegen die nackten Tatsachen nicht die Ansprüche, die das

Christentum erhebt?

Die Antwort darauf ist, daß wir — was die christliche Kirche betrifft — noch immer in vorgeschichtlichen Zeiten leben. Die verschiedenen Konfessionen sind lediglich Gerüstteile des stattlichen und vollen Bauwerks, das sich eines Tages erheben wird.

Die Aufgabe der zum Glauben an Jesus bekehrten Juden ist es, die Welt aus dem geistlichen Tod zu erwecken. Die Schriften erklären, es sei der Zweck der Erlösung der Nichtjuden — die alles in ihrer Macht Stehende gegeben haben — gewesen, die Juden auf ihren Gott eifersüchtig zu machen. Die Juden sind von Gott dazu berufen und besonders ausgerüstet worden, der christlichen Kirche die wirkliche innere Bedeutung zu geben. Betrachten wir die Kirche nicht, wie sie ist, sondern wie sie sein wird, wenn die Juden, auf die sie wartet, Christen geworden sind und ihr eine unvergleichliche Schönheit verleihen werden. Dann wird sie eins sein und in Liebe erglühen. Gott hat mich berufen, die Juden zu Christus zu führen. Wenn Er ruft, gibt Er dem Menschen auch stets die Fähigkeiten und Gelegenheiten, Seinem Ruf zu gehorchen. Jeder Mensch besitzt ihm unbekannte geistige Kräfte. Wenn er sich Jesus in Liebe verpflichtet, entdeckt er, welche Fähigkeiten in ihm schlummern. Auch ich hatte zu Beginn meines christlichen Lebens keine Ahnung, für wie viele Werke ich benutzt werden würde.

Denn meine Taten waren nicht meine eigenen Leistungen: der gläubige Christ ist wie ein Kind, dem der Fahrer eines Autos erlaubt, das Steuerrad zu halten, während der Fahrer selbst seine Hände über die des Kindes legt. Das Kind freut sich, ein Auto fahren zu dürfen — ohne daß es den geringsten Fehler machen kann — denn es ist ja jemand da, der darüber wacht und um alles weiß. Und selbst während wir unsere Last tragen, werden wir auf Adlerschwingen in die Höhe gehoben. Er, der durch Seine Kinder wirkt, ist derselbe Gott, der die Sterne über das himmlische Firmament aussäte. Wir tragen in uns Seine Kraft, die uns befähigt, uns zu opfern — dieselbe Kraft, die Seinem Sohn innewohnte, als Er für uns gekreuzigt wurde. Durch uns wirkt die heiligende Kraft des Geistes. Sie bewegt sich in uns wie ein mächtiger Sturm, und durch uns erweckt dieser Sturm andere zu leidenschaftlichem Eifer, denn Gott wohnt in uns. Es ist, als ob die Fülle Seiner Gnade das für Ihn zu enge Gefäß beinahe zersprengt.

Wenn ich auf diese vergangenen Jahre zurückblicke, kann ich nur selten einen logischen Zusammenhang zwischen den Ereignissen und der von mir damals eingenommenen Haltung feststellen. „Das Herz hat seine Gründe, die die Vernunft nicht kennt." Die Geburt der tiefsten Überzeugungen eines Menschen ist nicht das Ergebnis eines Gedankenganges; das Unterbewußtsein läßt sich nicht trainieren und verhält sich nicht logisch. Es denkt nicht in Übereinstimmung mit den gewöhnlichen Gesetzen der Vernunft. In manchen Träumen wird die Größe der versteckten Werte des Menschen sichtbar. Dieses Unterbewußtsein ist das Dunkel, in dem Gott sich gern aufhält und hier hat Er offen durch mich Dinge getan, die ich selbst nicht verstehen kann. Jenseits der Welt der Erscheinungen, die wir mit unseren Sinnen wahrnehmen, liegt die wirkliche, unsichtbare und wesentliche Welt. Dort wirkt das Göttliche; und was in unserer Natur zu sehen ist, wird davon regiert.

Ich verstehe nicht alles, was mit mir geschehen ist, doch ich bin überzeugt, daß mein ganzes Leben und das aller Seiner Kinder von Gott geplant worden ist und zwar bis ins kleinste Detail. Unser Leben wird in der Ewigkeit geplant; unser Leben dient Gottes Zweck. Ich darf zuversichtlich sein, selbst wenn ich nichts verstehe.

Anfangs, als ich ein Anhänger Jesu wurde, wollte ich mit niemandem Streit haben, sondern mich nur von allem ausruhen, was vorangegangen war. Religion muß dem Streben ein Ende setzen, sie muß Ruhe bringen. Doch ein ruhiges Leben, welches nur in der Liebe und der Auslegung der Wahrheit gelebt wird, weckt neue Stürme; jemandes Religion wird angegriffen, sie muß verteidigt werden — und schon befindet man sich wieder im Kriegszustand, ohne es gewollt zu haben. Wir müssen Glaube und Liebe aktiv in die Praxis umsetzen, und nur Gott weiß, warum wir, die wir Söhne des Friedens sind, nicht den Frieden, sondern das Schwert bringen.

Ich bin mit vielen Angehörigen des jüdischen Volkes, zu dem ich mich ja auch zähle, in Konflikt geraten. Christliche Juden werden von den Juden oft Verräter ihres Volkes genannt. Ich werde nicht weiter bei dieser schrecklichen Bezeichnung verweilen. Es könnte einfacher und mit größerer Liebe gesagt werden, daß christliche Juden andere Wertmaßstäbe anlegen.

Doch ist es wirklich das eigene Volk, das den allerhöchsten Wert darstellt? Das Alte wie auch das Neue Testament bezeichnen eine Priesterin eines kanaanitischen Tempels als heilig, in dem religiöse Prostitution ausgeübt wurde. Ihr Name war Rahab. Zu einem Zeitpunkt, als die Juden mit der Absicht, die Kanaaniter völlig zu vernichten, in den Krieg zogen, schloß Rahab gegen die Interessen ihres eigenen Volkes einen Pakt mit den Juden. War sie eine Verräterin? Wurde sie dadurch entehrt? Nein, sie war eine Frau, die die neue Religion, die von den Juden vertreten wurde, über die Interessen des Volkes stellte, dem sie angehörte. So wurde sie eine der Ahnen Jesu. Sie wird von den mosaischen Juden ebenfalls verehrt.

Wir lieben unser Volk von ganzem Herzen; doch wir schätzen den Ruhm Jesu höher ein als den unseres eigenen Volkes. Und wenn wir vor die Wahl zwischen den beiden Alternativen Jesus oder unser Volk gestellt werden und man von uns verlangt, auf Ihn zu verzichten, wählen wir Jesus, weil wir voll und ganz wissen, daß diejenigen, die Ihm nicht wahrhaftig dienen, ihrem eigenen Volk auch nicht am besten dienen können.

Als meine Frau und ich Christen wurden, fanden wir in allen Konfessionen liebe Brüder und Schwestern; doch nicht eine einzige dieser Konfessionen ist die christliche Kirche. Keine von ihnen besitzt weder die unverfälschte Wahrheit noch eine wahrhaft glühende Liebe. Viele christliche Pastoren sind nicht so wie ein Pastor sein sollte; ein Mensch, in dem Christus gegenwärtig ist, eine eifrige Seele, die die Wahrheit sieht, verkündet und lebt — ein Mensch, durch den Gott selbst spricht. Den Schafen wird kein Gehör geschenkt. Von dem Geschenk der Gnade, das die Mitglieder der Kirche besitzen, wird nicht genügend Gebrauch gemacht. Sie stehen untätig auf dem Marktplatz herum oder es wird ihrer Stärke und Fähigkeit nicht genügend Raum gegeben. Es mangelt der Arbeit der Kirche an koordinierter Handlungsweise, an der alle Kinder Gottes teilnehmen sollten.

Wir sind die am schlechtesten organisierte Armee. Die melancholische Bemerkung Jesu, daß die Kinder dieser Welt klüger sind als die Kinder des Lichts (Luk. 16, 8), hat uns nicht veranlaßt, die Dinge zu ändern. In früheren Zeiten wurde eine christliche Armee rekrutiert, um ein leeres Grab zu erobern. Warum organisieren wir nicht eine Armee, um lebendige Seelen zu gewinnen?

Als wir, die wir noch neu im christlichen Glauben waren, diese Fragen anschnitten, wurden christliche Oberhäupter auf uns böse.

Es gibt einen Klub für Zwerge. Die Mitgliedschaft steht nur denen zu, die nicht größer als 120 cm sind. Diese organisierten Zwerge sagen, sie stünden der menschlichen Perfektion am nächsten; denn die ersten Menschen seien größer als die heutigen gewesen, und Hand in Hand mit dem

Fortschritt sei die menschliche Gestalt kleiner geworden. Auch wir könnten in der Tat einen Klub für christliche Zwerge mit einer großen Anzahl von Mitgliedern gründen. Denn die Zwerge der Christenheit sind es, die als Norm betrachtet werden, während man die Riesen für Fanatiker hält. Die kalten und gleichgültigen Zwerge nennt man weise... Ich befinde mich im Widerspruch zu Leuten, die in dieser Richtung denken.

Noch feindlicher stand ich der atheistischen Welt gegenüber. Die Körper und Seelen vieler hebräischer Christen tragen die Narben von Wunden, die sie in diesem Kampf empfingen. Doch nur der Soldat, der sein Leben wagt, ist ein wahrer Soldat, und Narben sind die Ehrenabzeichen des Soldaten.

Fünfundzwanzig Jahre lang hatte ich eine einzige Aufgabe, weil ich wußte, daß nur derjenige Großes vollbringen kann, der sich auf ein Ziel konzentriert. Amateure geben keine großen Athleten ab; und Geistliche, die neben ihrem Amt auch noch passionierte Philatelisten, Fußballspieler, Schachspieler, Musiker, Politiker und vieles andere mehr sind, sind nicht die besten Pastoren. Man kann viele Talente besitzen, doch sie müssen alle dem gleichen Ziel untergeordnet sein.

Ich habe nur eines getan: ich habe für Christus gearbeitet. Ich bin nicht zufrieden mit dem, was ich geleistet habe. Wenn ich es wäre, könnte ich keine Fortschritte mehr machen. Doch ich weiß, daß Jesus mir vergeben wird, wenn ich in meinen Gedanken geirrt und in meinem Leben gesündigt habe. Er hat mich nicht verlassen und Er wird mir helfen, es in Zukunft besser zu machen.

Und weil diese Arbeit nicht die eines einzelnen ist — der wahre Christ gehört in die Versammlung der Kinder Gottes — habe ich das vorliegende Buch geschrieben, damit das, was richtig und falsch gewesen ist in meinem Wirken, der Kirche und dem jüdischen Volk als Lehre dient und andere Besseres erbringen können.

1

ICH MACHE MICH AUF DEN WEG

*Ein deutscher Zimmermann
zeigt einem Juden den Weg zu Christus.*
Man schrieb das Jahr 1937. Hitler war an der Macht. In einem kleinen Dorf in Rumänien verbrachte ein betagter deutscher Zimmermann seine letzten Lebensjahre. Sein Name war Christian Wölfkes. Während einer Evangelisation in der evangelisch-lutherischen Kirche, die von Pastor Scherg geleitet wurde, war er zum Christentum bekehrt worden. Später trat er einer Gemeinde von Brüdern bei, die sich »Christen nach dem Evangelium« nannten.

Wölfkes erkannte, daß ein Christ, der nicht auch gleichzeitig Missionar ist, wenn auch auf kleinster Ebene, seine Pflicht nicht erfüllt, der Welt ein Licht zu sein. Eines Nachts, als er schwer krank war, wachte ein christlicher Jude an seinem Bett. Aus tiefster Dankbarkeit sehnte er sich nun danach, dafür gebraucht zu werden, Juden zu Christus zu bringen. Sein tägliches Gebet war: »Oh Herr, ich habe Dir auf Erden gedient, und auf Erden erhoffe ich meine Belohnung. Ich bete, daß ich nicht sterben möge, bevor ich nicht einen Juden zum Glauben gebracht habe. Doch in dieser Gegend gibt es keine Juden, und ich bin alt, krank und arm. Ich bin nicht fähig, sie anderswo zu suchen. Du aber bist allmächtig. Bring einen Juden hierher in mein Dorf, und ich verspreche mein

Äußerstes zu tun, ihn zu bekehren.«

Der erste Jude, der in jenem Frühling in das Dorf kam, war ich selbst. Ich weiß nicht, ob je ein Mädchen von ihrem Geliebten so leidenschaftlich umworben wurde wie ich von diesem alten Mann, der in mir die Antwort auf sein Gebet sah.

Er gab mir die Bibel zu lesen. Ich hatte es schon früher getan, aber sie hatte keinen Eindruck auf mich gemacht. Aber die Bibel, die ich jetzt in der Hand hielt, war nicht wie irgendeine Bibel; erst später entdeckte ich ihr Geheimnis. Wölfkes und seine Frau verbrachten täglich viele Stunden damit, für meine Bekehrung und die meiner Frau zu beten. Eigentlich konnte ich die Bibel gar nicht wirklich lesen, sondern ich weinte darüber. Meine Tränen begannen jedesmal zu fließen, wenn ich mein egoistisches und armseliges Leben mit dem seinen verglich, der einherging und Gutes tat.

Wölfkes ließ die Bibel und seine Gebete in meinem Herzen wirken. Er sprach kaum mit mir. Er wußte instinktiv, was so viele ausgebildete Missionare nicht wissen, daß die wirksamste missionarische Methode in der Zurückgezogenheit, dem Schweigen und der konzentrierten Meditation liegt, um der Seele, die man gewinnen will, Frieden zu geben. Man soll ununterbrochen beten und damit zufrieden sein, daß man ein kleines Samenkorn ausgestreut hat. Dieses wird mit der Zeit Wurzeln schlagen und wachsen.

Eine lange Zeit verging. Eines Abends fragte mich der alte Mann: »Was hältst Du von der Bibel?«

Ich antwortete: »Ich verlor meinen Vater, als ich noch ein Kind war, und wir waren sehr arm. Manchmal stand ich stundenlang in Ekstase vor einer Bäckerei und starrte mit glühendem Verlangen die Kuchen an. Ich sagte dann zu mir selbst: 'Die sind nicht für mich. Nie werde ich so etwas zu essen bekommen.' Die Bibel weckt in mir diese Erinnerungen. Ich sehe wieder einmal wunderbare Dinge vor mir, aber ich weiß, daß sie nicht für mich sind, weil ich Jude bin. Ich weiß, daß es Juden gibt, die zum Christentum bekehrt worden sind, um Rumäninnen zu heiraten oder um antisemitischen Verfolgungen zu entkommen. Aber ich habe noch nie einen Juden getroffen, der an Jesus glaubt.«

Von jenem Augenblick an wurde Wölfkes zum Werkzeug Gottes, um mir den Schleier von den Augen zu reißen. Er redete in einfachen Worten mit mir, Worten, die von Herzen kamen, über Dinge, die ein Jude hätte wissen müssen, die ich aber dennoch nicht wußte: über die Erfüllung der messianischen Verheißung in Jesus; von Jesu sanfter Aufforderung, mit der Er Sein Volk rief; von der Liebe, die Gott noch immer für die Juden hat um ihrer Vorväter willen, die Träger des Glaubens waren...

Gott öffnete mein Herz, so daß ich imstande war, dem Evangelium zu glauben. Wölfkes stellte mich einer Reihe von christlichen Juden vor, die — selbst in ihrem Aussehen — von solcher Reinheit waren, daß ich bis dahin nicht hätte glauben können, daß solche Menschen existieren. Dieser bescheidene Zimmermann gab den ersten Anstoß zu meiner Bekehrung .... Später trat auch meine Frau dem Glauben bei. Sie führte andere Seelen mit sich, die wiederum andere brachten, und so ging es weiter, bis in Bukarest eine judenchristliche Gemeinde gebildet wurde, die viele Jahre lang kräftig gedieh.

Das Bestehen dieser Gemeinde, die die Frucht der Arbeit seiner Seele war, wurde für den Zimmermann in seinen letzten Jahren die große Quelle des Trostes.

Er starb während des Krieges. Ich mußte weiterkämpfen und verbrachte viele Jahre im Gefängnis. Mittlerweile wanderten fast alle rumänischen Judenchristen aus und haben Gemeinden in mehreren Städten Israels gebildet.

Nach meiner Entlassung aus dem Gefängnis besuchte ich eine große Zusammenkunft von Christen in einem Dorf, in dem sich Hunderte von Brüdern und Schwestern versammelt hatten. Ich war nicht stark genug, um predigen zu können, aber man bat mich, in einigen Worten die Geschichte meiner Bekehrung zu erzählen. Während ich sie schilderte, bemerkte ich, daß ein sehr alter Mann weinte. Nach der Zusammenkunft sprach ich mit ihm. Er erzählte mir, sein Name sei Pitter, er sei Faßbinder, und er sei es gewesen, der Wölfkes zum Glauben gebracht habe. Bis dahin hatte er geglaubt, daß alles, was er im Leben vollbracht hatte, die Bekehrung eines Zimmermanns gewesen sei. Nun wurde ihm bewußt, daß er wesentlich zum Kampf der Judenchristen für die Sache Jesus

in Israel beigetragen hatte, und daß er ein Urgroßvater im Glauben für viele Seelen war. Hitler ermordete Juden. Deutsche Christen arbeiteten daran, sie zu retten. Hier waren zwei verschiedene Welten. Wenn ich an diese bescheidenen Deutschen denke, die mir zur geistlichen Geburt verhalfen, werde ich daran erinnert, was Martin Luther an einen Juden namens Jössel geschrieben hat:
»Wäre es nicht richtig für euch zu glauben, daß wir vor dem besten eurer Könige nicht das Knie beugen sollten, weil Nichtjuden und Juden von jeher Todfeinde gewesen sind? Um wieviel weniger aber vor einem solchen Juden, gekreuzigt und verflucht, es sei denn, daß dies die Macht und Arbeit Gottes enthülle, ER, der mit Seiner Stärke sie in unsere stolzen nichtjüdischen Herzen gepflanzt hat? Ihr Juden würdet nie einen toten Nichtjuden als Herren anbeten, der gekreuzigt worden ist oder einen anderen schändlichen Tod erlitten hat. Aus diesem Grunde müßt ihr uns Christen nicht für Narren und Gänse halten, sondern ihr müßt eines Tages erkennen, daß Gott euch aus dem Elend herausführen wird, das ihr mehr als fünfzehnhundert Jahre erduldet habt — aber ER wird das nicht tun, wenn ihr nicht zusammen mit uns Nichtjuden den geliebten Jesus, den Gekreuzigten, annehmet.«
Es ist ein Wunder, für das es keine Erklärung gibt, daß es sogar während des grimmigen Antisemitismus der nationalsozialistischen Unterdrückung Deutsche gab, die von ganzem Herzen an den gekreuzigten Juden als ihren Erretter glaub-

ten; einige von ihnen litten schwer, weil die Juden Ihm gegenüber gleichgültig blieben, der der Ruhm Seines Volkes Israel ist.

Rabbiner helfen, meine Zweifel zu zerstreuen
Obgleich die Rabbiner die Hirten des jüdischen Volkes sind, hatte ich mein siebenundzwanzigstes Lebensjahr erreicht, ohne jemals ihre Führung kennengelernt zu haben. Sie führten mich weder auf grüne Weiden, noch an stille Wasser. Ich weiß nicht, was sie sonst zu tun hatten, aber sie kamen nicht, ihre verlorenen Schafe zu suchen. Es war vielleicht nur *mein* Mißgeschick. Wahrscheinlich gibt es Rabbiner, die ihre Pflicht erfüllen.

Ich ging manchmal in die Synagoge, aber ich verstand nichts von dem, was dort gesungen wurde, und die anderen Juden verstanden es auch nicht. Die Kantoren wußten, daß wir nicht Hebräisch verstanden, und trotzdem sangen sie stundenlang in dieser Sprache. Offensichtlich kümmerten sie sich wenig darum, ob wir etwas über Gott wußten. In der Tat frage ich mich, ob sie überhaupt selbst »in Gott« lebten.

Der reformierte Judaismus war in Rumänien unbekannt.

Aber ich darf nicht ungerecht sein: christliche Priester und Pastoren bemühten sich ebensowenig, mich ausfindig zu machen. Priester und Pastoren haben im allgemeinen anderes zu tun, als die verlorenen Seelen dort zu suchen, wo man sie findet — in Kneipen, Freudenhäusern, Spielhöllen und in atheistischen Organisationen. Ich wurde von einem Zimmermann gefunden, einem Mann, den Priester und Pastoren der großen Konfessionen einen »Sektierer« genannt hätten. Die Rabbiner interessierten sich nicht für mich, bis sie ihre Gelegenheit verpaßt hatten, und ich von Israels großem Hirten, Jesus von Nazareth, gesucht und gefunden worden war, den die jüdischen Propheten geweissagt hatten.

Ich saß im Hause eines Rabbiners, der eine der bekanntesten Persönlichkeiten des rumänischen Judaismus war. Ich war gekommen, um ihm zu erzählen, warum ich an Jesus als den Messias glaubte. Der Rabbiner H. hatte mein Trauungszeremoniell vollzogen: ich hatte um der Familie willen in der Synagoge geheiratet. Er hatte damals gewußt, daß ich ein kämpferischer Atheist und ein anarchistisches Element war. Doch er unternahm nicht den geringsten Versuch, mir von Gott zu erzählen. Er vollzog die Zeremonie — und das war alles.

Jetzt, da ich auf dem Weg über Jesus zu Gott gekommen war, äußerte er sein Mißfallen. Er fragte mich: »Was veranlaßt Sie, an Christus zu glauben?« Ich erzählte ihm, daß die Prophezeiung Jesajas etwa achthundert Jahre vor Jesus mich besonders beeindruckt hätte. Beim Lesen dieser Prophezeiung im dreiundfünfzigsten Kapitel hätte ich den Eindruck gehabt, daß der Prophet Jahrhunderte vor der Geburt des Erlösers Sein ganzes Leben vorausgesehen, und es in Umrissen beschrieben hätte, damit die Juden Ihn erkennen sollten, wenn ER käme.

Der Rabbiner strich seinen Bart und sagte zu uns (meine Frau war ebenfalls anwesend): »Sie hätten das nicht lesen sollen. Dieses Kapitel ist für Sie verboten.«

In der Folge habe ich diesen Bann in den von den orthodoxen jüdischen Gemeinden herausgegebenen Kalendern bestätigt gefunden: diese Kalender geben die Texte aus den Propheten an, die bei öffentlichen Gottesdiensten in der Synagoge verlesen werden sollen (die sogenannten *Haftorahs*). Nach der Stelle des Gesetzes Moses, die *Shophtim* genannt wird, sollen die Kapitel Jesaia 51 und 52 verlesen werden. Am nächsten Sabbat folgt Kapitel 54. Kapitel 53 ist ausgelassen worden. Die in diesem Kapitel enthaltene Prophezeiung über Jesus ist eine zu starke Offenbarung.

Der Rabbiner riet uns eindringlich: »Meine Kinder, lassen Sie die Finger von diesen Dingen!«

Ich antwortete: »Das würde ich gerne tun, aber die Prophezeiungen lassen mir keine Ruhe. Was für eine andere Auslegung dieser Bibelstelle können Sie mir denn geben?«

Der Rabbiner schüttelte traurig den Kopf und entließ uns, ohne den Versuch zu unternehmen, uns eine Erklärung zu geben. Warum, weiß ich nicht. Mehrere Jahre verstrichen. 1940 im Laufe eines Pogroms, töteten die Faschisten zwei seiner Söhne vor seinen eigenen Augen. Sie schossen auch auf ihn, konnten ihn aber nicht treffen.

Der Rabbiner H. hielt die Beerdigungsfeier seiner Söhne selbst ab. Alle Anwesenden waren stark bewegt, als sie sahen, wie er seine Hände auf beide

Särge legte, und als sie hörten, wie er seine Predigt mit den Worten des Psalmisten begann: »Der Herr ist gerecht in allen Seinen Wegen und gnädig in allen Seinen Werken« (Ps. 145, 17). Tausende von Bukarester Juden waren auf dem Friedhof zugegen: auch ich war dort, obwohl ich wegen meines christlichen Glaubens geächtet war. Ich stand allein am Eingang der Kapelle. Als die Zeremonie vorbei war und der Rabbiner, gestützt von zwei Juden, gerade weggehen wollte, erspähte er mich und rief mir von weitem zu: »Richard!« Er umarmte mich im Beisein aller. Unter den Tausenden von Juden hatte er mich auserwählt, sein Leid zu klagen.

Seitdem habe ich ihn mehrmals getroffen, und er hat mir stets liebevoll zugehört, wenn ich ihm von meinem Glauben berichtete. Ich habe nie versucht, mich ihm aufzuzwingen. Der Mann, der den Mord an über hundert Juden im Wald von Jilava organisierte und etwa vierzig weitere unter einem Schild »koscheres Fleisch« im städtischen Schlachthaus hatte hängen lassen, war ein griechisch-orthodoxer Priester gewesen. Es ist schwer, einen Juden dem Christentum nahezubringen.

Der andere Rabbiner, mit dem ich in den Anfängen meines Glaubens über Jesus sprach, als ich noch zweifelte und unter intellektuellen Skrupeln litt, war der Rabbiner R. aus Satu-Mare.

Ich traf ihn eines Abends in einer Synagoge. Als ich im Gespräch mit ihm den Erlöser erwähnte, antwortete er: »Wenn Sie gewillt sind, mir eine halbe Stunde still zuzuhören, werde ich Sie von dieser Täuschung befreien.«

Ich antwortete: »Ich bin bereit, Ihnen nicht nur eine halbe Stunde, sondern viele Tage lang zuzuhören.«

Er kam mit mir nach Hause und wir vereinbarten, daß wir zusammen das Neue Testament lesen würden, damit er Gelegenheit haben sollte, mich von Zeit zu Zeit zu unterbrechen und mich auf alles, was unrichtig war, aufmerksam zu machen. Wir lasen zusammen von acht Uhr abends bis ein Uhr morgens. Er hörte aufmerksam zu und unterbrach mich ab und zu immer mit dem gleichen Ausruf: »Oi, vi shein! Dus hob ich nicht gewist.« (Ach, wie schön, wie schön! Das habe ich nicht gewußt.) Nicht einmal widersprach er. In jener Nacht schlief er in meinem Haus. Am nächsten Tag, als wir zusammen das Haus verließen, bat er mich: »Bitte erzählen Sie niemandem in der Synagoge, was passiert ist.« Ich war einverstanden, aber fügte hinzu: »Ich denke, es sollte für Sie eine Ehrensache sein, den Juden zu erzählen, daß Sie das Neue Testament für ein wundervolles Buch halten.« Das tat der Rabbiner R. nicht. Später zog er um nach Cernauti. Ein Jahr später besuchte ich ihn, und fand ihn inmitten seiner Schüler. Als ich Jesus erwähnte, schmähte er Ihn mit häßlichen Witzen. Während des Krieges wurde er von den Nazis umgebracht.

Als er hörte, ich sei ein verlorenes Schaf, rief mich der Rabbiner G. — der Nachfolger einer bekannten Dynastie von wundervollbringenden

Rabbinern — zu sich.

Er war eine eindrucksvolle Erscheinung, ein alter Mann mit weißem Bart, weißem Haar und hoher Stirn. Sein Gesicht strahlte vor Güte. Er entschuldigte sich, daß er mich in sein Haus gebeten habe: wenn er nicht schon in fortgeschrittenen Jahren wäre, wäre er in mein Haus gekommen. Er fragte mich, was mich zum Christentum zog.

Ich erzählte ihm kurz die Geschichte meines Lebens in der Sünde, und von dem Frieden des Gewissens, den ich durch die Gewißheit erlangt hatte, daß meine Sünden durch Jesus vergeben sind. »Jesus gibt mir Frieden in meiner Seele und Freude. Ich weiß, daß Er Millionen von Menschen Frieden gegeben hat. Ich weiß von nichts Bösem, das Er getan hätte. Sagen Sie mir, Rabbi, warum sollte ich Ihn aufgeben?«

Der Rabbiner antwortete: »Jesus tat nichts Böses. Im Gegenteil, durch Ihn sind viele Menschen vor der Anbetung von Götzen bewahrt worden und haben den wahren Gott kennengelernt. Aber Sie sind Jude. Es ist Ihre Pflicht, bei der jüdischen Religion zu bleiben.«

»Nein«, antwortete ich heftig, »die jüdische Religion ist falsch, weil sie jüdisch ist. Religion muß den Menschen die Kunde von Gott vermitteln und darüber, wie der Mensch Einigkeit mit Ihm erreichen kann. Geradeso wie es niemals eine rumänische Theorie der Physik oder eine deutsche Theorie der Mathematik geben kann, kann es auch nie eine jüdische Religion geben. Es gibt nur Religion oder keine Religion. Religion ist entweder für alle richtig, oder für alle falsch.

»In der Religion müssen wir die gleichen Grundsätze anwenden wie bei der Justiz. Keine Form der Gerechtigkeit, der wir ein Vorzeichen wie etwa Rasse, Kaste, Klasse, Militär oder Not geben, kann wahre Gerechtigkeit sein. Gerechtigkeit steht für sich selbst, ohne jegliches Vorzeichen. Und aus dem gleichen Grund akzeptiere ich auch keine Vorzeichen in der Religion. Ich strebe nach Kontakt mit Gott und Vereinigung mit Ihm. Jede Religion, die ein Vorzeichen hat, könnte sich als ein Hindernis auf dieser Suche nach Vereinigung erweisen. Die jüdische Religion bindet mich an den Judaismus, die orthodoxe und die römisch-katholische Religion an gewisse Traditionen; die protestantische Religion an die Ideen ihrer Reformatoren. Alle diese sind horizontale Vereinigungen und nicht vertikale Vereinigungen mit Gott. Es ist diese vertikale Vereinigung, die ich suche.«

Erstaunt fragte mich der Rabbiner: »Mit großem Bedauern und tiefer Sympathie — nicht mit Zorn und Böswilligkeit — muß ich sagen, daß ich in Ihnen einen Menschen sehe, der von seinem Volk entwurzelt ist. Hören Sie nicht in sich die Stimmen Ihrer Vorväter, die Sie zurückrufen?«

Ich antwortete: »Doch! Jeder Jude mit Seitenlocken, die Musik in einer Synagoge, der bloße Anblick der Buchstaben in der Hebräischen Bibel — all das erinnert mich an meine Vorväter. Es ist fast wie der Anblick Abrahams mit seiner Familie, der auf seinem Kamel nach Kanaan kam... Ich sehe die Szenen der Bibel vor mir. Ich erlebe den Auszug der Juden aus Ägypten, all ihre Schwierigkeiten in der Wüste und das wunderbare Ereignis, als das jüdische Volk die Gesetzestafeln durch Moses erhielt. Ich erlebe die gesamte erschütternde Geschichte meines Volkes. Doch persönliche Biographien und Geschichte sind eine Sache für sich; die objektive Wahrheit aber ist etwas anderes. Die tiefschürfendsten Philosophen, Politiker und religiösen Denker haben schon immer ein System auf der Grundlage »objektiven Denkens« angeboten, das nichts anderes als das Ergebnis der Tragödie ihres eigenen persönlichen Lebens war; und manchmal geben sie das selbst zu. Marx schrieb in einem Brief an Engels: 'Wenn Titus nicht mein Vaterland zerstört hätte, wäre ich nicht der Feind aller Vaterländer gewesen.'

Aber man darf sich nicht von einem Kriterium wie diesem leiten lassen, wenn man sich entscheidet, ob man Patriot oder Antipatriot sein will. Und so dürfen wir uns selbst auf religiösem Gebiet nicht von Gefühlen leiten lassen, sondern wir müssen die wahre Religion suchen. Das ist es, was ich will.«

Der Rabbiner schüttelte skeptisch den Kopf. »Welche ist denn die wahre Religion?«

Meine Antwort lautete: »Das weiß ich noch nicht. Aber ich denke, ich habe auf dem Wege zu ihrer Entdeckung einen großen Schritt vorwärts getan, insofern als ich die Religion entdeckt habe, die mit Sicherheit unvollständig ist, nämlich die Religion, der ich von Geburt an angehöre.

Meiner Meinung nach ist es absurd, daß religiöse Überzeugungen von dem Ergebnis geschlechtlicher Bande abhängig sein sollen. Ein Mann vom mosaischen Glauben geht eine Verbindung mit einer Frau gleichen Glaubens ein. Der Sohn, der aus dieser Verbindung hervorgeht, wird als Abtrünniger betrachtet, wenn er nicht an Moses glaubt.

Einer seiner Nachbarn ist ein Sohn, der aus der Ehe eines Katholiken und einer Katholikin hervorgegangen ist: er glaubt, sich an alle katholischen Dogmen halten zu müssen. Dasselbe trifft auf einen Protestanten, einen Mohammedaner oder einen Buddhisten zu, und das Resultat davon ist eine unvergleichliche Verwirrung. Diese Art von Religion ist offensichtlich nicht die wahre, und ich beabsichtige nicht, ihr zu folgen.«

Der Rabbiner antwortete: »Jesus hat nicht getan, was Sie tun. Er folgte den Pfaden Seiner Vorväter: Er hielt den Sabbat ein, Er befolgte die Nahrungs- und anderen Gesetze. Er verehrte Gott in der Synagoge. Warum tun Sie nicht das gleiche?«

Ich antwortete: »Jesus war eine Persönlichkeit eigener Art mit einer einzigartigen Berufung. Was Er offenbarte, war neu; Er zeigte eine neue und ewig gültige Wahrheit. Um den guten Willen derer, die Ihn hörten, zu gewinnen, tat Er, was jedes einfühlsame Wesen tut: Er kleidete Seine Lehre in eine Form, die für Seine Zuhörer annehmbar und ansprechend war. So können wir Seine konformistische Haltung verstehen. Aber durch Ihn geht die Prophezeiung Jeremias, Kapitel 31, in Erfüllung: 'Siehe, es kommt die Zeit, spricht der Herr, da will ich mit dem Hause Israel und mit dem Hause Juda einen neuen Bund schließen; nicht wie der Bund gewesen ist, den ich mit ihren Vätern schloß, als ich sie bei der Hand nahm, um sie aus Ägyptenland zu führen, ein Bund, den sie nicht gehalten haben, ob ich gleich ihr Herr war, spricht der Herr; sondern das soll der Bund sein, den ich mit dem Hause Israel schließen will nach dieser Zeit, spricht der Herr: Ich will mein Gesetz in ihr Herz geben und in ihren Sinn schreiben, sie sollen mein Volk sein, und ich will ihr Gott sein!'

Wir werden nicht mehr von einem alten Bündnis, sondern von einer neuen Offenbarung regiert, die ich in wenigen Worten charakterisieren kann: Liebe und Freiheit in unserem täglichen Leben.

Einer der berühmten christlichen Lehrer, Augustinus, erklärte, der christliche Maßstab für seine Lebensführung laute folgendermaßen: 'Liebe und tue, was du willst!' Ich halte jüdische Sitten nicht mehr für verpflichtend und notwendig.«

Zu meinem Erstaunen erwiderte der Rabbiner: »Ich kann mich an keine solche Stelle bei Jeremia erinnern.«

Ich bat ihn, die Bibel vom Bücherregal zu nehmen und zeigte ihm die erwähnten Verse.

Einige Rabbiner vernachlässigen das Studium der Prophezeiungen, weil sie ständig mit dem Talmud, der Kabbala und einer ganzen Reihe anderer Kommentare beschäftigt sind. Im allgemeinen stellen die Bücher Mose den einzigen Teil der

Bibel dar, den sie gut kennen.

Unter christlichen Geistlichen, von denen einige Doktortitel in Theologie besitzen, ist es noch schlimmer. Ich habe oft eine tiefgründige Unkenntnis der einfachsten Bibelstellen angetroffen. Wenn es Katholiken sind, kennen sie Thomas von Aquin gut — und den Protestanten sind die Arbeiten von Barth und Bultmann vertraut. In der Regel sind ihnen die theologischen Werke der großen christlichen Mystiker unbekannt — und auch die Heilige Schrift kennen sie nicht.

Der Rabbiner versuchte, unser Gespräch zu beenden: »Ich sehe ein, daß es sinnlos ist, weiter zu argumentieren. Ich werde Sie nie davon überzeugen können, daß Sie zum Judaismus zurückzukehren haben.«

»Sie besitzen nicht die Wahrheit und deshalb haben Sie auch kein Vertrauen«, antwortete ich ihm, ehe ich ihn verließ. »Sie haben alle Hoffnung aufgegeben, mich zum mosaischen Glauben zurückzuführen, den ich nie anerkannt habe. Ich aber werde die Hoffnung niemals aufgeben, daß Sie eines Tages ein Jünger Jesu werden.« Der Rabbiner schüttelte mir eilig die Hand und entließ mich. In der Folge dessen, was Christen mir über Jesus gesagt hatten, war ich noch immer im Zweifel, ob Er wirklich der Heiland sei. Die Rabbiner entfernten diesbezüglich die letzten Reste von Bedenken, und zwar dank ihrer völligen Unfähigkeit, die christlichen Argumente zu widerlegen.

Der Weg des Glaubens von der Vernunft zum Herzen

Die Juden besitzen eine sehr alte Geschichte — so alt, daß es vielleicht Jesus als Knabe von Seiner Mutter gehört hat.

Eines Tages fing ein Tierpräparator einen schönen Vogel, den er töten und ausstopfen wollte. Aber als er sein Messer erhob, um es seinem Opfer in den Körper zu stoßen, geschah ein Wunder. Der Vogel begann in menschlicher Sprache zu sprechen und sagte zu ihm: »Verschone mein Leben, weil ich Junge in meinem Nest habe. Wenn du das tust, werde ich dir drei einfache Ratschläge geben, die dir von großem Nutzen sein werden.«

Der Präparator dachte bei sich: »In den Wäldern sind noch viele andere Vögel, die ich ausstopfen kann. Aber was ich jetzt erlebe, ist ein Wunder Gottes. Wer weiß, was man mir raten wird?« Und so versprach er, dem Vogel die Freiheit wiederzugeben, wenn die Ratschläge, die er bekommen werde, gut seien.

Der kleine Vogel gab drei Weisheiten von sich: »Wenn dir jemand Unsinn erzählt, glaube ihm nicht, wer immer es auch sei.

Wenn du jemandem etwas Gutes tust, bereue es hinterher nicht, sondern freue dich, daß du guten Herzens gehandelt hast.

Versuche nicht zu erreichen, was für dich zu hoch ist.«

Der Präparator erkannte den Wert dieser Ratschläge. Er hatte häufig den Fehler gemacht, auf den Rat von Leuten zu hören, bloß weil sie sehr bekannt waren.

Er hatte oft bereut, Geld für wohltätige Zwecke gegeben zu haben und hatte viel Zeit und Mühe damit vertan, indem er Unerreichbares zu erreichen versuchte. Er befreite den Vogel und sagte: »Fliege mit Gott, kleiner Vogel, denn deine Worte sind klug.«

Der Vogel flog weg und setzte sich auf den nächsten Zweig. Dann rief er dem Mann zu: »Du Narr! Warum hast du mich fliegenlassen? Ich habe in meinem Bauch einen großen Diamanten: wenn du mich getötet hättest, hättest du ihn gefunden und wärst für den Rest deines Lebens reich gewesen.«

Als der Präparator dies hörte, bedauerte er, dem Vogel die Freiheit gegeben zu haben und begann, auf den Baum zu klettern, um ihn wieder einzufangen. Aber es ist nicht einfach, einen Vogel mit der bloßen Hand zu fangen! Als der Mann den niedrigsten Ast erreicht hatte, flog der Vogel auf den nächsten. Als der Vogelfänger zu diesem kam, war der Vogel bereits wieder höher; und so kletterte der Präparator weiter den Baum hinauf, bis er abrutschte, herunterfiel und sich beide Beine brach.

Als er stöhnend am Fuße des Baumes lag, hüpfte der Vogel auf den niedrigsten Ast herunter und rief ihm zu: »Du Narr! Habe ich dir nicht drei gute Ratschläge gegeben, von denen du wußtest, daß sie richtig waren und die du selbst als gut bezeichnet hast? Der erste Ratschlag lautete, daß du keinen Unsinn glauben sollst, ganz gleich wer es dir glauben machen würde. Wie konntest du da so töricht sein und glauben, ein Vogel könne einen Diamanten im Bauch haben? Der zweite Rat war, eine gute Tat nie zu bereuen. Du hast mildtätig gehandelt, als du mein Leben verschontest. Warum hast du deine Güte hinterher bereut? Der dritte Ratschlag lautete, daß du nicht versuchen sollst, zu erreichen, was für dich zu hoch ist. Du weißt sehr gut, daß es unmöglich ist, einen Vogel mit bloßen Händen zu fangen. Aber es besteht immer eine Kluft zwischen dem Verstand und dem Herzen eines Menschen, zwischen dem Mund und dem Ohr des Menschen. Du hast eingesehen, daß mein Rat gut war, aber du folgtest deinen eigenen Worten nicht und du glaubtest nicht an den Wert deiner Gedanken. Nur wenige Minuten nachdem du meinem Rat zugestimmt hattest, tatest du das genaue Gegenteil von dem, was ich dich gelehrt hatte.«

Wir sind heute in der Lage, zu hören, was die Menschen auf der anderen Seite des Erdballs sagen und singen, aber unsere eigenen Worte gehen verloren, und wir leben, als ob wir sie nie ausgesprochen hätten. Unser Verstand und unsere Gefühle sind jedoch zwei Paar Stiefel. Ich sollte die Wahrheit, die in dieser kleinen Geschichte enthalten ist, noch erfahren.

Meine Vernunft sagte mir, daß Jesus der Heiland ist; aber anstatt daß ich mein Leben mehr und mehr Seiner Lehre anpaßte, wurde es nur noch schlechter. Zu meinem Entsetzen entdeckte ich, daß ich zwar den Willen besaß, Gutes zu tun, aber nicht die Kraft, es auch auszuführen.

»Denn das Gute, das ich will, das tue ich nicht; sondern das Böse, das ich nicht will, das tue ich...

So finde ich nun ein Gesetz, daß mir, der ich will das Gute tun, das Böse anhanget...

Denn ich habe Lust an Gottes Gesetz nach dem inwendigen Menschen. Ich sehe aber ein ander Gesetz in meinen Gliedern, das da widerstreitet dem Gesetz in meinem Gemüte und nimmt mich gefangen in der Sünde Gesetz, welches ist in meinen Gliedern...« (Röm. 7, 19 — 23). Mein innerer Konflikt hatte zwei Aspekte. Auf der einen Seite wußte, oder besser gesagt, fühlte ich instinktiv, Bekehrung würde bedeuten, ein Leben voller Leiden und Konflikte führen zu müssen. Ich würde gegen so manchen meiner eigenen Landsleute auftreten müssen, gegen ihre Sitten und Ideen, die Jahrtausende überdauert hatten. Ich wußte, daß ich gezwungen würde, Beschimpfungen und Verurteilungen zu erleiden, wobei es meine Pflicht wäre, geduldig und sanftmütig zu bleiben, und trotzdem jedem Sturm ungebeugt standzuhalten. Ich würde bereit sein müssen, mich meinem Volk entgegenzustellen — dem Volk, in dem ich mit meiner ganzen Seele verwurzelt war.

Ich hörte eine Stimme in mir sagen: »Bist du, du ganz allein, denn weiser als dein ganzes Volk? Die jüdische Nation hat so viele Genies hervorgebracht, so viele Mystiker, so viele tatkräftige Männer sowie unzählige Märtyrer um des Glaubens ihrer Vorväter willen! Haben alle diese Leute unrecht gehabt und nur ihr — ein kleines Grüppchen von Jüngern Jesu unter dem jüdischen Volk — seid im Recht?« Erst später mußte ich erkennen, daß die große Masse und die berühmten Leute, die für eine bestimmte Sache eintreten, kein Argument gegen Gottes eindeutiges Wort darstellen.

Aber auch wenn dieser Konflikt sich gelöst hätte — welche Aussichten bestünden dann für mich? Selbst wenn die Juden für die Bekehrung bereit wären — wohin sollten sie gehen?

Später werde ich von einigen Enttäuschungen berichten, die ich mit den verschiedenen christlichen Konfessionen erlebte. Sehr bald erkannte ich, daß es kein Vaterhaus gab, zu dem Israel — der Verlorene Sohn — zurückkehren könnte.

All diese Gedanken zwangen mich, mich mit jenem Don Quichote zu vergleichen, der in eine sinnlose Schlacht zog. Die Sünde in mir nützte diese Schwierigkeiten aus und hinderte mich daran, neu geboren zu werden. »Iß, trink und vergnüge dich; denn die Jugend dauert nur einen Augenblick«, flüsterte sie mir ständig zu. Gerade in dieser Periode des Konflikts erfuhr ich zum ersten Mal Jesu Gegenwart. Ich kann nicht sagen, Ihn gesehen zu haben. Ich sah keine körperliche Gestalt, aber Er war da. Dieses Phänomen wiederholte sich mehrere Tage hintereinander.

Es war um die Mittagszeit; ich hatte mich auf ein Sofa geworfen. Tränen liefen mir die Wangen herunter. Es war, als hörte ich eine Stimme, die mich rief. Nicht mit Worten — aber wenn ich beschreiben sollte, was ich fühlte, würde das etwa so lauten: »Komm! Ich will dich glücklich machen.

Alle deine Sünden werden vergeben werden. Unsagbare Freuden erwarten dich!« Meine Frau war an meiner Seite, traurig über den Konflikt in meinem Innern, an dem sie mit ganzem Herzen Anteil nahm.

Aber ich antwortete: »Nein, nein, ich werde nicht kommen. Du rufst mich auf einen schweren Pfad. Zuviel Verzicht, zuviel Leid erwarten mich. Ich will nicht. Weiche von mir!«

Gott verzeihe mir, wenn ich, ohne es zu wollen, zu lästern scheine: Ich hatte den Eindruck, daß Jesus, der Herr des Himmels, als Sünder vor mir kniete, anstatt umgekehrt! Und Er bat mich, ich möge mich doch Gott zuwenden. Ich hatte das Gefühl, mein Herz würde unter der Last Seines Leids bersten, aber ich konnte einfach nicht. Meine Antwort war immer »Nein«.

Ich folgte Ihm nicht, weil ich böse war. Nichtsdestoweniger glaube ich, daß einige Predigten und christliche Bücher, mit denen ich meine Seele zu jener Zeit nährte, teilweise für meine Antwort verantwortlich waren. In diesen Predigten und Büchern war das Bild Jesu verfälscht: Er wurde als Polizeioffizier dargestellt, der für Hunderte von Gesetzen strengen Gehorsam forderte. Diese Gesetze fingen damit an, den Verzicht auf Rauchen und das Tragen von Schmuck zu verlangen, und hörten damit auf, daß man sein Leben für Ihn opfern sollte. Die Betonung lag auf all diesen »Du sollst nicht« und auf unserer Pflicht, Gott zu geben. Gott wurde nicht als der Spender von Gaben unschätzbaren Wertes dargestellt, alsda sind die

Vergebung der Sünden, der Herzensfrieden, Vereinigung mit Gott, Wahrheit, Leben im Licht, der Kraft und Heiligkeit spendende Geist, oder die Freude daran, mit den Engeln an unserer Seite den guten Kampf zu führen, ein ewiges Leben des Ruhms, und vieles, vieles mehr, und es wurde nicht gesagt, daß uns alle diese Gaben bedingungslos geschenkt werden.

In einer der Schriften des Talmuds lesen wir, daß jede Liebe, die sich auf ein Objekt bezieht, endet, wenn das Objekt aufhört zu bestehen; daß aber eine Liebe, die nicht von einem Objekt abhängig ist, niemals aufhört. Wenn das Heil, das Jesus uns spendet, von einem Zustand der Seele abhinge, würde es nicht fortdauern, weil der Zustand unserer Seele veränderlich ist. Die Rettung, die Jesus uns schenkt, ist frei und bedingungslos; sie hängt nicht davon ab, was in uns ist, oder von dem, was wir tun. Sie entspringt Seinem liebenden Wesen, und ist daher ewig.

Christliches Predigen ist oft mit »Du sollst nicht« und Forderungen verbunden, und das gab mir eine falsche Vorstellung von Jesus. Was mich aber mehr als alles andere zurückhielt, war die Tatsache, daß ich unter der Knechtschaft der Sünde lebte: Liebe zum Geld, Liebe zu unerlaubten Freuden, der Haß, das Böse, Unehrlichkeit und vieles mehr. Ich beging weiterhin schwerwiegende und große Sünden, selbst nachdem ich verstandesmäßig überzeugt war, daß Jesus der Heiland ist.

Aber was Luther gesagt hatte, geschah in meinem Leben: »Sünden vernichten die Heiligen nicht, sondern sie ersticken nur diejenigen, die gottlos sind.« Von den Heiligen wird hier nicht im Sinne der katholischen Kirche gesprochen, sondern in dem des Neuen Testaments. Danach tragen alle wirklich Gläubigen diese Bezeichnung. Dafür gibt es zwei Gründe. Der erste ist, daß die Heiligen an Christus glauben, in den sie völlig versenkt sind und durch den sie wiederauferstehen (obgleich sie in ihrer Unwissenheit vieles tun, für das sie ohne Gott verdammt würden), und in dem sie erhalten werden. Sie versinken nicht im Unglück, wie Salomo sagt (Spr. 24, 16). Für alle, die es nie erfahren haben, ist es unbegreiflich, wie groß die Kraft ist, die der Glaube gibt — vor allem bezüglich der Sünden. Diejenigen, die ohne Gott sind, sündigen selbst wenn sie die Taten aller Heiligen ausführten!

Der zweite Grund besteht darin, daß die Heiligen durch ihren Glauben erkennen, daß sie nur von Gottes Gnade abhängig sind: in der Tiefe ihres Herzens wissen sie jedoch, daß ihre Taten sündig und nutzlos sind. Diese Demut und dieses Bekenntnis bewahrt sie davor, durch ihre Sünde, ihre Unwissenheit oder durch das Böse vernichtet zu werden. Denn Gott kann so demütige Menschen nicht verlassen. Die Gnade, die Er denjenigen verleiht, die ihre Schuld bekennen, ist nur noch größer. Das traf auch auf Bernhard von Clairvaux zu, der in seinem Leid ausrief: »Ich habe meine Zeit verschwendet, denn ich habe ein Leben gelebt, das Verdammung verdient!« Das galt ebenfalls für Augustinus, als er sagte: »Wehe allen Menschen, wie heilig sie auch immer sein mögen, wenn sie ohne Gnade gerichtet würden!«

Der Samen, den Gott in mein Herz pflanzte, wurde nicht von sichtbaren Sünden verdorben. Der innere Mensch wuchs weiter; und der Heilige Geist triumphierte, indem er den Glauben von meinem Verstand in mein Herz verpflanzte.

Isaak Feinstein und meine Wiedergeburt

Der Mann, der bei all dem eine ganz besondere Rolle spielen sollte, war Isaak Feinstein. Er verkörperte einen der größten Siege, den die Gnade Jesu im jüdischen Volk errang.

Zur Zeit seiner Bekehrung war er ein kleinerer Geschäftsmann. Eines Abends hörte er in einer christlichen Versammlung die Botschaft Jesu. Er glaubte sofort. Als er heimkam, rannte er in das Schlafzimmer seiner Eltern, die sich schon schlafen gelegt hatten, weckte sie und rief: »Ich habe den Messias gefunden!«

Von jenem Abend an schwankte er nie mehr in seinem Glauben, obwohl er auf großen Widerstand seitens seiner Familie stieß. Sein Vater, ein frommer Jude, versuchte ihn zu überreden, Jesus zu verleugnen. Als das erfolglos blieb,, veranlaßte er, daß die Zeremonie ausgeführt würde, die von den Rabbinern in solchen Fällen vorgeschrieben ist. Er erklärte, sein Sohn sei tot, führte eine symbolische Beerdigung mit einem Sarg durch, in den man den Zweig eines Baumes gelegt hatte, zerriß seine Kleidung und weinte mit seiner Familie um den Sohn. Sieben Tage lang saß er auf dem Fußboden. Während dieser Zeit erfreute sich der ‚Tote' eines Lebens, das reicher war denn je, und er wuchs an Gnade und Wissen um Gott.

Nachdem er schon längere Zeit als Christ gelebt hatte, bereitete er sich darauf vor, mit ganzem Herzen und von ganzer Seele das Evangelium unter den Juden in Rumänien zu verbreiten. Er ließ sich in Polen als Missionar ausbilden und nach seiner Rückkehr nach Rumänien trat er der Norwegischen Israel-Mission in Galatz bei.

Dieser Mann hatte ein unbegrenztes Arbeitsvermögen. Er veröffentlichte eine Zeitschrift für Erwachsene und eine weitere für Kinder sowie unzählige christliche Schriften. Er predigte im ganzen Land und schrieb zahlreiche Briefe. So wurde er eine bekannte Persönlichkeit unter den Jüngern Jesu, eine Säule im Tempel Gottes.

Aber um den wahren Wert eines Mannes erkennen zu können, muß man den Abschluß seiner Laufbahn in Erwägung ziehen. Napoleon schrieb: »Große Männer sind Meteore, die vernichtet werden, um dem Universum Licht zu spenden.« Napoleon aber gab dem Kosmos kein Licht, im Gegenteil: er brachte der Welt Blut und Tränen durch eine neue Wissenschaft, ohne die es um unsere Erde besser bestellt wäre — die Kriegswissenschaft.

Meteore spenden dem Universum kein Licht: selbst der größte Meteor hinterläßt nur kurz eine flüchtige Lichtspur, die das ungeheuer große Universum nicht einmal bemerkt. Die Menschen, die das Licht der Welt darstellen, sind diejenigen, die Opfer für Opfer bringen — wie Inseln aus Korallen gebildet werden, indem ein winziger Körper auf den anderen kommt. Es sind die Menschen, die selten bekannt sind, gewöhnlich anonym bleiben, eine demütige Rolle im Großziehen von Kindern, in der Betreuung eines Haushalts, in der Kunst, im politischen, wirtschaftlichen und wissenschaftlichen Leben spielen; es sind die Menschen, die vor Wahrheit, Liebe und Glauben leuchten, und ein Licht auf die Menschen in ihrer Umgebung werfen. Solch ein brennendes Licht war Feinstein.

Als der Krieg ausbrach, war er ein noch junger Mann — gerade siebenunddreißig Jahre alt, Pastor einer von ihm in Jassy gebildeten jüdisch-christlichen Gemeinde. Von dort aus verbreiteten sich seine guten Taten über das ganze Land.

Die Atmosphäre in Jassy war vom Antisemitismus angesteckt und ständig von einem drohenden Pogrom überschattet. Feinstein stattete Bukarest einen kurzen Besuch ab und übernachtete in meiner Wohnung. Ich machte den Vorschlag, er solle nicht nach Jassy zurückkehren, wo der Tod auf ihn lauere. »Wir könnten einen rumänischen Bruder hinschicken, der Ihre Frau und Ihre sechs kleinen Kinder zurück nach Bukarest bringen soll.«

Er antwortete: »Es ist die Pflicht des Hirten, zusammen mit seiner Herde zu sterben. Ich weiß, daß sie mich töten werden, aber ich kann meine Brüder nicht im Stich lassen. Ich werde nach Jassy zurückfahren.«

Am 28. Juni 1941, ein paar Tage nach seiner

Rückkehr, brach der Pogrom aus. Die Zahl der getöteten Juden betrug elftausend. Auch Rumänen wurden umgebracht, wenn sie wie Juden aussahen. Ebenso ermorden die faschistischen Behörden zusammen mit der aufgehetzten Bevölkerung christliche Juden.

Man behauptete, das Land sei zu einem heiligen Kreuzzug aufgebrochen.

Unter den Verhafteten befand sich auch Feinstein. Man brachte ihn zunächst ins Polizeigefängnis. Verbrecher, die damals dort eingesperrt waren, haben nach ihrer Entlassung berichtet, daß Feinstein den Juden sagte, sie sollten sich keine Illusionen machen. Er wußte, daß man sie umbringen würde, und mahnte sie, sich zu bekehren, damit sie sich darauf vorbereiten könnten, ihrem Gott entgegenzutreten.

Tausende von Juden wurden in verschlossenen Viehtransportern zusammengepfercht und unter der sengenden Sonne abtransportiert — ohne einen Tropfen Wasser — so daß die meisten erstickten. Unter ihnen war auch Feinstein. Die wenigen Überlebenden wurden in einem Konzentrationslager interniert.

Einige von ihnen berichteten, wie sich Feinstein, als er erkannte, daß der Tod unmittelbar bevorstand, an einen unweit von ihm stehenden Rabbiner wandte und zu ihm sagte: »Es ist Zeit für uns, die Psalmen zu singen!«

Er starb, während der Rabbiner laut die Psalmen sprach. Bis zuletzt erklärte Feinstein, was diese Psalmen über Jesus prophezeiten. Als er erstickte, ruhte sein Kopf auf der Schulter des Rabbiners. Der Rabbiner selbst starb nur wenige Minuten später... Ein mosaischer Jude und ein christlicher Jude waren Opfer desselben Hasses geworden — des Hasses, der in Rumänien doppelt übel war, weil er die Bezeichnung »christlich« als Maske benutzte.

Nicht ein einziges Mitglied der jüdisch-christlichen Gemeinde in Jassy überlebte; alle wurden während des Pogroms umgebracht. Nur ein paar Mädchen kamen mit dem Leben davon.

Ich habe Feinsteins Tod geschildert — eines Märtyrers des christlichen Glaubens jüdischer Abstammung.

Dieser außergewöhnliche Mann, der das Herz eines Hirten hatte, wie ich es seitdem selten gefunden habe, spielte eine wichtige Rolle in der geistlichen Krise, die ich durchmachte.

Er pflegte uns zu besuchen und ich sprach dann mit ihm über meine Sünde und auch darüber, wie unmöglich es mir sei, sie loszuwerden. Er erklärte, daß Jesu Worte »Richte nicht!« — sich nicht nur auf andere bezögen, sondern auch auf mich. »In geistlichen Angelegenheiten ist jede Form der Selbstdiagnose falsch. Wenn Sie vor einem Spiegel Ihre rechte Hand heben, wird Ihnen der Spiegel zeigen, daß Sie Ihre linke Hand heben, und wenn Sie vor einem Spiegel mit südwärts gerichtetem Gesicht stehen, werden Sie sich mit nach Norden gewendetem Gesicht sehen. Ihr Gewissen spiegelt Ihre geistige Verfassung wider, und daher verzerrt

Ihr Gewissen die Wirklichkeit — es sei denn, es wird vom Heiligen Geist erleuchtet.

Die Evangelien berichten uns von zwei Männern, die hinauf zum Tempel gingen, um zu beten: der eine war ein Pharisäer, der andere ein Zöllner. Der erstere beurteilte sich selbst und kam aufrichtig zu dem Schluß, daß er ein guter Mensch sei, weil er oft fastete und großzügige Abgaben an den Tempel entrichtete. Der andere Mann tat das gleiche, entdeckte aber, daß er sündig sei, weil er von unrechtmäßig erworbenem Gewinn lebte. Die Selbstdiagnose beider Männer war falsch. Gott berücksichtigt nicht das, was auf der Oberfläche sichtbar ist, sondern was in den Herzen der Menschen verborgen ist. In der Tiefe seiner Seele war der erste ein stolzer, andere verurteilender Mensch, der Zöllner dagegen war demütig und bekannte seine Sünde.«

»Richten Sie sich nicht selbst« lautete der Rat, den Feinstein mir zu geben pflegte. »Quälen Sie sich nicht, sorgen Sie sich nicht um Ihre Sünde. Es steht geschrieben: 'Sorget nicht um eure Seele' (Matth. 6. 25, in der ursprünglichen griechischen Version). Die Sorge um die Seele ist Jesu Sache. Sagen Sie Ihm ganz einfach Ihre Sünde, und von da an wird es Seine Aufgabe sein, sich damit auseinanderzusetzen.

Unser eigenes Verständnis gleicht dem Heuchler, dem Jesus vorwirft, er erkenne den Splitter im Auge des Bruders: die Sünde des Bruderfleisches, eine Folge des Ererbten, eine falsche Erziehung, der Druck gesellschaftlicher Verhältnisse, der Einfluß Satans sowie sehr viele nicht abzuschätzende Faktoren. Die Heuchelei des Verständnisses besteht jedoch darin, daß das Verständnis nicht von der Höhe der Zinnen herabsteigt, von der aus es alle Dinge und alle Menschen richtet, um den Balken im eigenen Auge zu erkennen — sie liegt auch in den falschen Wahrheitskriterien, dem Egoismus, den Leidenschaften, in der Unfähigkeit zur Selbstkritik und in dem Mißtrauen gegen das eigene Ich. Daß die Vernunft nicht den Splitter aus dem Auge des Bruders beseitigen kann, ist der Beweis für den Balken im eigenen Auge; so gibt sie sich zufrieden, ihm das Leben zu erschweren und ergeht sich in Vorwürfen.

Versuchen Sie die Sünde zu besiegen, indem Sie sie indirekt angreifen. Im Herzen ist Satan stark, weil er es mit Annehmlichkeiten speist. Hier ist es schwer, ihn zu besiegen. Im Bereich der Vernunft ist er schwach, weil er hier nur für Schwierigkeiten sorgt. 'Verändert euch durch Erneuerung eures Geistes', sagt Paulus (Röm. 12,2). Jesus kämpfte auf Golgatha (was auf aramäisch »Schädelstätte« bedeutet). Auch Sie müssen dort Ihren Kampf austragen. Halten Sie jeden Gedanken gefangen, im Gehorsam gegenüber Christus. Nehmen Sie Ihn als Maßstab der Wahrheit an. Oberflächliche Wahrheit, die sich leicht erkennen läßt, wird des Menschen Herz nicht verändern. Ohne Zweifel wird jene tägliche Wahrheit Ihr Leben verändern, über die Sie tief nachdenken und die Sie ständig überdenken, bis sie in Ihrem Innern verwandelt wird.

Der Talmud erzählt die Geschichte von dem Rabbiner Akiba, der als junger Mann in Unwissenheit und gottlos lebte, und dessen Auffassungsgabe nicht voll entwickelt war. Er hatte aber eine Frau, die großes Vertrauen zu Gott hatte. Sie bat ihren Mann, den Sünden abzuschwören und Gesetzeslehrer zu werden. Akiba pflegte dagegen Einspruch zu erheben: 'aber ich bin völlig ungeeignet dafür'. Sie führte ihn zu einem Brunnen, dessen Steinumrandung durch das Seil abgescheuert war, wodurch eine schmale Rille entstanden war. 'Kannst Du diese Einkerbung im Stein sehen', fragte sie ihn. 'Das Seil ist viel weicher als der Stein; viele Jahre hindurch aber ist es an dem harten Stein entlanggefahren und hat so eine Vertiefung geformt. Sei wie das Seil — auf und nieder, auf und nieder, immer die gleiche Bewegung: Schriften und Gebet, Schriften und Gebet. Sollten Herz und Sinn so hart wie Stein sein, werden sie schließlich doch von Gottes Wort durchdrungen.'

Akiba hörte auf die Worte seiner Frau und wurde einer der Großen im Judaismus. Sein Ende krönte der Märtyrertod. Eifern Sie ihm nach! Denken Sie eifrig darüber nach, was recht und christlich ist, und Sie brauchen vor der Sünde nicht zu fliehen, denn die Sünde wird sich von Ihnen abwenden.«

Dank Feinstein, der eine schöne, singende Stimme hatte, begegnete ich zum ersten Mal in meinem Leben Bachs Hymne: »Oh heiliges Haupt«. Das Lied ergriff mich sofort.

1937, am Nachmittag vor Yom-Kippur, dem großen jüdischen Tag der Reue und des Fastens, war ich in Feinsteins Büro. Meine Seele wurde zutiefst gequält, wie nun schon seit frühester Kindheit. Ich sagte zu Feinstein: »Die Forderungen des Christentums sind zu extrem, sie sind nicht erfüllbar. In der Bibel steht geschrieben, daß derjenige, der sagt, er sei ein Christ, auch wie Jesus leben müsse. Aber ist das möglich? Es ist so, als verlange man von einem Wolf, wie ein Lamm zu leben — ihn aber dann verdammt, weil er es nicht fertigbringt. Ich bin nicht seit ewigen Zeiten Christ und wurde auch nicht von einer Jungfrau geboren; ich habe weder die auserwählte und heilige Erziehung wie Jesus genossen, noch habe ich ein klares Vorstellungsvermögen von den geistigen Wirklichkeiten und auch nicht Seinen Verstand, auch Gottes Engel umschweben mich nicht ständig; ich lebe nicht ehelos und übe auch nicht den Beruf eines Zimmermanns aus. — Wie sollte ich da leben können, wie Er es tat? Muß die Schnecke gleich dem Hasen rennen?

In dem wenigen, was ich bei den Christen bisher gesehen habe, zeigt sich, daß Bekehrung für manche nur bedeutet, Jesus zu einem interessanten Gesprächsthema zu machen. Es bedeutet nicht, daß sie zu einem Jesus en miniature verwandelt werden. Jedenfalls habe ich keine Menschen von Seiner Art gesehen.«

Feinstein antwortete mit seinem unnachahmlichen Lächeln:

»Lassen Sie sich nicht von dem leiten, was Sie

sehen, denn es ist möglich, daß Sie nicht sehr gut sehen. Die Juden, die vor 2000 Jahren lebten, erblickten in Jesus nichts, was Ihn ehrenwert erscheinen ließ, obwohl Er die Verkörperung Gottes war. Wenn ein Mensch nicht wiedergeboren wird, kann er das Reich Gottes nicht erkennen, selbst wenn es in dem Menschen vollkommen verkörpert wird, dem er gegenübersteht.

Aber erwartet man nicht von uns, daß wir wie Jesus sein und wie Er leben sollen? Der Vers in dem Brief des heiligen Johannes, auf den Sie sich bezogen haben: 'Wer da sagt, daß er in ihm bleibt, der soll auch wandeln gleichwie er gewandelt ist' (1.Joh. 2,6) widerlegt unseren Glauben nicht, sondern ist nur eine Warnung an diejenigen, die herumlaufen und stolz erklären: 'Ich bin in Christus'.

Einst gab es ein Land, in dem zwei große Maler lebten. Das Land war gespalten: die eine Hälfte der Bevölkerung gab dem einen Maler den Vorzug, während sich die andere dem zweiten zuwandte. Man bat den König jenes Landes um sein Urteil. Er ließ den Marmorsaal in seinem Palast durch einen Vorhang teilen; daraufhin ließ er den ersten Maler kommen und befahl ihm, etwas das ihm gefiel, auf die eine Wand des Saales zu malen. Dann befahl er dem zweiten zu kommen und hieß ihn auf der gegenüberliegenden Wand zu beginnen. Der erste Maler, ebenso talentiert wie eingebildet, machte sich sofort an die Arbeit und — von seinen Schülern unterstützt — malte er viele wundervolle Dinge. Sein Konkurrent auf der anderen

Seite war ein bescheidener Mann. Er sagte zu seinen Schülern: 'Es wäre eine Torheit, würde ich versuchen, mit meinem ausgezeichneten Rivalen zu konkurrieren. Ich kann nicht so gut malen wie er. Aber ich bitte euch, etwas anderes zu tun: bleibt hier von morgens bis abends und poliert den Marmor, bis ihr ihn zum Glänzen gebracht habt.'
—Und so geschah es. Während sie auf der einen Seite des Vorhangs malten, wurde auf der anderen Seite die Wand poliert. Am festgesetzten Tag kam der König, um sich die Arbeit der beiden Maler anzusehen. Er bewunderte die Arbeit des ersten und sagte, er habe noch nie schönere Bilder gesehen. Dann befahl er, den Vorhang beiseite zu ziehen, damit er sehen könne, was der andere Maler vollbracht habe. Erstaunt trat er zurück. Die Bilder, die der erste Künstler gemalt hatte, spiegelten sich in dem Marmor, den der andere zum Glänzen gebracht hatte, und ihre Schönheit war blendend. Der zweite Maler erhielt den Preis.
Die Moral dieser Geschichte ist sehr einfach: nur ein stolzer Mensch könnte sich für fähig halten, wie Jesus zu leben. Das Gebot »Seid wie Jesus« wurde uns, gleich allen anderen Geboten in der Bibel, nicht deshalb gegeben, um es zu erfüllen, sondern nur damit wir verstehen — als Folge unserer ständigen erfolglosen Versuche — daß es für uns nicht möglich ist, es zu verwirklichen, und wir die Tiefe unserer Sünde begreifen. Wir sollen nicht versuchen, wie Jesus zu leben, sondern täglich unser Herz durch konzentrierte Meditation und intensiven Glauben 'zum Glänzen bringen'

— dann wird sich die Schönheit Jesu in uns widerspiegeln. Das Bild wird sogar schöner als das Seines eigenen Lebens sein. Denn der lebendige Christus, der in einem menschlichen Wesen verkörpert ist, das gebrochen und verlorengegangen war, ist schöner als der von einer Jungfrau geborene lebendige Christus.«

»Nein, nein«, rief ich mit Tränen in den Augen. »Ich will keinen Jesus, den man errechnet und erklärt hat und an den man geglaubt hat, sondern einen wirklichen Jesus. Die Hoffnung, jemals diesen Jesus zu besitzen, scheint mir ein unerreichbares Ideal zu sein.«

Mit diesen Worten rannte ich aus Feinsteins Büro, ohne mich von ihm zu verabschieden.

Er rannte mir nach. Ich konnte ihm nicht entfliehen. Ich ging in ein Geschäft — er folgte mir. Er war so beharrlich, daß er mich überredete, ihn an diesem Abend zu einer Versammlung zu begleiten, die von einer kleinen Christengruppe in Bukarest im Saal der Anglikanischen Mission für die Juden abgehalten wurde.

Dort wurde ich, nachdem die Gemeinde ihre Gebete gesprochen hatte, unwillkürlich vom Geist erleuchtet. Verwundert hörte ich mich zum ersten Mal in meinem Leben auf einer öffentlichen Versammlung laut beten. Ich vernahm meine Worte, aber es schienen nicht die Worte zu sein, die ich formuliert hatte. Sie kamen aus der Tiefe meiner Seele, zu der mein Ich gewöhnlich keinen Zugang finden kann.

Ich betete jiddisch, die jahrhundertealte Sprache meines leidenden Volkes, eine Sprache, die ich sonst nie sprach. Dies bewies mir, daß sich tief in meinem Innern etwas gerührt hatte.

Den Vorabend des Yom-Kippur (Versöhnungstag) 1937 betrachte ich als den Tag meiner Wiedergeburt. Denn es ist offensichtlich, daß die Lehre Jesu nicht klar und deutlich auf eine Seite geschrieben werden kann, die schon mit anderen Buchstaben beschrieben ist. Ein völliger Bruch mit dem Vergangenen ist notwendig sowie ein vollkommener Neubeginn, dessen Voraussetzung eine dauernde und kompromißlose Überwachung der eigenen Gedanken ist.

Mich selbst verwunderte diese Veränderung am meisten, war ich doch einst ein kämpferischer Atheist gewesen, der tatkräftig die fürchterlichsten anarchistischen Unruhen unterstützt hatte. Mein Wille war nicht frei, als diese Veränderung vor sich ging. Ich war gezwungen, mich zu bekennen. Alles geschieht mit der Gnade Gottes. So, wie es in der Natur einen biologischen Zeitplan gibt, der den Ablauf bestimmt, wann ein junger Vogel dem Ei entschlüpft, sich den Zugvögeln anschließt und zu einem festgelegten Zeitpunkt zurückkehrt, ebenso wie es eine biologische Uhr im physischen Leben des Menschen gibt, existiert, so glaube ich, auch ein geistlicher Zeitplan. Für jeden von Gott Auserwählten gibt es eine besondere, vorherbestimmte Stunde, in der er den Sohn Gottes erkennt, der schon immer in ihm weilte, der aber geduldig auf den Augenblick wartete, da Er sich offenbaren soll. In dieser besonderen

Stunde vereinen sich innere und äußere Faktoren, die vor langer Zeit vorbereitet worden sind, um diese Wiedergeburt zu veranlassen.

Schwierigkeiten mit einigen christlichen Traditionen

Ich hatte mich entschlossen, Jesus in Treue zu dienen. Der Mensch aber, der diese Entscheidung getroffen hat, muß erst das wahre Gesicht Jesu unter den unzähligen Fälschungen, die sich im Laufe der Zeit angehäuft haben, finden. Er muß sich für eines dieser Gesichter entscheiden, um Ihm gänzlich dienen zu können, ohne daran zu zweifeln, daß er die richtige Konfession gewählt hat. So war ich denn sehr am Unterschied der einzelnen Konfessionen interessiert. Ich war bestrebt, mich gut zu informieren, bevor ich mein Leben als Christ begann. Aber es war nicht leicht, irgendeine Wahl zu treffen. Die Kirchengeschichte ist voll von geistigen Auseinandersetzungen und Streben nach Reichtümern. In Jassy steht eine griechisch-orthodoxe Kirche, die mit goldenen Ikonen, Kerzenständern und Gefäßen dermaßen überladen ist, daß es nur eine einzige Möglichkeit gab, diesen Reichtum zu schützen: die Kirche nicht für den Gottesdienst zu öffnen.

Auf diese Art gingen die Worte des heiligen Augustinus in Erfüllung, als er sagte, daß die Religion Reichtümer und Vermögen hervorgebracht habe, die Töchter aber ihre Mütter verzehren würden. Die Kirchengeschichte ist auch voll von Ruhmesstreben: denken wir an die blinde Wut, die ein

Theologe empfand, wenn ihm widersprochen wurde oder wenn ihn einer überflügelte, dessen Anziehungskraft stärker als die seine war. Da gab es die Anstauung von Fehden und Haßgefühlen, die ein ganzes Leben andauerten, ja sogar Jahrhunderte, ohne jeden Respekt für das schöne Sprichwort aus dem babylonischen Talmud:

»Die Sonne ist untergegangen und der Tag ist klar.«

Die Lehre Gottes ist zu »einer Krone zum Zweck der Selbstverherrlichung und zu einer Schaufel zum Graben« gemacht worden, heißt es im Talmud.

Das Wort Gottes wurde benutzt, um vergängliche politische Interessen zu fördern und um die Wahrheit mit Missetaten zu ersticken.

Die verschiedenen Denkmethoden beim Studium des Gotteswortes hätten zu einem sehr gewinnbringenden Wettbewerb führen können, wäre das königliche Gesetz, das Gesetz der Liebe, eingehalten worden. Doch es verbanden sich mit den verschiedenen Anschauungen widerliche Sünden und man ersetzte die Kirche, die eine Kirche, durch viele Glaubensrichtungen, von denen sich einige von der anmaßenden Parole leiten ließen, die von Hitler formuliert wurde: »Wo wir sind, ist für andere kein Platz«.

Zwischen den verschiedenen Konfessionen fließen Ströme von Blut, die während der Religionsverfolgungen vergossen wurden — nicht nur in der vergangenen, sondern auch in unserer Generation.

Im letzten Krieg verfolgte die rumänischorthodoxe Kirche nicht nur Juden aufs heftigste, bei deren Ermordung auch Priester mitwirkten, sondern auch sogenannte Sektierer, das heißt Baptisten, Glaubensbrüder, Adventisten und dergleichen, die zu Tausenden in die Gefängnisse wanderten.

Der Bekehrte sucht vergebens »das Haus des Vaters« — die von Jesus gegründete Kirche.

Statt dessen findet er viele andere Kirchen mit barbarischen Namen, die der einstige Zimmermann Jesus nicht einmal verstanden hätte: katholisch, orthodox, lutherisch, baptistisch, und viele andere.

Bereits im 4. Jahrhundert erklärte St. Epiphanius, als er von den Audianern sprach — den Mitgliedern einer Sekte, gegründet von einem gewissen Audius, der die Ansicht vertrat, Gott habe den Körper eines Menschen: »Es ist furchtbar, wenn ein Mitglied der Kirche den Namen der Christen ändert, während sich die Kirche doch nur darüber freut, wenn Christen den Namen Christi tragen und alle anderen Bezeichnungen ablehnen. Anstatt aber den Namen des Herrn zu führen, wählen sie den des Gründers ihrer Sekte und als Zeichen verwenden sie den Namen eines Menschen. Das ist unzulässig.«

Diese Warnung verhallte ungehört. Noch immer gibt es Konfessionen, die seltsame Namen haben, und die Braut wandert auf der Suche nach ihrem Bräutigam gleich einer Verirrten umher.

Hätten sich die Astronauten ins Weltall vorgewagt, fragt man sich, wenn zwanzig Wissenschaftler ihre Berechnungen mit unterschiedlichen Ergebnissen vorgelegt und ihnen Widersprüchliches aus der Welt der Physik erzählt hätten? Im Vertrauen auf die genauen Daten der Wissenschaft und Mathematik wurden sie in das Weltall vom Stapel gelassen. Wie aber sollen wir den Thron Gottes erreichen, wenn die Trompeten der verschiedenen Konfessionen nichts als Dissonanzen hervorbringen und wenn jede das Vertrauen auf alles, was die anderen gesagt haben, zerstört?

In diesem Labyrinth mußte ich meinen Weg finden.

Lassen Sie mich einige Episoden schildern. Ich hoffe, der Leser wird mir verzeihen, wenn ich dabei ein paar Beispiele menschlicher Schwachheit bringen werde. Ein Biograph Melanchthons schrieb: »Jeder, der es für schändlich hält, etwas zu entdecken, das an großen und berühmten Männern kritisiert werden sollte, hat eine zu hohe Meinung von den Menschen, da nur Gott allein das Vorrecht besitzt, fehlerlos zu sein. Denn die menschliche Natur ist unzulänglich.« Wie der Leser bald merken wird, entdecke ich auch viel Gutes in den Konfessionen und bei ihren Führern. So waren auch meine Erfahrungen mit Rabbinern nicht immer negativ.

Ich war einmal mit einem Schwager, der später bekehrt wurde, in Sinai. Wir besichtigten das orthodoxe Kloster der Stadt. Es war der Tag nach Ostermontag. Wir klopften an eines der Tore und ein alter Mönch bat uns einzutreten. »Was wünschen Sie«, fragte er. »Pater, wir sind gekommen, um zu fragen, was wir tun müssen, um gerettet zu werden.« »Sie haben Pech«, erwiderte er, »ausgerechnet heute habe ich zu viel getrunken.«

»Pater, es ist Ostern. Haben Sie keinen würdigeren Weg gefunden, dieses Fest zu begehen, als sich zu betrinken?«, fragte ich ihn, wobei ich nicht mehr an mein ursprüngliches Anliegen dachte, Aufklärung bei ihm zu finden. »Junger Mann«, antwortete der Mönch mit einem heiteren Lachen, »ich habe nach dem Geheiß der Schriften gehandelt, da ich nicht allein, sondern in Gesellschaft von zwei oder drei anderen Brüdern getrunken habe. Denn es steht geschrieben: 'Wo zwei oder drei in meinem Namen versammelt sind, da bin ich unter ihnen'. So sprach der Heiland.« — Ich war gekommen, um zu lernen, jetzt aber war ich gezwungen, die Rolle des Lehrers anzunehmen und ihm die grundlegendsten Dinge zu erklären.

»Pater, ich glaube, als Jesus sagte, Er werde bei Seinem Volke sein, wo zwei oder drei versammelt sind, meinte Er eine Versammlung von Menschen, die Gutes tun oder beten wollen, nicht aber sich betrinken.«

Eindrucksvoll in seiner Demut antwortete er: »Wissen Sie, junger Mann, daß Sie recht haben?« Er lud uns in seine Zelle ein, denn bis jetzt hatten wir uns an der Türschwelle unterhalten. Dieser Mönch war es gewohnt zu trinken. Der Wein war ihm nicht zu Kopfe gestiegen und so konnten wir mit ihm reden. Ich wiederholte die Frage: »Was soll ich tun, um gerettet zu werden?«

»Sind Sie reich?«

»Ich bin weder reich noch arm. Was ich brauche, habe ich.

Aber warum fragen Sie?«

»Den Reichen zu retten, ist leicht. Er spendet der Kirche und den Armen Geld und kommt in den Himmel. Für den Armen aber ist es schwer, gerettet zu werden, denn er hat nichts, was er geben könnte.«

Ich war gekommen, um die Lebensweise des Herrn zu erlernen, der Mann aber sagte genau das Gegenteil, was Jesus gelehrt hatte.

Ich fragte ihn: »Welche Rolle spielt Jesus bei unserer Erlösung?«

Er antwortete: »Darüber weiß ich nichts.«

»Aber Pater«, fragte ich erneut, »sagen Sie nicht in der Liturgie: 'Dieses ist mein Blut, das Blut des neuen Bundes, das für viele vergossen wird zur Vergebung der Sünden.' Stimmt es nicht, daß das am Kreuz vergossene Blut des Erlösers uns von unseren Sünden reinigt?«

Der alte Mönch fuhr auf und rief: »Junger Mann, wissen Sie, daß Sie sehr erleuchtet sind?«

Sicher hatte es keinen Zweck, ihn um seinen Beistand für mich zu bitten. Ein christlicher Jude, selbst noch ein Suchender auf seinem Wege, hatte einem alten Mönch geholfen, die ersten Schritte auf eben diesem Wege zu gehen.

Ich befand mich im Büro von Bischof X. Zwei seiner Ratgeber, Priester, saßen zu seiner Seite. Ich erzählte ihm von mir und meinem Wunsch, durch das Labyrinth der vielen Konfessionen geleitet zu werden.

Als der Bischof hörte, daß ich Jude sei, brach er in Gelächter aus:

»Ha, ha, ha, dummer Jude! Habt ihr jemals einen anmaßenderen elendigen Juden gehört, der ein Christ sein will?«

Die beiden Priester zu seiner Seite stimmten ehrerbietig in sein Gelächter mit ein.

Auf einen Empfang dieser Art war ich vorbereitet. Feinstein hatte mir von einem anderen Bischof erzählt, der seinen Stab erhoben habe, um ihn zu schlagen, als er hörte, daß er ein christlicher Jude sei.

Das überraschte nicht. Bischöfe und Priester waren mit der sogenannten heiligen Tradition, den Schriften der Kirchenväter gefüttert worden, d.h., wenn sie sie je gelesen haben. Aber viele der »heiligen Kirchenväter«, die oft auf betrügerische Weise zu diesem Titel kamen, waren rasend in ihrem Antisemitismus.

Der heilige Kyrill führte persönlich ein Pogrom gegen die Juden durch. Die Häuser der Juden wurden zerstört und ihre Bewohner aus Alexandria vertrieben. Als Entschuldigung für diesen »heiligen« Bischof kann hinzugefügt werden, daß er nicht nur Juden verfolgte, sondern sich auch unnachgiebig gegenüber seinen Kollegen in seinem Bistum verhielt. Auch war er in die Ermordung des Philosophen Hypatia in einer Kirche verwickelt.

Der heilige Johannes Chrysostomus sagte: »Ich weiß, daß sehr viele Christen eine gewisse Verehrung für die Juden und deren Zeremonien bekunden. Daher betrachte ich es als meine Pflicht, Meinungen dieser Art auszumerzen, die voller Gefahren stecken. Schon einmal habe ich erklärt, daß die Synagoge nicht mehr als ein Theater ist.« Er fährt fort, indem er die Synagoge ein »Hurenhaus«, eine »Räuberhöhle« usw. nennt und abschließend sagt: »In ihrer Schamlosigkeit und Gier übertreffen Juden sogar Schweine und Ziegen... Die Juden sind von Dämonen besessen und unreinen Geistern ausgeliefert. Anstatt sie zu grüßen und ihnen die Ehre zu erweisen, ein paar Worte an sie zu richten, müßt ihr ihnen den Rücken zukehren und sie wie die Beulenpest und wie eine Geißel der Menschheit meiden.«

Der heilige Ambrosius behauptete, daß die Juden als Feinde Christi keine gerechte Behandlung erwarten könnten, — sie unterstünden nicht dem Schutz des Gesetzes. Ambrosius drohte, den Kaiser zu exkommunizieren, falls er sich auf die Seite einiger Juden stellen würde, die man ungerecht behandelt hatte.

Der sanfte Bernhard von Clairvaux zürnte und protestierte öffentlich, als Anacletus II. zum Papst gewählt wurde, da einer seiner Großeltern Jude gewesen war.

Die Doktrin eines anderen Kirchenvaters wird in Abbé Gayragands Buch »*Der Antisemitismus des Thomas von Aquin*« kurz abgesteckt: »Der Jude ist der Feind Jesu. In einem christlichen Land müssen Juden als fremde und feindliche Rasse behandelt werden, und es müssen ihnen sämtliche den Bürgern zugestandenen politischen Rechte verweigert werden. Erlaubt werden muß ihnen jedoch die Ausübung ihrer Religion, ohne dafür bestraft zu werden, da sie ein lebendiges Zeugnis des Leidens unseres Herrn sind. Dies ist der Grund, warum sie in alle Länder der Welt verstreut sind und die gerechte Strafe für ihr furchtbares Verbrechen erleiden, damit sie Zeugen unserer Erlösung sein können.«

Bis vor kurzem beteten die Kirchgänger in der katholischen Kirche an jedem Karfreitag für die 'verräterischen' Juden. Diese Formel wird jetzt in den römisch-katholischen Gottesdiensten weggelassen, doch durch die antisemitischen Schriften ihrer Kirchenväter nehmen künftige Priester diese Doktrin weiterhin auf.

Es war für die Jünger der »heiligen« Väter normal, über mich zu lachen. Sie traten dabei in die Fußstapfen ihrer Lehrer.

Ich erhob mich von meinem Stuhl, schritt hinüber zum Schreibtisch des Bischofs und schlug mit geballter Faust auf den Tisch. »Schämen Sie sich nicht, Sie sind ein christlicher Bischof und lachen über einen Juden, weil er an Jesus glaubt? Welcher Nationalität gehörte denn Jesus an? Seine Mutter? Und die Apostel? Sie füllen Ihre Kirche mit Bildern 'elendiger' Juden und doch lachen Sie über Juden. Fürchten Sie da nicht Gottes Zorn?«

Gemessen an meiner Größe war der Bischof nur von geringem Wuchs. Als seine Ratgeber mich heftig gestikulieren sahen, fürchteten sie, ich könnte auf ihn einschlagen, und so schickten sie sich an, mich abzuwehren. Der Bischof aber winkte sie zurück und rief: »Halt! Lassen Sie ihn! In diesem jungen Mann steckt Gutes. Ich möchte mit ihm reden.«

Das folgende Gespräch verlief ruhig. Er beglückwünschte mich zu dem neuen Pfad, auf den ich meinen Fuß gesetzt hatte. Er drängte mich auch, andere Juden für Christus zu gewinnen. Es wäre aber zwecklos gewesen, ihn über Einzelheiten dieses neuen Pfades zu befragen.

Der orthodoxe Priester der Kirchengemeinde, der ich angehörte, saß im Garten vor seinem Haus. Als ich zu ihm sagte, ich sei ein Jude, der an Jesus glaube, hetzte er seine Hunde auf mich.

Zahlreiche Begegnungen dieser Art mit orthodoxen Priestern könnte ich schildern, es wäre aber nutzlos. Solche Männer haben kein Recht auf den Titel 'Hirte', der von Jesus eingeführt wurde, um die Kirche Christi zu führen. Außerdem bin ich davon überzeugt, daß Jesus nie einen besonderen Stand von Geistlichen eingesetzt hat. Alle Jünger Jesu sind Priester.

Ich habe mich mit dem Dogma, das von der griechisch-orthodoxen Kirche gelehrt wird, auseinandergesetzt und bemerkt, daß sehr viel Unwahres darin steckt. Mir persönlich wäre es nie in den Sinn gekommen, dieser Kirche beizutreten. Das Ritual zur Taufe eines Juden zwingt den Täufling, dreimal auszuspucken und zu sagen: »Ich verleugne, verfluche und speie auf die Juden.« Anders gesagt: auf die eigenen Eltern, Brüder, Schwestern und auf die ganze Familie. Ich kenne Fälle, in denen der Täufling während dieser Zeremonie in Ohnmacht fiel, als er gezwungen wurde, diesen Fluch auszusprechen. Ein Jude war außerstande, auch nur ein Wort über seine Lippen zu bringen.

Die Heilige Synode der griechisch-orthodoxen Kirche erklärte, nachdem das faschistische Regime in Rumänien Einzug gehalten hatte, daß kein Jude in die Kirche aufgenommen werden sollte. Welcher Unglücksrabe kann den Juden dieses Hindernis in den Weg gelegt haben, um sie am Betreten der Kirche Jesu zu hindern? Denn schließlich hat Er einst gesagt: »Ich bin nur gesandt zu den verlorenen Schafen des Hauses Israel« (Matth. 15,24). Um der Gerechtigkeit willen bestätige ich frohen Herzens, daß ich seitdem orthodoxen Priestern begegnet bin, die Heilige waren. Allerdings waren meine anfänglichen Erfahrungen anders.

Auf meiner Suche nach der richtigen Kirche halfen mir die Tatsachen, die zu meiner Befriedigung bewiesen, welches nicht die wahre Kirche sei, einen wichtigen Schritt in die richtige Richtung zu tun. Man nennt mich einen Lutheraner. Die lutherische Kirche ist bemerkenswert — eine Kirche, die entgegen den Vorstellungen des Mannes existiert, der sie gründete. Luther schrieb: »Sekten und Glaubensgemeinschaften zu gründen und ihnen zu folgen, heißt Gott in viele Götter zu teilen und Ihm viele Namen zu geben. Eine Sekte ist nichts anderes als ein Schisma, eine von einem irdischen Wesen begangene Tat, die dem Gebot Gottes der wahren, universellen und unsichtbaren Kirche widerspricht. Ich mißbillige die Doktrin wie auch die Leute, die Lutheraner genannt werden. Und doch muß ich hinnehmen, daß Gottes Wort derart mit meinem Namen verspottet wird. Ich bete, daß mein Name ungenannt bleibt und daß die Menschen sich nicht Lutheraner, sondern Christen nennen sollen. Warum sollte ich, ein fauliger Sack voll Maden, es verdienen, daß die Kinder Christi meinen elenden Namen tragen? Niemand soll sagen: 'ich bin Lutheraner' oder 'ich bin Papist'. Denn weder ein Luther noch der Papst starben für uns, keiner von beiden war unser Lehrer, sondern Christus allein. Daher sollten wir uns Christen nennen.«

Bei seinen Tischgesprächen sagte er: »Wenn der Teufel kann, soll er Luther holen. Christus wird leben.«

Dennoch existiert die lutherische Kirche. Von Luther übernahm sie ihre antisemitische Doktrin, die zutage tritt, sobald die Voraussetzungen günstig sind.

Von keinem Juden kann man erwarten, für Hitler zu sein. Wie also kann man von ihm erwarten, Lutheraner zu sein? Schrieb doch Luther in einem Brief an seine Frau, die ebenfalls die Juden aufs tiefste verachtete:

»Ich muß mich jetzt mit der Vertreibung der Juden befassen. Graf Albrecht ist ihr Feind und er hat sich ihnen ebenfalls entgegengestellt, aber noch hat sich keiner mit ihnen auseinandergesetzt. Wenn es Gottes Wille ist, werde ich Graf Albrecht von der Kanzel aus helfen. Und auch ich werde sie bekämpfen. Ich trinke Naumburger Bier... Es schmeckt mir sehr.«

Ich habe einen gemäßigten Abschnitt ausgewählt. Es gibt andere, in denen Luther seine Leser offen aufstachelt, Juden zu töten — ebenso wie er sie aufgewiegelt hatte, Katholiken, Bauern und Anabaptisten umzubringen. Und er kritisierte sogar die Inquisition, weil sie seinen früheren Freund Thomas Münzer nicht genügend gefoltert habe.

Zum Zeitpunkt meiner Bekehrung war der Bischof der lutherischen Kirche in Rumänien ein Mann namens Städel, der für Hitler eintrat und ein Gemisch aus Christentum, Rassenbewußtsein und Nationalsozialismus predigte.

Jeder, der die Sakristei einer lutherischen Kirche betrat, wurde mit »Heil Hitler«, »Heil dem Mörder von Millionen Juden« begrüßt.

In Wahrheit vertrat auch diese Kirche Christus nicht. Die lutherischen Kirchen in Skandinavien und in den Vereinigten Staaten zeigten sich tapfer der Lage während der für die Juden schweren Jahre gewachsen. Dies gereicht ihnen zur Ehre. Aber sie folgten dabei einem anderen Luther.

Luther war so etwas wie eine gespaltene Persönlichkeit. Er schrieb auch sehr schöne Dinge über die Juden:

»Wir sollten die Juden nicht so schlecht behandeln, denn unter ihnen sind zukünftige Christen. Lebten wir christlich und brächten wir sie durch Güte zu Christus, würden wir richtig handeln. Wer wird aber schon Christ werden wollen — sieht er doch, wie unchristlich sich die Christen gegenüber ihren Mitmenschen verhalten. Nein, liebe Christen! Laßt uns ihnen die Wahrheit mit Güte lehren! Wollen sie es nicht, laßt sie in Frieden ziehen. Wir spenden so vielen Christen den Frieden, die sich weder aus Christus etwas machen noch auf Seine Worte hören... Wäre ich Jude gewesen und hätte ich gesehen, daß solche Narren und Dummköpfe den christlichen Glauben führen und lehren, wäre ich lieber ein Schwein als ein Christ geworden.

Hätten die Apostel, die ebenfalls Juden waren, uns Nichtjuden so behandelt wie wir ihre Nachfahren, wäre kein Nichtjude jemals ein Christ geworden.«

Ich berichte nicht über meine Erfahrungen mit dem Katholizismus, der sich gerade jetzt so stark verändert — weit über das von Luther Erhoffte. Das Zweite Vatikanische Konzil hat die Juden von der Schuld, Jesus getötet zu haben, freigesprochen. Der Gekreuzigte selbst tat es lange vor diesem Konzil mit den Worten:

»Niemand nimmt es (mein Leben) von mir, sondern ich lasse es von mir selber« (Joh. 10, 18).

Die Väter des Vatikanischen Konzils hätten besser daran getan, wenn sie sich für die Vernichtung der Juden, über Jahrhunderte hinweg, entschuldigt hätten.

Der Gerechtigkeit wegen sollte ich hinzufügen, daß es nicht nur Christen waren, die Juden haßten und töteten. Manchmal geschah es auch umgekehrt. Juden, wie beispielsweise Trotzki in Rußland, Rákosi in Ungarn und Anna Pauker in Rumänien, töteten viele Christen — wenn auch nicht aus Gründen der Religion. Und in vielen Fällen ist Haß auf der einen Seite keine Rechtfertigung für den Haß der anderen.

Aber im Laufe der Zeit erschienen mir alle großen christlichen Glaubensrichtungen wie ein Sündenbabel. Nichts hatten sie mehr mit der Kirche Jesu gemein, die in der Apostelgeschichte beschrieben wird:

»Die Menge der Gläubigen aber war ein Herz und eine Seele; auch nicht einer sagte von seinen Gütern, daß sie sein wären, sondern es war ihnen alles gemeinsam. Und mit großer Kraft gaben die Apostel Zeugnis von der Auferstehung des Herrn und große Gnade war bei ihnen allen. Auch war keiner unter ihnen, der Mangel hatte; denn wie viel ihrer waren, die da Äcker oder Häuser hatten, die verkauften sie und brachten das Geld des verkauften Gutes und legten es zu der Apostel Füßen und man gab einem jeglichen, je nachdem einer in Not war. (Apg. 4, 32—35).

Sie blieben aber beständig in der Apostellehre und in der Gemeinschaft und im Brotbrechen und im Gebet. Es kam aber alle Seelen Furcht an und geschahen auch viele Wunder und Zeichen durch die Apostel...

Und sie waren täglich und stets beieinander einmütig im Tempel und brachen das Brot von einem Haus zum anderen, nahmen die Speise mit Freuden und lauterem Herzen, lobten Gott und hatten Gnade bei dem ganzen Volk. Der Herr aber tat hinzu täglich, die gerettet wurden, zu der

Gemeinde. (Apg. 2, 42—43, 46—47).«

Die großen Konfessionen sind nicht die historischen Nachfolger der ersten Kirche. Die ruhmreichen Strahlen des Lichtes Jesu aber durchdringen selbst die dickste Wolke. Das Evangelium durchbricht die Hindernisse, die diese Konfessionen errichtet haben und bringt Männern und Frauen Rettung — selbst denen, die einer falschen Religion folgen. Die großen Kirchengemeinden aber können sich nicht als wirksames Mittel zur Rettung Israels erweisen. Israel wird niemals durch sie zu Christus gelangen.

Schon immer und auch noch heute fühle ich mich in pietistischen Kreisen zu Hause. Noch bevor ich mit der protestantischen Doktrin von der unsichtbaren Kirche vertraut war, empfand ich ein Gefühl der Brüderlichkeit mit jedem Kind Gottes, das wiedergeboren worden war. Solchen Brüdern und Schwestern begegnete ich in der »Armee des Herrn«, einer religiösen Bewegung innerhalb der Orthodoxen Kirche Rumäniens. Ich traf Brüder im Glauben unter römisch-katholischen Priestern und Laien, die Christus von ganzem Herzen liebten und die Dinge taten, die ich als falsch erachtete, nur weil sie glaubten, Jesus habe das so vorgeschrieben. Auf dieselbe Art und Weise traf ich auch viele Brüder in der lutherischen Kirche und anderen protestantischen Konfessionen.

Könnte ich jemals den griechisch-orthodoxen Archimandriten Scriban vergessen, der in der Zeit der heftigsten antisemitischen Verfolgungen Tag und Nacht bereit war, uns zu helfen, und der sich unzählige Male für uns eingesetzt hat? Dieser Mann, der dem theologischen Seminar vorstand und dessen ehemalige Studenten zumeist nun Priester in Bukarest waren, tadelte die Oberen des Kultusministeriums, wann immer sie uns das Leben schwer machten und uns als »dreckige« Juden entließen. »Habe ich euch solches gelehrt«, fragte er dann. »War nicht auch Jesus ein 'dreckiger Jude'? Und war nicht die Mutter unseres Herrn eine 'dreckige Jüdin'?«

Könnte ich jemals unter den Lutheranern Bischof Friedrich Müller, den unerschütterlichen Freund christlicher Juden, vergessen? Oder den norwegischen lutherischen Geistlichen Magne Solheim, den Leiter der Norwegischen Israel-Mission in Rumänien, dessen Leben ausschließlich darin bestand, vor den Juden von früh bis spät Zeugnis für Christus abzulegen, und der keine Mühen scheute, ihnen in der Stunde ihres Elends zu helfen?

Die Seiten würden nicht reichen, um all die anzuführen, die ebenso handelten.

Gottes Kinder, gleich welcher Konfession, standen mir nahe. Am wohlsten aber fühle ich mich unter denen, die die großen Konfessionen verließen.

Die grausame Wirklichkeit, die ich in den großen Konfessionen entdeckte, zerstörte das Bild Christi, das ich in meinem Herzen trug. In den kleinen Christengemeinden fand ich es wieder.

Soweit es mich betraf, war es kein Nachteil, daß die Gruppen nicht zahlreich waren. Gott macht sich nichts aus Zahlen. Gregor von Nazianz sagte: »Gott hat an der Mehrheit keine Freude. Menschen können nach Tausenden gezählt werden, Gott aber zählt nur diejenigen, die die Erlösung annehmen. Die Menschen zählen den belanglosen Staub, Er die Werkzeuge der Gnade.«

Die pietistischen Kreise, die innerhalb der großen Konfessionen und Sekten existieren, sind die einzigen Christengruppen in Rumänien, deren Hände nicht mit jüdischem Blut befleckt sind. Während der Verfolgungen halfen, beschützten und retteten sie Juden. Sie können den Juden das Evangelium Christi am leichtesten und besten nahebringen.

Doch selbst unter ihnen gab es Meinungsverschiedenheiten. Menschen von tiefem Glauben zankten sich über triviale Auslegungen von Bibelstellen.

Gläubige streiten sich über Dinge, von denen sie tatsächlich keine Ahnung haben. Ich hörte, daß es im Mittelalter einmal zwei Gläubige gegeben habe, die von der Inquisition zum Tode auf dem Scheiterhaufen verurteilt waren. Sie verlangten, Rücken an Rücken zusammengebunden zu werden, um einander nicht in die Augen sehen zu müssen, da jeder den anderen für einen Ketzer hielt.

Als ich diese Geschichte hörte, dachte ich, es sei eine übertriebene Legende. Später sah ich im Gefängnis Menschen, die ihr Leben für denselben geduldigen Jesus gaben, die sich aber nicht einmal grüßten, weil sie verschiedenen Konfessionen oder zwei verschiedenen Gruppen innerhalb der gleichen Konfession angehörten. Wir alle lassen zu, daß so etwas geschieht, ohne zu erkennen, wie schwer es für uns sein wird, Rechenschaft abzulegen über die von uns begangene Sünde, derzufolge wir den Wahrheitssuchenden Hindernisse in den Weg gelegt haben.

Ich und andere Juden mit mir waren der Verzweiflung nahe, als wir unseren Weg durch das Chaos unterschiedlicher religiöser Meinungen zu finden suchten.

Bisher habe ich keine einzige christliche Organisation entdeckt, die befähigt wäre, die Aufgabe in Angriff zu nehmen, die Welt für das Reich Gottes vorzubereiten und alle Nationen zu Jüngern zu machen. Keine einzige von ihnen nimmt diese Aufgabe ernst und strebt sie in Übereinstimmung mit einem genauen strategischen Plan an. Viele ihrer Bemühungen zerschellen an alltäglichen Bedeutungslosigkeiten.

Die Gnade Gottes half uns, diese Schwierigkeiten zu überwinden, bewahrte uns davor, uns in Kleinigkeiten zu verlieren und befähigte uns, die wichtigsten Stellen des Neuen Testaments zu verstehen, die so klar sind und allein durch ihre Lehre die Juden zu Christus führen können:

»So ist nun die Liebe des Gesetzes Erfüllung« (Röm. 13,10). »Denn das ganze Gesetz ist in einem Wort erfüllt, in dem: 'Liebe deinen Nächsten wie dich selbst'« (Gal. 5,14). »Alles nun, was ihr wollt, das euch die Leute tun sollen, das tut ihnen auch! Das ist das Gesetz und die Propheten.« (Mtth. 7,12)

»Du sollst lieben Gott, deinen Herrn, von ganzem Herzen, von ganzer Seele und von ganzem Gemüte. Dies ist das vornehmste und größte Gebot. Das andre aber ist dem gleich: Du sollst deinen Nächsten lieben wie dich selbst. In diesen zwei Geboten hängt das ganze Gesetz und die Propheten.« (Matth. 22, 37—40). Obwohl die Bibel zahlreiche Stellen enthält, die besagen, daß Gott die Beschneidung befahl, wissen wir, daß Paulus diese heiligen Worte ablehnte, die Beschneidung für null und nichtig erklärte und schrieb: »Denn in Christus Jesus gilt weder Beschneidung noch Unbeschnittensein etwas, sondern eine neue Kreatur.« (Gal. 6,15). Sollten nicht auch wir behaupten können, daß die verschiedenen Grundsätze, die uns trennen, wirklich bedeutungslos sind, obwohl sie auf wichtigen Bibelstellen fußen? Statt dessen müssen wir »neue Kreaturen« werden, Menschen, die ihr Leben auf dem Grundsatz neu errichten, jenem Grundsatz, mit dem uns Jesus ein Beispiel gegeben hat, Ihm zu folgen. Wenn Luther bereits vor vier Jahrhunderten schreiben konnte: »Jesus befahl uns nicht, zu beichten, sondern gab uns alle Freiheit, so daß derjenige, der es so wünschte, von der Beichte Gebrauch machen konnte... Ihr werdet von Gott nicht verurteilt werden, wenn ihr nicht beichtet... Alle Sakramente müssen frei sein; wer nicht die Heilige Kommunion empfangen möchte, ist von Gott dazu ermächtigt«; um wieviel mehr sollten wir erst in unserem Jahrhundert in der Lage sein, das Wichtigste in der Lehre der Bibel — die Liebe — vom Unwichtigeren zu unterscheiden.

Die geistliche Verfassung der meisten Juden, vor allem der jüngeren, kann als religiös gleichgültig bezeichnet werden. Unsere theologischen Diskussionen werden sicher nicht dazu beitragen, in ihnen Begeisterung zu wecken. Unsere Predigten lassen sie gleichgültig. Dogmen rühren sie nicht.

Doch nicht in diesen Dogmen läßt sich das Christentum finden.

Der göttliche Lehrer erklärte, daß die Liebe das Zeichen sei, an dem man Seine Jünger erkennen könne. Liebe läßt keinen normalen Menschen gleichgültig. Die Juden dürsten mehr als jedes andere Volk nach der Liebe. Wäre unsere Religion die Liebe, würde ihre Gleichgültigkeit dahinschmelzen.

Ich selbst habe nach langem Umherirren endlich gefunden, was ich suchte: Mein Bekenntnis ist die Liebe. Meine Brüder und Schwestern sind all jene, die einander lieben — ganz gleich welcher Konfession sie angehören. Mein Herr ist Jesus, denn Er ist die Verkörperung der Liebe. »Die Liebe ist von Gott« und »wer liebhat, der ist von Gott geboren«. (1. Joh. 4,8. 7).

Das Kreuz Christi zeigt die katastrophalen Folgen der Übertretung des Gesetzes der Liebe. Haß kreuzigt die Wahrheit und Gott. Gleichzeitig aber ist das Kreuz Christi ein Ausdruck von Gottes Liebe. Weil Er liebt, nimmt Christus die Sünden Seiner Mörder auf sich und gibt ihnen Gelegenheit, das Leben neu zu beginnen. Diese Wahrheit, der ich teilhaftig wurde, hat mich im Hinblick auf die christlichen Konfessionen befreit. Ich kann mich nun ganz nach eigenem Willen entscheiden, ob ich einer dieser Konfessionen angehören möchte, oder nicht. Sie stellen den Hintergrund dar, vor dem ich die Religion Christi — die Religion der Liebe — ausüben kann. Ich bin jetzt in der Lage, in Kirchen und auf Versammlungen aller Glaubensrichtungen zu beten. An ein und demselben Tag habe ich vor Orthodoxen, Katholiken, Lutheranern und Pfingstlern gepredigt.

Wenn man die Wahrheit will, muß man auf gewisse Einstellungen und Anschauungen verzichten, denn jede Einstellung und Anschauung ist eine blinde Stelle, die es einem ganz unmöglich macht, andere Gesichtspunkte und Meinungen außer der eigenen zu verstehen. Die Wirklichkeit kennt sich selbst, weil Geist in ihr ist. Christus ist die Wahrheit, Er ist die Wirklichkeit, wie sie sich selbst kennt, ohne die Verzerrungen, die sich ergeben, wenn man sie durch Prismen oder aus verschiedenen Blickwinkeln betrachtet.

Die meisten christlichen Juden, die später unsere Gemeinde ausmachten, nahmen dieselbe überkonfessionelle Haltung an, obwohl unsere Kirche eigentlich lutherisch war — bekannt als »Die Kirche der Liebe«. Pastor Solheim grüßte mit dem Wort »Liebe«. Lange vor der modernen ökumenischen Entwicklung waren wir in Rumänien die einzige Kirche, in der Menschen aller Konfessionen zusammen zum Abendmahl gingen.

Meine Taufe — und wie meine Frau für den Herrn gewonnen wurde

In meiner Frau habe ich wahrhaftig gefunden, was die Bibel einen »Helfer wie seinesgleichen« nennt. Das Zölibat hat einen gewissen Nutzen, aber ich habe auch bemerkt, daß die Fähigkeiten vieler Arbeiter in Gottes Weinberg zu einem nicht geringen Teil davon herrührten, daß sie in ihren Frauen einen ausgezeichneten Gehilfen gefunden hatten. Der heilige Johannes Chrysostomus kann unsere Frauen nicht gekannt haben, sonst hätte dieser heilige Vater niemals die ungeheuerliche Behauptung aufstellen können: »Die Frau ist ein notwendiges Übel und eine tödliche Faszination.«

Es liegt auf der Hand, daß eine Frau ein wertvoller Gehilfe ist, wenn der Mann sie nicht einschüchtert. Wir könnten alle Adam als Beispiel eines guten Ehemanns anführen. Wegen Eva verlor er das Paradies, aber kein einziges Wort des Vorwurfs kam über seine Lippen. Wir hingegen beschimpfen unsere Frauen wegen der geringsten Kleinigkeit.

Anfangs gab es auch zwischen meiner Frau und mir Spannungen. Als ich mein Zuhause verließ, um getauft zu werden, wollte sich meine Frau das Leben nehmen. Meine Mutter wurde ohnmächtig, als sie von meinem Entschluß hörte. So stürzte ich zwei geliebte Menschen ins Unglück, als ich das Haus verließ, um die Taufe zu empfangen.

Damals glaubte ich, richtig gehandelt zu haben. Heute jedoch würde ich niemandem raten, sich ebenso zu verhalten. Wenn jemand für Christus Zeugnis ablegen und für Ihn leiden soll, ist es nicht richtig, um eines anderen Menschen willen darauf zu verzichten. Viele Juden sind jedoch weniger gegen Jesus als vielmehr gegen die christliche Taufe eingestellt. Allzu schmerzlich sind die Erinnerungen aus der Zeit der Inquisition, als sie unter Androhung der Todesstrafe an ihren Bärten gezerrt wurden. So oft erinnern sie sich an die Zeit, da ihre Vorväter ihren eigenen Kindern die Kehlen durchschnitten, nachdem sie ihnen den Segen gegeben hatten, um sie so vor der erzwungenen Taufe zu bewahren. Allzu viele Juden ließen sich taufen, um ihr eigenes Volk zu verleugnen. Dies führte zu einer emotionalen Abneigung, was man sehr gut verstehen kann. Ich kannte einst eine betagte Jüdin, die eine ergebene Anhängerin Jesu war, aber einen starken Widerwillen gegen das Wort »Taufe« hegte. Sie sagte immer: »Diese Angelegenheit muß ich noch regeln.« Ängste dieser Art muß man vorsichtig angehen. Die Verpflichtung zu lieben ist sicher größer als die Pflicht, getauft zu werden. Niemand sollte sich voreilig taufen lassen, ehe nicht auch seine Familie mit dem Gedanken vertraut ist und die Bedeutung und Zusammenhänge dieses Vorgangs erkannt hat. Die Taufe sollte in aller Stille vorgenommen werden. Nicht zum Zeichen der Taufe sollen wir uns bekennen, sondern zu Ihm, der sie uns gegeben hat. Es ist falsch, wenn ein Missionar es sich zur Ehre gereichen läßt, möglichst viele Juden zu taufen.

Doch damals war ich anderer Ansicht. Ich ging zur Taufe und ließ meine weinende Frau und eine kummervolle Mutter zurück.

Nach welcher Konfession ich getauft wurde, kann ich nicht sagen: meine Taufe fand in der Kapelle der Norwegischen Lutherischen Israel-Mission statt, deren Leiter ein Christ der Freikirche war: Feinstein. Die Taufe selbst wurde von Bruder Ellison ausgeführt, einst ein anglikanischer Priester, der jedoch diese Kirche verlassen hatte, nachdem er als Erwachsener ein zweites Mal getauft worden war. Dennoch hielt er weiterhin Gottesdienste in der anglikanischen Mission ab. Chaos ist in der Christenheit alltäglich geworden, da die letzte Bitte Jesu ignoriert wird: «Ich bitte... auf daß sie alle eins seien» (Joh. 17, 21).

Mir genügte zu wissen, daß Ellison ein wirklicher Jünger Jesu war, ebenso wie die anderen, die meiner Taufe beiwohnten.

Mit mir wurden noch zwei Juden getauft. Einer von ihnen — Blitzstein — war ein ehemaliger Kommunist, der andere ein Mann, der viel Leid erfahren hatte. Letzterer war von kleinem Wuchs und verheiratet mit einer Frau, die ihn um Längen überragte. Sie schlug ihn, wenn er sonntags vom Gottesdienst heimkehrte. Der gepeinigte Mann kam weiterhin zu unseren Versammlungen und wurde regelmäßig geschlagen. Nach seiner Taufe achtete ich darauf, daß sein Haar am Ofen gründlich getrocknet wurde, damit seine Frau nicht bemerken sollte, daß er getauft worden war. Wäre sie dahintergekommen, hätte sie ihn mit fast hundertprozentiger Sicherheit umgebracht.

Eines Nachts, es war ein Sonntag, als Feinstein schon zu Bett gegangen war, hörte er ein Klopfen an der Tür. Er öffnete und sah jenen Mann, bleich wie ein Gespenst. Feinstein fragte, was geschehen sei. Der Mann antwortete in tiefstem Schmerz: »Ich habe meine Erlösung verwirkt. Meine Frau schlug mich heute schlimmer denn je. Ich konnte es nicht länger aushalten und gab ihr eine Ohrfeige.« Mit einem zwinkernden Auge erwiderte Feinstein: »Nun ja, wenn du schon deine Erlösung verwirkt hast, warum hast du sie dann nicht wenigstens ordentlich verprügelt, um ihr für alle Zeiten einen Denkzettel zu verpassen?« Später wurde auch diese Xantippe getauft, doch blieb sie nicht standhaft im Glauben.

Unsere Taufe fand in einer sehr herzlichen Atmosphäre statt. Ellison, wirklich ein Mann des Geistes, warnte uns: »Ihr habt nun weiße Kleider erhalten, und es ist eure Pflicht, sie rein zu halten.« Feinstein, der in seiner Einstellung mit beiden Beinen mehr im Leben stand, predigte auch: »Ihr seid Menschen und werdet auch weiterhin sündigen wie alle Menschen. Ihr werdet eure Kleider nicht weiß halten. Sündigt ihr aber, dann geht sofort zu Jesus, damit er euch eure Flecken nehmen kann.«

Nach der Feier, spät am Abend, als alle schon zu Bett gegangen waren, konnte ich keinen Schlaf finden. In jener Nacht las ich das Buch »*Die Mysterien des Kreuzes*« von Tohoyiko Kagawa, einem japanischen Christen, der nicht nur sein ganzes Vermögen, sondern auch sein Leben und Wissen für die Armen in Japan einsetzte.

Das Haus, in dem ich getauft wurde, ist heute keine Kapelle mehr. Die Kommunisten verwenden es jetzt für ganz andere Zwecke. Es stimmt mich traurig, wenn ich daran denke, daß ich es viele Jahre nicht sehen konnte. Der heilige Ludwig, König von Frankreich, machte alljährlich eine Wallfahrt zur Dorfkirche von Poissy, in der er getauft worden war. Er sagte: »An dieser Stelle empfing ich die Krone des Lebens, während ich in Reims die Königskrone erhielt, die mir nur viel Arbeit und viele Sorgen brachte.«

Als ich nach der Taufe nach Hause kam, kam mir meine Frau verändert vor. Während meiner Abwesenheit hatte sie ihr Leben sorgfältig überprüft und einen großen Schritt nach vorn getan. Wann immer sie wollte, nahm ich sie weiterhin zu weltlichen Versammlungen mit — doch mehr und mehr fühlte sie sich dort fehl am Platz. Eines Nachts, als wir von einer Veranstaltung dieser Art heimkehrten, sagte sie zu mir: »Ich möchte den Pastor wecken, um mich von ihm taufen und von allen meinen Sünden freisprechen zu lassen.«

Wenig später wurde auch sie von Ellison getauft. Seit dieser Zeit hat sie viel Leid ertragen müssen. Mehrere Jahre verbrachte sie im Gefängnis und sie war von ihrem Mann ebenso viele Jahre getrennt, wie Jakob einst Rahel diente. Alle Leiden und Sorgen der Christen waren auch die ihren, doch sie war der Ansicht, daß all ihre Nöte nur von kurzer Dauer waren, weil sie liebte.

2

JUDEN, DIE ZEUGNIS FÜR CHRISTUS ABLEGTEN

Clarutza

Zu der Zeit, als ich bekehrt wurde, gab es in Bukarest, Galatz, Jassy und anderen Städten kleine Gruppen christlicher Juden. Unter ihnen befanden sich Seelen, die eine sehr hohe religiöse Stufe erreicht hatten.

In Bukarest praktizierte die Mission der anglikanischen Kirche, geleitet von Pastor J. Adeney, einem Geistlichen von ungewöhnlicher Glaubenstiefe und Opfergeist.

Allmählich wuchs die Zahl der christlichen Juden. Clarutza, ein junges Mädchen von etwa 16 Jahren, war die erste Seele, die ich für den Herrn gewann. Ihr Urgroßvater war einst ein griechischorthodoxer Priester gewesen. Er wurde während der judaistischen Bewegung, die Anfang des letzten Jahrhunderts in der Ukraine ihren Ursprung hatte, zum mosaischen Glauben bekehrt. (Es war eine ähnliche Bewegung, die man bis auf den heutigen Tag unter Bauern finden kann, die ursprünglich einer Glaubensrichtung der Adventisten angehörten. Die alteingesessene rumänische Landbevölkerung ist beschnitten worden und besucht den Gottesdienst in der Synagoge mit größerem Eifer als die Juden, von denen viele, — man kann es wohl ehrlich sagen — keine besondere Begeisterung bei der Erfüllung ihrer religiösen Pflichten an den Tag legen.)

Dieses Mädchen war von Gott auserwählt worden, um den Irrtum ihres Urgroßvaters wiedergutzumachen, indem sie Christin wurde. Von dem Augenblick an, da sie unsere Versammlungen besuchte, wurde sie von ihren Eltern gepeinigt. Sie untersagten ihr den Umgang mit uns. Daraufhin beschloß sie, in den Hungerstreik zu treten. Sie verweigerte jegliche Nahrungsaufnahme, bis man ihr erlauben würde, ihre Glaubensbrüder wieder aufzusuchen. Drei Tage währte ihr Fasten; als ihre Eltern am vierten Tag sahen, wie geschwächt sie war, hoben sie ihr Verbot auf. Aber sie sagte: »Nein, ich gehe nicht — erst wenn ihr mit mir kommt, werde ich den Hungerstreik beenden. Nach einem weiteren Fastentag gaben ihre Eltern auch in diesem Punkt nach, und von da an begleiteten sie sie regelmäßig zu unseren Versammlungen.

Clarutza war jung im Glauben; doch auch ich — ihr geistiger Vater — war noch jung im Glauben. Ich, der ich selbst noch nicht geheilt war, begann bereits andere zu heilen. Das konnte nicht ohne Folgen bleiben.

Eines Tages, als Clarutza bei uns aß, fragte sie plötzlich: »Bruder, spielen Sie in der Lotterie?« Ich hatte einen Lotterieschein in meiner Tasche, doch schon seit langem befand ich mich in einer geistigen Auseinandersetzung, weil mir eine innere Stimme gesagt hatte, daß es Gottes Kindern nicht gestattet sei, sich Glücksspielen hinzugeben; doch gleichzeitig reizte mich die Aussicht auf einen großen Gewinn sehr. Mein Gewissen war noch nicht beruhigt worden. Ehe ich richtig überlegen konnte, kam meine Antwort: »Nein«. Ich hätte eigentlich »ja« sagen sollen. Dies war nicht die einzige Lüge, die damals über meine Lippen kam. Die Lüge war mein zweites Ich geworden und selbst nach meiner Bekehrung spielte sie mir übel mit.

Wie sehr wünschte ich, die Lüge, die über meine Lippen gekommen war, rückgängig zu machen, doch es war nicht mehr möglich. Nie in meinem Leben habe ich Dinge bereut, die ich nicht gesagt habe, oft dagegen Worte, die ich ausgesprochen hatte. Es ist gut, den Mund verschlossen zu halten und ihm kein Wort entschlüpfen zu lassen. Wer nicht darauf bedacht ist, das Maß seiner Rede zu beschränken, ist nicht bekehrt worden. Stolz — und vielleicht auch die Angst, das Vertrauen, das das junge Mädchen zu mir hatte, zu untergraben — hinderten mich daran, die Sachlage unverzüglich richtigzustellen. Danach war es mir eine ganze Woche lang unmöglich zu beten. Kniete ich nieder, um das Vaterunser zu sprechen, war es mir, als hörte ich eine Stimme, die mir »Lügner« zur Antwort gab.

Es wird berichtet, daß im Jahre 71 n. Chr., als der römische General Titus, der später Kaiser wurde, Jerusalem belagerte und Hunger und Pest in der Stadt ausbrachen, einer der jüdischen Oberhäupter, der Rabbiner Johanan ben Zacai, durch die feindlichen Linien brach und sich zu Titus' Zelt vorarbeitete. Dort kniete er vor dem General nieder und sagte: »Herr, verschone diese Stadt, in der so viele Frauen und unschuldige Kinder leben!« Titus antwortete: »Du lügst, alter Rabbiner!« — «Aber was war denn gelogen?« fragte der Greis erstaunt. »Das erste Wort, das du sagtest, ist gelogen«, antwortete Titus. »Du hast mich ‚Herr' genannt. Wenn ich Herr bin, warum öffnet ihr dann nicht die Tore eurer Stadt und empfangt mich mit Triumpfbögen und Blumen? Wenn ich Herr bin, warum gehorcht ihr mir dann nicht?«

Ebenso ist das erste Wort, das wir in unseren Gebeten sprechen eine Lüge. Wir nennen Ihn »Vater« und erfüllen Seine Gebote nicht. Wir lügen, obgleich Er uns die Wahrheit bietet.

In meiner Verzweiflung ging ich zu Tudor Popescu — er war damals der »älteste« Gläubige von uns in Rumänien. Einst war er ein orthodoxer Priester gewesen; doch wie Luther brachte er den Mut auf, seiner Kirche entgegenzutreten und das wahre Evangelium zu predigen. Aus diesem Grund wurde er von der Kirche ausgeschlossen. Es folgten ihm aber Tausende von Gläubigen, und so wurde er eine bedeutende Persönlichkeit unter den Christen in Rumänien. Er war ein aufrichtiger Freund christlicher Juden und seine Predigten waren für sie sehr segensreich.

Diesem alten Bruder, erzählte ich nun von meinem Leid und fragte ihn, was ich tun sollte. Ich berichtete ihm von meiner Furcht vor einem möglichen Glaubensverlust des Mädchens — hatte ich doch selbst den Samen der Liebe Christi in sie gelegt — würde ich ihr die Lüge gestehen.

Tudor Popescu gab zur Antwort: »Du hast zu Recht Angst. Die geringste Sünde, die ein Mensch begeht, kann sich für einen anderen als Hindernis erweisen und jene Seele zur Verdammnis verurteilen. Aus diesem Grund mußt du in Zukunft wachsamer sein. Dennoch rate ich dir, Clarutza deine Lüge zu gestehen. Verliert das Mädchen daraufhin seinen Glauben, ist es ein Beweis, daß sie nicht zu den Auserwählten des Herrn zählte. Du jedoch wirst den Weg des Herrn weitergehen und seine Gebote erfüllen.«

Diese Erfahrung offenbarte mir, wie vorteilhaft es für Gläubige ist, ihre Sünden nicht nur Gott, sondern auch einem weisen Bruder zu beichten, der ihnen Rat geben kann. Das biblische Wort für Beichte ist *exomologeo* was »nach außen beichten« bedeutet. Es ist nicht klug, wenn wir uns in den eigenen Sünden wälzen und sie in uns behalten, bis sie unser geistiges Leben abwürgen.

Ich rief Clarutza zu mir; ich setzte sie mir gegenüber in einen bequemen Sessel, erzählte ihr, was geschehen war, und bat sie demütig um Verzeihung. Sie hörte mir ernst zu und sagte: »Dieses Mal verzeihe ich Ihnen, aber Sie dürfen es nie wieder tun.«

Voller Freude, daß diese Last von mir gefallen war, berichtete ich am folgenden Sonntag allen Anwesenden auf unserer Versammlung davon. Sofort erhoben sich christliche Juden — einer nach dem anderen — und beichteten verschiedene Lügen, Unaufrichtigkeiten und Diebstähle. Diese Beichte erwies sich für uns alle als ein großer Segen.

Wenn ein Gläubiger aus einer anderen Nation zugegen gewesen wäre und all diese Beichten mitangehört hätte, wäre sein Eindruck vom moralischen Niveau der christlichen Juden ein sehr schlechter gewesen — und mit Recht.

Um die moralischen Verhältnisse der christlichen Juden beurteilen zu können, sollte man zunächst bedenken, was die Ursache dafür ist. Die großen christlichen Kirchengemeinden mit ihren mannigfachen Fehlern haben einen unbestreitbaren Vorteil: sie erziehen Männer und Frauen im Glauben, daß Christus der Erlöser ist. Wenn sich der Durchschnittsrumäne, -franzose oder -deutsche nach Gott sehnt, sollte er keine Schwierigkeiten haben, den Weg zu finden, der zu Gott führt. Für ihn ist es ganz natürlich, sich an Christus als den Erlöser zu wenden. Es würde ihm nicht einfallen, zwischen Christus, Krischna oder Mohammed eine Wahl treffen zu müssen.

Diejenigen aber, die nicht den Vorteil besaßen, als Kind christlicher Eltern geboren worden zu sein, befinden sich in einer völlig anderen Lage. Wenn in ihnen ein Verlangen nach Gott erwacht, bietet sich ihnen erst einmal der Weg ihrer eigenen religiösen Tradition — mosaisch, mohammedanisch, buddhistisch oder hinduistisch. Wenn sie das Evangelium hören, muß ein Großteil ihrer geistigen Kräfte in Anspruch genommen werden, um die alten Vorurteile gegen das Christentum sowie die Liebe zu der Religion, in die sie hineingeboren wurden, zu überwinden. Sie haben große intellektuelle Schwierigkeiten zu meistern, bevor sie akzeptieren können, was dem menschlichen Verstand und der Logik als völlige Verrücktheit erscheinen muß: daß durch den Tod eines Zimmermanns am Kreuz vor zweitausend Jahren meine Sünden wiedergutgemacht wurden — weil dieser Zimmermann, der Kleister kochte, scherzte und seine Ware verkaufte wie alle Zimmerleute, in Wahrheit der Mensch gewordene Gott gewesen ist. Und was dem Faß den Boden ausschlägt — daß alle, die an Ihn glauben, von Gott nicht als Sünder betrachtet werden, denen vergeben wurde, sondern so als hätten sie nie gesündigt. Im Heidelberger Katechismus heißt es, daß sie im Angesicht Gottes so dastehen, als hätten sie Seinen Geboten gehorcht wie Jesus Christus selbst.

Noch mehr geistige Energie wird vergeudet, wenn ein Jude Protestant wird, weil kein einziger Protestant mit genügend Autorität spricht, so daß man einfach seinen Fußstapfen folgen könnte. Von der Kanzel herunter und in ihren Schriften bekämpfen Protestanten andere Protestanten. Was man sagt, wird von anderen widerlegt. Somit vergeudet ein Jude unausweichlich einen Großteil seiner geistigen Energie, bevor er die Wahrheit entdeckt. Menschen, die von Geburt an Christen sind, bleiben viele dieser Schwierigkeiten erspart. Niemand hat jedoch einen unbegrenzten Vorrat an geistiger Energie. Je mehr Kraft man für eine Sache ausgibt, desto weniger bleibt für andere Vorhaben übrig. Der Verbrauch an geistiger Kraft, die notwendig ist, um jemand von den traditionellen, von der Religion seines Volkes herrührenden Emotionen zu befreien, und um die intellektuellen Schwierigkeiten, mit denen er konfrontiert wird, zu meistern, ist so aufwendig, daß für den Kampf an der moralischen Front wenig übrigbleibt.

Jeder, der die Briefe des Paulus aufmerksam liest, wird die Feststellung machen, daß auch die Bekehrten der ersten Kirchengemeinden in eine derartige Situation kamen. Sogar Paulus selbst, der einen festen Glauben besaß, beklagte sich über diesen Dorn in seinem Fleisch.

Die niedrigen moralischen Normen christlicher Juden, von Bekehrten aus anderen nichtchristlichen Religionen sowie vom Atheismus müssen als unvermeidliche Wirklichkeit verstanden und akzeptiert werden. Starke Seelen, die eine hohe moralische Stufe erreicht haben — manche deshalb, weil sie einen jahrhundertealten christlichen Einfluß hinter sich haben — müssen die schwächeren Brüder, die ihre ersten Schritte auf dem neuen Weg der Liebe machen, geduldig und liebevoll aufnehmen. Sie gehören einer Rasse an, die seit zweitausend Jahren von ihrem Herrn getrennt ist. Ältere Christen sollen sich von den zahlreichen und bedauerlichen Entgleisungen, unter denen die christlichen Juden leiden, keine Angst einjagen lassen.

Clarutza bereitete uns viel Freude.

Einmal begleitete sie uns in den Sommerferienort Sinaia. Ich wollte dort beim Abt des Klosters vorsprechen und bat ihn um Erlaubnis, Evangelien und andere christliche Literatur am Sonntagmorgen vor der Kirche verkaufen zu dürfen. Er war viel zu träge, um zu untersuchen, ob es sich dabei um orthodoxe Literatur handelte oder nicht. Die griechisch-orthodoxe Kirche in Rumänien ist wie ein Dorf ohne Hunde. Die Mehrzahl ihrer Priester ist eingeschlafen. Daher bietet sich die Möglichkeit ausgedehnter evangelistischer Arbeit innerhalb ihrer Mauern — und gelegentlich sogar unter der Schirmherrschaft ihrer Oberhäupter, die keinen Anteil daran nehmen, was unter ihrem Dach vor sich geht. Also bauten wir einen Stand mit protestantischer Literatur unmittelbar vor dem Kircheneingang auf. Die Besucher des Gottesdienstes gehörten um diese Jahreszeit zur rumänischen Elite, da Sinaia die Sommerresidenz des Königs war.

Unser Stand wurde von einer großen Menge umringt. Man staunte, weil man noch nie ein Evangelium zu Gesicht bekommen hatte; denn die griechisch-orthodoxe Kirche läßt diese Bücher nicht in die Hände ihrer Gläubigen gelangen. Ich hatte schön gebundene Exemplare des Johannesevangeliums anzubieten. Die Kirchgänger, ja sogar Mönche, fragten, ob es von Johannes dem Täufer geschrieben worden sei, von dem sie schon gehört hatten. Clarutza stand neben mir, und unsere Bücher verkauften sich wie warme Semmeln; wir konnten der Nachfrage kaum nachkommen.

Mehrmals patrouillierte ein Schutzmann am Rande der Menschenmenge. Wir machten den Eindruck von verdächtigen Individuen. Es ist höchst fragwürdig, ob alle Kriminelle typische

Merkmale aufweisen, doch zu der damaligen Zeit war man in Rumänien zu der Annahme berechtigt, daß so typisch jüdische Gesichter offensichtlich darauf hindeuteten, daß ein Verbrechen im Gange sei.

Der Polizist kam näher und fragte mich höflich nach meinem Namen. Ich erwiderte unter Betonung: »Richard Wurmbrand«. Er wurde etwas unsicher, da diese Worte deutsch klangen. Es war ein Name, den ich mit jedem von Hitlers Anhängern hätte gemeinsam haben können. Mit einem Gruß zog er sich zurück.

Ein Stück weiter blieb er stehen und blickte wieder zu uns her. Er konnte sich nicht geirrt haben; wir sahen nicht wie Arier aus. Er kam wieder zurück und fragte nach unseren Personalausweisen. Das war unser Verhängnis. Damals enthielten unsere Ausweise spezifische Angaben über unsere ethnische Abstammung; und wir waren schuldig, derselben ethnischen Herkunft zu sein, wie Jesus, den auch der Polizist verehrte.

Es ist schwer, den darauffolgenden Aufruhr zu beschreiben. Er schrie so laut er konnte: »Diese dreckigen Juden haben unsere Kirche und unser Evangelium entheiligt!« Bald hatte sich eine Menschenmenge versammelt. Als die Leute in der Kirche den Lärm vernahmen, kamen sie heraus. Als sie hörten, das Evangelium sei von Juden entheiligt worden, verlangten sie ihr Geld zurück, da sie es ablehnten, etwas zu lesen, was von einem Juden geschrieben war. Der Tumult verstärkte sich. Eine orthodoxe Dame, die uns kannte, hatte den Mut, sich vor die Menge hinzustellen und den Leuten, die auf den Kirchenstufen standen, laut zuzurufen: »Sie sollten sich schämen! Anstatt sich mit Juden zu freuen, die demselben Volk wie Jesus angehören, die Ihn lieben und uns Sein Evangelium geben, das uns unsere Priester vorenthalten haben, fangen Sie mit diesen unschuldigen Menschen Streit an!« Aber die anderen wollten ihr nicht zuhören; der Abt, an den wir uns gewandt hatten, entschuldigte sich und verschwand. Die Folge war, daß wir verhaftet wurden, und man uns des schwerwiegenden Vergehens beschuldigte, daß wir es gewagt hätten, christliche Literatur zu verkaufen, das heißt, von Juden geschriebene Evangelien, — ungeachtet der Tatsache, daß wir Juden waren.

Man brachte uns zur Polizeidienststelle. Da es Sonntag morgen war, hatte nur ein einziger Offizier Dienst, und wir wurden ihm übergeben. Er erklärte uns, daß der Polizeiinspektor kommen und über unser Schicksal entscheiden würde. Dann überstellte er uns einem Dritten, ohne diesem zu sagen, daß wir verhaftet worden waren. Das Telefon klingelte und rief ihn zu einem Verkehrsunfall, wodurch nur Clarutza, ich und ein jüngerer Schutzmann zurückblieben, der den Grund unserer Anwesenheit nicht kannte. Ich fragte Clarutza: »Hast du Angst?« — »Ganz im Gegenteil«, antwortete sie. »Ich amüsiere mich. Es ist schön, eine Erfahrung dieser Art mit Jesus zu machen.« Ruhig erwarteten wir die Ankunft des Polizeiinspektors.

Als er kam, ging ich auf ihn zu, ohne den Schutzmann vorher um Erlaubnis zu fragen. Ich stellte mich vor, ohne zu erwähnen, daß ich Jude war oder daß ich verhaftet worden war. Ich sagte zu ihm: »Ich bin in Ihre Stadt gekommen, um religiöse Literatur zu verkaufen, möchte Sie jedoch zuerst um Erlaubnis bitten.« »Haben Sie eine Genehmigung vom Kultusministerium«, fragte er mich. Ich erwiderte: »Nein«. — »Ich fürchte, dann können Sie Ihre Bücher nicht verkaufen«, erklärte der Inspektor. Ich antwortete: »Dann werde ich meine Bücher nehmen und gehen.« »Sehr schön«, sagte er und gab dem Schutzmann entsprechende Anweisungen. Wir verschwanden, ohne ihm Zeit zu lassen, es sich vielleicht noch anders zu überlegen. Wir hielten das erstbeste Taxi an und verließen Sinaia. Später haben wir noch oft gelacht, wenn wir uns das Gesicht des Inspektors vorstellten, als er entdeckte, daß wir unsere Bücher schon verkauft und uns in Haft befunden hatten.

Clarutza wurde getauft. Kurz nach ihrer Taufe wanderte sie mit ihren Eltern in die Sowjetunion aus, um dem Faschismus zu entfliehen, der damals in Rumänien seinen Höhepunkt erreichte. Sie schrieb uns aus Rußland. Nicht lange danach stießen die Faschisten weit in russisches Gebiet vor. Die rumänischen Brüder, die ein Herz und eine Seele mit uns waren, suchten in den von Hitlerleuten errichteten Gettos nach ihr. Auf unsere Gebete hin gingen der griechisch-orthodoxe Bischof Antim Nica und andere Mönche durch die Gettos, um den Juden zu helfen — ein Liebesdienst, der sie sehr wohl hätte das Leben kosten können. Sie fanden keine Spur von Clarutza.

Alba

Das Leben hatte Alba in den Sumpf der Sünde gezogen. Aber Christus rettete sie, als sie noch ein junges Mädchen von vielleicht zwanzig Jahren war. Selten bin ich einer so eifrigen Seele wie dieser Tochter Israels begegnet.

Eines Tages kam sie zu mir und sagte: »Bruder, Sie werden nicht erraten, wo ich gewesen bin.« Ich wußte, daß sie ungewöhnliche Dinge tat, und war auf alles gefaßt. »Bruder, ich war bei dem berühmten Rabbiner X.«

»Was wolltest du denn von ihm?«

»Ich sagte ihm, ich sei eine große Sünderin, und fragte ihn, wie ich gerettet werden könnte. Er war an Fragen dieser Art nicht gewöhnt, sah mich verwundert über seine Brille hinweg an und sagte: ,Wenn du bisher viel Böses getan hast, dann mußt du von jetzt ab Gutes tun.' Ich erwiderte ihm: ,Aus dem einfachen Grund, weil Gott mir diesen Tag geschenkt hat, bin ich es Ihm schuldig, möglichst viele gute Taten zu vollbringen. Aber wie kann das Gute, das ich heute tue, das Böse, das ich gestern getan habe, wiedergutmachen? Diese Frage läßt mein Gewissen nicht zur Ruhe kommen. Was kann ich tun?' Der Rabbiner entgegnete: ,Tu Gutes, das ist das einzige, was ich dir raten kann.' Dann legte ich ihm folgende Frage vor: ,Stimmt es nicht, daß das Blut, das Jesus am Kreuz vergoß, mich von meinen früheren Sünden reinigt?' Der Rabbiner, der Verdacht geschöpft hatte, antwortete mit einer Gegenfrage: ‚Sie kommen doch sicher von Wurmbrand, nicht wahr?' — ‚Ja', sagte ich, ‚ich komme von ihm. Er predigt, daß das Opfer Jesu am Kreuz uns von allen Sünden reinmacht, und ich bin gekommen, Sie zu fragen, ob es wahr ist, was er predigt.' Kopfschüttelnd entgegnete der Rabbiner: ‚Die Glaubensrichtungen sind unterschiedlich. Einige glauben an Mose, andere an Jesus und wieder andere an Buddha oder Mohammed — ein jeder seiner Neigung entsprechend.' ‚Nein', antwortete ich, ‚Jesus kann man nicht mit all den anderen Religionsgründern vergleichen. Über Jesus steht im Lied Salomos: Mein Freund ist auserkoren unter vielen Tausenden... (Lied Salomos 5, 10). Die Gründer der großen Religionen in allen Ehren — sie sind keine Konkurrenten für Jesus. Keiner von ihnen kann es mit Jesus aufnehmen. Sie werden in den Schriften die Begleiter des Retters genannt, wie im Lied Salomos 1, 7 ‚aber Jesus ist einzigartig unter ihnen.'«

So war Alba.

Sie war stets dabei, wenn wir damals Straßenversammlungen abhielten, die in Rumänien völlig neu und ungewöhnlich waren. Unermüdlich verteilte sie vor den Synagogen Evangelien an russische Soldaten.

Eine der Broschüren, die wir damals verteilten, verursachte beträchtliche Aufruhr. Sie trug den Titel »*Die Bedeutung des Osterrituals*«. Am Vorabend des jüdischen Osterfestes wird in jeder Familie vom Hausherrn ein Ritual vollzogen: dieses Ritual heißt *Afikoimen.* Ein Abendessen wird bereitet, und alle im Hause — einschließlich der Gäste — nehmen daran teil. Diese Mahlzeit wird *Seder* genannt. Während dieses Essens nimmt der Herr des Hauses eine Schale, die drei Stücke Matze oder ungesäuertes Brot enthält und die bis dahin mit einem Tuch bedeckt war. Ein besonderes Gebet wird gesprochen und das erste Stück Matze auf die Seite gelegt. Das zweite Stück wird gebrochen (in Polen war es üblich, es zu durchbohren). Die Kinder werden nun aus dem Zimmer geschickt, und das gebrochene Stück wird versteckt. Dann kommen die Kinder wieder herein. Alle Erwachsenen, die am Mahl teilnehmen, müssen drei Kelche Wein trinken; bevor aber der dritte Kelch getrunken wird, fordert man die Kinder auf, die versteckten Brotstücke zu suchen. Wenn sie die Matze finden, bekommen sie Geschenke, und Freudenschreie werden laut.

Die von uns verteilte Broschüre nahm zu diesem Brauch Stellung und vermittelte die uns bekannte Erklärung dafür: die drei Stücke Brot symbolisieren den Vater, den Sohn und den Heiligen Geist; das zweite Stück stellt somit die zweite Person der Gottheit dar. Das Brotbrechen versinnbildlicht den am Kreuz gebrochenen Körper unseres Erlösers und das Verstecken die Beisetzung. Die drei Kelche bedeuten die drei Tage, die Er im Grab verbringen mußte, und die Wiederentdeckung des Brotes sowie die Freudenschreie stellen den Jubel über die Auferstehung dar.

Weiter wurde erklärt, daß Israel Prophezeiungen empfangen habe, die den Messias ankündigten — und zwar sowohl in Schriften als auch durch symbolische Handlungen. *Afikoimen* ist eine symbolische Handlung, die aus der vorchristlichen Zeit überliefert ist und weiterlebt. Dank ihres religiösen Konservatismus wird dieser Ritus von den gläubigen Juden weiterhin vollzogen, aber es ist jetzt eine leere, seines Inhalts beraubte Hülle. Die Juden üben diesen Brauch aus, ohne sich bewußt zu sein, daß er das Leiden und die Auferstehung des Erlösers symbolisiert. Die Broschüre schloß mit der Aufforderung an alle, uns eine bessere Erklärung mitzuteilen —vorausgesetzt, daß jemand eine hätte. Unsere Broschüren hatten eine sehr zugkräftige Aufmachung. Auf der Außenseite stand gedruckt: JÜDISCHE RELIGIONSBIBLIOTHEK. Wenn wir *christliche Bibliothek* geschrieben hätten, hätte kein Jude die Schrift gelesen. Der Einband war in den Nationalfarben der Juden gehalten — weiß und blau mit dem Davidsstern.

Alba und die anderen Brüder und Schwestern verkauften große Mengen dieser Broschüre am Vorabend des Passahfestes vor den Synagogen.

Die jüdische Gemeinschaft und die zionistischen Zeitungen, die mich in fast jeder Ausgabe schmähten, kochten vor Wut — aber auf eine Art, die uns sehr befriedigte; denn unter der Überschrift »Eine neue Lüge von Pastor Wurmbrand« wiederholten sie die wesentlichen Punkte unserer Ausführungen und so erfuhren auch diejenigen

Juden, die unser kleines Buch nicht gelesen hatten, seinen Inhalt. Nach der Wiedergabe unseres Textes folgten Schimpfworte wie »Verräter«, »käuflicher Lakai«, »widerwärtig« u.s.w. — Worte, die uns aber auch von der Notwendigkeit einer geistigen Selbstüberprüfung überzeugten und eine ernste Warnung Gottes lieferten, derzufolge wir uns vorsehen sollten, nicht den schlüpfrigen Pfad zu betreten, auf den uns diese Schimpfworte führen könnten.

Alba konnte den Gedanken nicht ertragen, daß man ihren älteren Bruder beleidigte. Ohne uns ein Wort zu sagen, ging sie zum Herausgeber der Zeitung und bat, den Verfasser des gegen mich gerichteten Artikels sprechen zu dürfen.

Sie sagte zu ihm: »Ich habe Ihren Artikel gelesen und möchte gerne wissen, welches die richtige Auslegung des *Afikoimen*-Rituals ist.«

»Jedenfalls ist es nicht die Interpretation, die von dem Verräter Wurmbrand gegeben wurde.«

»Das habe ich bereits Ihrem Artikel entnommen. Ich möchte Sie jetzt gerne höflich fragen, ob Sie mir die wahre Interpretation nennen können.«

»Sie ist völlig anders als die, die dieser widerwärtige Wurmbrand dargelegt hat.«

»Würden Sie mir bitte die andere Interpretation erklären?«

»Herr Wurmbrand ist ein Mann, der sich verkauft hat.«

»Das kann schon sein, aber was ist die wahre Auslegung des Rituals?«

Weder er noch jemand anders konnte unsere

Erklärungen widerlegen — nicht in dieser Hinsicht und auch in keiner anderen. Nur die Beschimpfungen blieben.

Nachts klebten Alba und die anderen Plakate an die Mauern und Zäune, die die Juden zur Bekehrung aufforderten. In den kalten Winternächten wurden Schilder mit der Aufschrift: »Weihnachten — der Nationalfeiertag der Juden« aufgestellt. In dem Text darunter stand, daß jede Nation mit Freude den Geburtstag ihrer großen Persönlichkeit feiere, auf die sie stolz sei. An Weihnachten sei der Größte aller Menschen, Er, der von allen Nationen gefeiert und verehrt wird, dem jüdischen Volk geboren. Alle würden den Höchsten der Juden ehren, nur die Juden selbst stünden Ihm gleichgültig gegenüber — Ihm, der in der Bibel »Der Ruhm Seines Volkes Israel« genannt wird. Die Plakate rieten den Juden erneut, in sich zu gehen und sich mit anderen Völkern über das Weihnachtsfest zu freuen. Jetzt waren wir die Zielscheibe einer neuerlichen, wütenden Attacke.

Eine zionistische Zeitung schrieb: »Herr Wurmbrand möchte Weihnachten und andere christliche Bräuche bei den Juden einführen. Da er sehr aufdringlich ist, ist es möglich, daß er uns letzten Endes doch noch überzeugt. Wir werden die verschiedenen Gebräuche annehmen, einschließlich den der *Coliva* (ein Kuchen, der bei Beerdigungen in der griechisch-orthodoxen Kirche verteilt wird). Und die erste Coliva werden wir dann bei Herrn Wurmbrands Beerdigung verspeisen.« Man drohte mir den Tod an.

Alba lebte an unserer Seite: sie nahm teil an all unseren Kämpfen, all unseren Gefahren und in all unseren Schlachten kämpfte sie in der vordersten Reihe.

Ein armer Alkoholiker, ein durch und durch religiöser Mensch, bat mich, ihn von seinem Übel zu heilen. Damals war mir die sehr einfache Methode, Alkoholiker durch den Glauben zu heilen, noch unbekannt. Ich hatte keinen Erfolg. Doch Alba gab nicht auf. Sie besuchte ihn im Gasthaus, wo er in trunkenem Stumpfsinn saß, und redete mit ihm, bis er bekehrt und geheilt war. Seitdem hat dieser Mann andere Seelen zum Glauben gebracht, und diese wiederum haben andere bekehrt.

Erlauben Sie mir an dieser Stelle ein paar allgemeine Beobachtungen.

Leute, die den brennenden Wunsch hegen, Missionsarbeit zu leisten, neigen dazu, die Gefühle der Juden zu verletzen und verursachen dabei häufig eine Gegenreaktion. Die Frage ist aufgeworfen worden, ob diese Art von Missionsarbeit richtig sein kann. Selbst Jesus warnte davor, den Proselyten zu machen, als Er sagte: »Weh euch, Schriftgelehrte und Pharisäer, ihr Heuchler, die ihr Land und Meer durchziehet, damit ihr einen Judengenossen gewinnet; und wenn er's geworden ist, machet ihr aus ihm ein Kind der Hölle, zwiefältig mehr, als ihr seid!« (Matth. 23, 15).

Aber all diese Überlegungen, für und wider, können Menschen wie Alba nicht daran hindern, so zu sein, wie sie auf einer bestimmten Stufe ihrer Entwicklung sind. Lamartine schrieb:

Je chantais, mes amis, comme l'homme respire,
comme l'oiseau gémit, comme le vent soupire
comme l'eau murmure en coulant.
Ich sang, meine Freunde, wie der Mensch atmet,
wie der Vogel klagt, wie der Wind seufzt, und
wie das Wasser murmelt, wenn es fließt.

Die vielen Albas dieser Welt sprechen über Jesus, weil es so in ihrer Natur liegt. Kein Argument kann mich dazu bringen, das Atmen zu unterlassen; kein Argument kann diejenigen, die Jesus lieben, daran hindern, Ihn zu bekennen, ebenso wie kein Argument einige Leute davon abbringen kann, auf solche Bekenntnisse mit Heftigkeit zu reagieren, anstatt sie ruhig aufzunehmen.

Unter uns Menschen gibt es viele verschiedenartige psychologische Typen; bekehrt sich ein extrovertierter Mensch, wird er Missionar — der introvertierte Mensch dagegen neigt zur Beschaulichkeit. Gottes Gesetz ist eine Einheit: »Alles nun was ihr wollt, daß euch die Leute tun sollen, das tut ihnen auch!« (Matth. 7, 12). Ich sehne mich mit meinem ganzen Herzen danach, daß alle Menschen, die davon überzeugt sind, eine Wahrheit zu besitzen, die mich hier und in alle Ewigkeit selig machen kann, keine Mühe scheuen sollten, mir davon zu erzählen. Wir betrachten die Schulpflicht, den Impfzwang und die Notwendigkeit, Kinder zum Essen von für sie wichtiger Nahrung zu zwingen — auch wenn sie es nicht zu schätzen wissen — als normal. Warum sollten wir also die Tätigkeit eines Missionars für moralisch nicht gerechtfertigt halten? Ich bin dem alten Wölfkes dankbar, daß er mir den Weg zeigte, und ich bin der Überzeugung, daß die Kinder Gottes ihre missionarische Tätigkeit in der gleichen Weise ausüben sollten.

Auch wir sagen zu Jesus die Worte, die Abner, der Feldhauptmann, einst zu David sprach: »Ich will mich aufmachen und hingehen, um ganz Israel zu meinem Herrn, dem König, zu sammeln, damit sie einen Bund mit dir schließen, auf daß du König seist, wie es dein Herz begehrt.« (2. Sam. 3, 21). Die Erinnerung an Alba ruft noch einen anderen Gedanken in mir wach: wir müssen mit einer Seele Geduld haben. Alba wuchs mit jedem Tag an Gnade.

Bei Leviticus (3. Mose 11, 25) lesen wir, daß jeder, der den Kadaver eines unreinen Tieres berührt hat, seine Kleidung waschen soll — und bis zum Abend unrein sein wird. Selbst wenn man seine Kleidung gewaschen hat, bleibt man doch noch eine Zeitlang unrein. Das Heil, das Jesus uns spendet, ist wie ein Medikament: nachdem man es eingenommen hat, muß man etwas warten, bevor es wirkt. Bei einigen Menschen muß man etwas länger warten als bei anderen. Der Samen, der auf guten Boden fällt, trägt gute Früchte; aber wir säen im Frühling und ernten im Herbst. Wie gut auch der Boden sein mag — es ist unmöglich, sofort nach dem Säen zu ernten. Manche Bäume tragen erst nach mehreren Jahren Früchte.

Während der Wachstumsperiode müssen wir für die kleinen Früchte dankbar sein, die diese

Seelen hervorbringen, oder für die zukünftigen Früchte, die noch reifen. Die einzige Absicht von Leviticus, (3. Mose) Kapitel 5, ist, uns zu lehren, daß wir, auch wenn wir dem Herrn nicht so viel darbringen können, wie wir gern möchten, verpflichtet sind, Ihm so viel zu bieten, wie wir auf jeder Stufe unserer Entwicklung nur können. Alle Arten von Gläubigen haben die gleichen Chancen, vor Gott Wohlgefallen zu finden.

Neugeborene Säuglinge sind normalerweise häßlich. Eine neugeborene Seele, die schön erscheint, hat wahrscheinlich eine Haltung eingenommen.

Alba überwand nicht nur die Sünde, sie trug zu gegebener Zeit sogar das Gewand großer Tugend. Alle, die wie sie waren, verstanden allmählich eine Legende über Jesus, die ich oft in meinen Predigten verwendete:

Es wird berichtet, Jesus habe einmal einem Seiner Jünger die Nachricht zukommen lassen, daß Er ihn zusammen mit Seinen Aposteln besuchen werde. Der Mann freute sich sehr über die erhaltene Botschaft und sagte zu seinem Sohn, der den Heiland ebenfalls liebte: »Ich werde mein Haus auf Hochglanz bringen, und du mußt den Garten herrichten, damit der Herr ihn gekehrt und sauber vorfindet.«

Der Junge machte sich tatkräftig an die Arbeit, indem er im Garten kehrte und goß. Als alles fertig war, kam sein Vater, um nachzusehen, wie der Sohn seine Anordnungen ausgeführt habe. Dann sagte er zu ihm: »Das hast du gut gemacht, mein lieber Sohn. Ich sehe, du hast mit großem Eifer gearbeitet. Der Garten ist jetzt schön und sauber, aber für den Herrn noch nicht ordentlich genug. Arbeite noch ein wenig mehr daran.«

Der Junge faßte das als Vorwurf auf und begann mit seiner Tätigkeit von vorne. Dieses Mal hob er jedes verwelkte Blatt auf, putzte jede verblühende Blume heraus und tat, was er nur konnte, um die letzten Spuren von Unordnung aus dem Wege zu räumen. Wieder prüfte der Vater seine Arbeit —und diesmal sagte er: »Sehr gut; jetzt ist der Garten wirklich sauber, aber eben immer noch nicht ordentlich genug für den Herrn!«

Der Junge wußte nicht, was er sonst noch tun könnte, und fragte: »Aber wie bringt man denn einen Garten für den Herrn in Ordnung?«

Die Antwort seines Bruders lautete: »Wenn du für Ihn arbeitest, ist es nicht damit getan, daß du die ganze Unordnung aus dem Garten entfernst —du mußt ihn außerdem mit allem Schönen schmücken, das bisher nicht darin wuchs. Geh zu den Nachbarn und versuche, ein paar neue Pflanzen zu bekommen, die du einpflanzen kannst; hänge schöne Teppiche auf und zünde Laternen an. So macht man das, um für den Herrn alles angenehm zu gestalten.

Genau das tat Alba.

Es war ihr Vorrecht, mich in einem Gefängnis aufzuspüren, in dem man mich geheim und unter einem falschen Namen gefangenhielt, und sie war die erste, die meiner Familie die Nachricht brachte, daß ich noch am Leben sei.

Ich habe sie viele Jahre nicht gesehen. Bevor ich aus dem Gefängnis entlassen wurde, war sie nach Israel gegangen. Aber nachdem ich in den Westen gelangt war, begegnete ich ihr wieder. Sie war immer noch dieselbe ehrliche, liebevolle Frau.

Mihail Ciopraga
Eines Tages fuhr Alba in einem Bus; ihr gegenüber saß ein Mann, der seiner Erscheinung nach ein orthodoxer Jude war. Sie fühlte den brennenden Wunsch, mit ihm über Jesus zu sprechen.

Wir ließen nie eine Gelegenheit ungenutzt — im Bus, auf dem Marktplatz oder auf der Straße — wo immer sich Gelegenheit bot.

Der Gedanke, daß alle Menschen wie Jesus werden könnten, aber nichts davon wissen und in Trübsal sterben — der Gedanke, daß der Mensch auf dem zweiten Platz nach Gott selbst kommt (Engel sind die begleitenden Geister der Menschen) und daß er dennoch lebt, ohne sich der Wahrheit bewußt zu sein, macht uns weinen. Unsere Gebetsversammlungen wurden zur Marter, und viele Tränen wurden vergossen.

Mein Leiden wurde unerträglich. Wenn auf der Straße jemand an mir vorbeilief und sich die Frage stellte: »Ist dieser wohl gerettet worden?« war es, als ob mir jemand einen Stich ins Herz versetzte. Eine unserer Glaubensschwestern, die jetzt nicht mehr am Leben ist, hatte immer Tränen in den Augen, wenn sie an das in alle Ewigkeit währende Schicksal dachte, das die Menschen erwartete, denen sie auf der Straße begegnete. Ich betete zu

Gott, dieses Leiden von mir zu nehmen, denn so konnte ich nicht weiterleben — und der Herr erhörte mein Gebet.

Alba weinte nicht; man sah sie stets mit ihrem gewinnenden Lächeln, das denselben Ursprung hatte, wie mein Leiden. Sie sagte sich: »Wenn schlechte Mädchen mit ihrem Lächeln die Männer anlocken, warum soll ich dann nicht mein Lächeln dazu benutzen, Männer zum Guten zu bekehren?«

Doch wie könnte sie jetzt mit diesem orthodoxen Juden ins Gespräch kommen? Diese Männer sind ernste, nüchterne Bürger, die mit einer unbekannten Frau kein Gespräch anzufangen pflegen. Im *Pirkei Abot,* den Lehren der Eltern im babylonischen Talmud, steht geschrieben: »Sprich nicht mit einer Frau.« Die Rabbiner sagen: »Das bezieht sich auf die eigene Frau — wieviel mehr also auf die Frau eines anderen!« Aus diesem Grunde sagten die Weisen: »Sooft ein Mann mit einer Frau spricht, wird es sein Unglück sein.«

Deshalb entschloß sich Alba, in dem vollbesetzten Bus ein Lied zu singen. Sie hoffte, daß die Botschaft ihres Liedes diesem Juden direkt ins Herz dringen würde.

Zu ihrem Erstaunen fragte sie der Mann: »Was für ein Lied ist das?« Sie beantwortete seine Frage und erzählte ihm vom Heiland, der Sein Leben am Kreuz geopfert hatte. Er hörte ihr mit gespannter Aufmerksamkeit zu, und gab schließlich dem Wunsch Ausdruck, mehr über unseren Glauben zu erfahren. Alba bat ihn, mit ihr auszusteigen und sie zu meinem Haus zu begleiten.

Und so kam es, daß sie beide bei mir eintraten.

Als der Jude sich vorstellte, war ich auf einen jüdischen Namen gefaßt, statt dessen aber vernahm ich einen typisch rumänischen. Und die Geschichte, die er mir erzählte, klang seltsam.

Trotz seines ausgeprägten jüdischen Aussehens war er nicht Jude, sondern Rumäne, der zum Judaismus bekehrt worden war, jüdische Kleidung trug und alle jüdischen Gebräuche angenommen hatte.

Der Mann war ein begabter Maler und berichtete mir, wie alles gekommen war: Schon als kleiner Junge packte ihn die Wut, wenn er sah, wie christliche Kinder jüdische Kinder schlugen. Er verteidigte die Juden, und zur Belohnung wurde er zusammen mit den Juden verfolgt.

Als der Krieg ausbrach und ihm klar wurde, daß es nicht darum ging, das Vaterland zu verteidigen, sondern daß man Verbrechen und Kirchenschändungen beging, indem man unschuldige Juden ermordete, die man zu Hunderttausenden mit ihren Frauen und Kindern umbrachte, desertierte er unter Lebensgefahr von der Front. Er wollte lieber sterben, als ein Mörder sein. Er liebte die Opfer dieser grausamen und sinnlosen Verfolgung und fragte sich: »Wenn Jesus jetzt in Rumänien wäre, auf wessen Seite würde Er wohl stehen — auf der Seite der Juden oder auf der der Christen, die Juden umbringen?« Es konnte nur eine Antwort auf diese Frage geben: auf der Seite der Opfer.

Die Pharisäer, die Jesus mit einem wilden und tiefen Haß begegneten, erinnerten sich lebhaft an

Seine brennende Liebe für Israel, wie Er einst sagte: »Denn das Heil kommt von den Juden« (Joh. 4, 22). Das geht deutlich aus einer fantastischen und wenig fesselnden, aber höchst bedeutungsvollen Geschichte des Talmuds hervor, dem heiligen Buch der Pharisäer.

Im *Gittim* lesen wir über Onkelos bar Kalinikos, einem Enkel des römischen Kaisers Titus, der Jerusalem zerstörte. Dieser junge Mann wollte die jüdische Religion annehmen. Vorher jedoch beschwor er den Geist des Titus und fragte ihn: »Welches Volk wird in der anderen Welt am meisten geachtet?« — »Israel«, antwortete Titus. »So soll ich mich zu Israel bekennen?« Titus erwiderte, sie hätten zu viele Regeln und Vorschriften, die man nicht erfüllen könne. »Es wäre besser, wenn du sie verfolgtest, denn dann wärest du einer der Großen. Es steht nämlich geschrieben in dem Buch der Klagelieder: 'Ihre (Israels) Kinder mußten gefangen unter den Augen des Feindes fortziehen.'« (Klagelieder 1, 5).

Daraufhin fragte Onkelos bar Kalinikos den Titus, wie er — Titus — für seine Taten bestraft würde, und dieser sagte, daß er die Strafe selbst über sein Haupt gebracht habe: täglich sammle man seine Asche, und er werde wieder zum Leben gebracht, verurteilt, wieder verbrannt und seine Asche über alle sieben Meere verstreut.

Als nächstes rief Onkelos Balaam, den falschen Propheten, und fragte ihn: »Welches Volk wird in der anderen Welt am meisten geachtet?« — »Israel« antwortete Balaam. »Soll ich zu einem dieses

Volkes werden?« Balaam antwortete: »Such nicht ewig sein Glück oder seinen Wohlstand in all deinen Tagen.« Dann fragte ihn Onkelos, worin seine Strafe bestünde und Balaam antwortete, daß man ihn mit kochendem Schmutz begieße. (Da Balaam es versäumt hatte, den Befehl Balaks, des Moabiterkönigs, auszuführen und die Juden zu verfluchen, riet er den benachbarten Midianitern, ihre Töchter ins jüdische Lager zu schicken, um die Juden zur Sünde zu verführen und sie so dem Zorn Gottes auszuliefern. Daher seine Bestrafung). Endlich rief Onkelos den Geist Jesu (dieser Name erscheint nur in den alten Ausgaben des Talmud, die von der Inquisition nicht zensiert worden waren. In den zensierten Ausgaben setzte man für den Namen Jesus die Bezeichnung *Poshe Israel* ein, was soviel bedeutet wie 'der Sünder Israels'). Onkelos fragte Ihn: »Welches Volk genießt in der anderen Welt die meiste Achtung?« Jesus antwortete »Israel«. »Soll ich ein Jude werden?« Jesus erwiderte: »Du mußt danach streben, die besten Interessen Israels zu fördern und nicht danach, Israel zu zerstören. Israel zu vernichten, bedeutet, Gottes Augenlicht zu zerstören!«

Selbst die erbittertsten Feinde Jesu wiederholen die unleugbare Tatsache, daß Jesus Israel liebte.

Ciopraga liebte Jesus; daher war es für ihn ganz natürlich, für die Juden Partei zu ergreifen gegen antisemitische Christen.

Nur eine solche menschliche Seele, die keine Hilfe durch die Gnade Gottes erhält, kann nicht den goldenen Mittelweg gehen, sondern verfällt in

Extreme. Ciopraga hatte recht, ein falsches Christentum, ein Christentum voller Haß, abzulehnen. Aber wenn wir es verleugnen, müssen wir auch das Geheimnis des großen Niederganges der Kirche erkennen — dieser Kirche, der Jesus versprochen hatte, Er werde bei ihr sein alle Tage.

Im Matthäusevangelium wird uns nach dem Bericht über die Heilung vieler Kranker und von Teufeln Besessener gesagt, daß Jesus auf diese Weise »unsere Schwachheit auf sich genommen und unsere Krankheit getragen hat« (Matth. 8, 17). (Die wörtliche Übersetzung lautet: er hat unsere Schwachheit angenommen). Als Christus Mensch wurde, unterwarf Er sich allen Bedingungen dieses Lebens; Er konnte Seinen Einfluß durch das Wort ausüben, aber Er konnte auch von anderen beeinflußt werden. Er heilte Tausende von ihren Sünden und zerstörte den Haß, durch den Tausende anderer Menschen verzehrt wurden. Aber die Sünde und der Haß, die Er von den anderen nahm, gingen über auf Ihn. Alle Schwächen, die die Menschen mit sich in die Kirche brachten, alle Sünden, die die Christen zweitausend Jahre lang begangen haben, sind zu Seiner Schwäche und Seiner Machtlosigkeit geworden. Eine Weigerung Seinerseits, die Schwachen zu akzeptieren, würde mangelnde Liebe bedeuten; sie anzunehmen, würde bedeuten, daß Er die Schande ihrer Schwäche und Sünde auf sich nimmt. Und in der Tat bedeutete dies, daß Er die Verbrechen der Christen auf Sein Haupt fallen läßt.

Bei Leviticus steht folgender Ausdruck: »all

diese Greuel« (3. Mose 18, 27). Das Wort für »diese« ist *Eleh;* aber in Wirklichkeit enthält der Text, was kein Übersetzer zu übersetzen gewagt hat — *toevot ha-El,* was nicht weniger als — *horribile dictu* — »Gottes Greuel« bedeutet. Das Furchtbare an jeder Untat, die jemand begeht, der Gott ehrt, ist genau die Tatsache, daß eine solche Untat auf den Heiligen Namen zurückfällt und in den Augen der Menschen als ein Greuel Gottes gilt. Und ist es denn nicht wirklich so, daß die Menschen Gott zu Unrecht für die Ungerechtigkeiten, die sie als Seine Gläubigen begehen, verantwortlich machen?

Ein lateinisches Sprichwort sagt: *Qui bene distinguet, bene docet,* was bedeutet: »Wer gut unterscheidet, lehrt gut.«

Sünden werden nur auf Jesus abgewälzt — sie werden mit Seinem Namen in Verbindung gebracht. Er trägt sie, aber Er ist unschuldig. Niemand sollte Christus wegen Verbrechen verwerfen, die von Christen begangen wurden.

In dieser Beziehung hatten die Juden in dem mitfühlenden Herzen unseres Freundes und Künstlers Verwirrung gestiftet. Ein ränkeschmiedender Rabbiner hatte ihn in seinem Netz gefangen und dazu überredet, den christlichen Glauben aufzugeben und den mosaischen anzunehmen. Wir bemühten uns, aus Juden Christen zu machen; ihn hatte man vom Christentum zum Judaismus bekehrt!

Der Kampf war schwierig, weil wir es mit einem Idealisten und einem Menschen von hohem moralischen Niveau zu tun hatten. Es ist immer schwer, jemanden zu bekehren, der von sich weiß, daß er ein anständiger Kerl ist. Schritt für Schritt zeigte ich ihm die Gebete der Synagoge und fragte ihn, ob er sie akzeptiere. Denn es stellte sich heraus, daß man sie ihn — leichtgläubig wie er gewesen war — hersagen ließ, ohne daß ihm gleichzeitig bewußt wurde, daß er beim Betreten der Synagoge völlig mit Jesus gebrochen hatte, der ihn gelehrt hatte, gut zu sein und zu lieben.

Jeden Morgen beten die Juden: »Gesegnet bist Du, Jehova, König der Welt, denn Du hast mich nicht als »Goi« (Nichtjude), als Sklave oder als Frau geschaffen.« Ich fragte ihn: »Akzeptieren Sie den Glauben, daß Sie ein niedrigeres Geschöpf sind, niedriger als jeder Jude, nur weil Sie als Rumäne geboren wurden? Was ist denn das anderes als ein Rassenvorurteil? Beim Passahfest stehen die Juden auf und beten zu Gott: »*Shfoh hamotha al hagoim asher lo iediuha*«, das heißt »*Schütte Deinen Zorn aus über die Völker, die Dich nicht kennen!*« Stimmen Sie einem solchen Gebet zu? Ist nicht Jesu Rat an Seine Apostel — daß sie zu allen Völkern gehen, das Evangelium predigen und sie so lehren sollen, dem Zorn Gottes zu entrinnen und ein neues Leben in Liebe zu beginnen — höher einzuschätzen?«

Ich zeigte ihm auch Ungereimtheiten des jüdischen Gebetbuches. Zum Ritual des großen Bußtages gab es Gebete, die von den Juden eingefügt worden waren, die insgeheim an Jesus glaubten. Sie bitten Gott, diese Gebete »*al-iad Jeshu Metat-*

ron« — durch den vor dem Thron stehenden Jesus zu empfangen. *Metatron* ist der kabbalistische Name für den Messias.

Am gleichen Tag wird ein weiteres Gebet gesprochen, das bisher noch in keiner Volksausgabe der hebräischen Gebetbücher übersetzt worden ist. Dieses Gebet beginnt mit den Worten »*Az milifnei beresit*«. Die Rabbiner haben gute Gründe, dieses Gebet unübersetzt zu lassen, denn es sagt: »Der Messias, unsere Rechtfertigung, hat uns verlassen. Wir sind besiegt, und es gibt niemand, der uns Gerechtigkeit bringt. Er ist für unsere Sünden getötet und durchbohrt worden. Wir sind durch Seine Wunden geheilt worden. Die Zeit des Sieges der neuen Schöpfung steht bevor. Er erhebt sich empor in einem Siegeswagen. Er leuchtet von Seir her, um uns ein zweites Mal auf den Bergen des Libanon zu erhören!«

Es ist offensichtlich, daß Er, der für unsere Sünden durchbohrt wurde, damit wir Vergebung finden sollen, kein anderer sein kann als Jesus. Die Synagoge singt Ihm Hymnen der Anbetung, obwohl sie Ihn ablehnt, genauso wie manche Priester in jeder Liturgie von Reue singen, aber wütend sind, wenn jemand vor ihnen das Wort Reue erwähnt.

Allmählich dämmerte ein Licht in Ciopragas Herz. Er erkannte, daß die mosaische Religion falsch sein muß, weil sie eine sogenannte autosoterische Religion ist — eine Religion also, in der das Heil der Menschen von ihren eigenen Vorstellungen abhängt. Der Autosoterismus ist ein Mangel an Demut; weder Sünde noch Rettung kommen von uns. Das Schicksal der Menschheit wurde vor langer Zeit bestimmt und das Ewige Leben ist ein Geschenk Gottes, geradeso wie die Sünde vom Satan kommt und nicht eine Handlung des freien Willens ist.

An einem Heiligabend, als die Kerzen angezündet waren, sagte Ciopraga ruhig: »Heute wurde Jesus auch in mir geboren.«

Ciopraga ist einmalig: er ist von Hause aus Rumäne und gleichzeitig ein christlicher Jude, weil er ja vom Judaismus zum Christentum kam. Später wurde er auch Vorsitzender des Kuratoriums unserer Kirche. Noch immer ist er ein im Glauben gefestigter Bruder und treuer Freund. Er heiratete ein christliche Jüdin.

Eines Tages bereitete ich in einem Park meine Predigt vor; ich las gerade in der Bibel, und ein junges Mädchen neben mir las auch ein Buch. Ich versuchte zu sehen, was sie las. Es war ein Roman eines rumänischen Autors. Ich sagte zu ihr: »Ich habe dein Buch gelesen — aber kennst du mein Buch?« So begann ein Gespräch, das mit der Bekehrung der jungen Dame endete und später auch zu der Bekehrung ihrer Mutter führte. Ich taufte die Mutter, als ein heftiger Bombenangriff gerade seinen Höhepunkt erreichte. — Das Mädchen ist jetzt mit Ciopraga verheiratet, und sie führen ein glückliches Leben miteinander. Spurgeon sagt, als Gott die Tore des Paradieses verschloß, habe Er sie nicht ganz zugemacht; Er ließ uns einen kleinen Spalt offen: eine wahrhaft christliche Ehe. Ciopragas Heim ist ein solcher Spalt des Paradieses.

Der heilige Moses

Laßt andere ihre großen Intellektuellen rühmen: ich will den Dummen preisen, den Gott dazu auserwählte, den Klugen zu beschämen.

Unser Bruder Moses war von Beruf Sargträger bei Begräbnissen; er litt an einer abgeschwächten Form von Geisteskrankheit, die für andere nicht gefährlich war. Bei unseren Zusammenkünften weinte er immer ausgiebig und machte einen furchtbaren Lärm, wenn der Prediger von den Leiden unseres Heilands sprach — und lachte laut, wenn er von Seinem Sieg berichtete.

Die anderen Gläubigen in der Gemeinde empfanden den Sargträger als ein störendes Element. Einer von ihnen versprach ihm — Moses war nämlich sehr arm — daß er jeden Sonntag zu ihm nach Hause kommen und sich als sein Gast an Braten, Kuchen und Obst sattessen dürfe, wenn er sich während des Gottesdienstes nur ruhig verhielte.

Einen ganzen Sonntag blieb Moses verhältnismäßig ruhig; doch eine Woche später, als der Prediger von der Auferstehung sprach, stand er mitten in der Predigt auf und schrie: »Braten hin oder Braten her — Halleluja!«

1939 schoß ein Antisemit auf den Oberrabbiner Niemerover. Das auserkorene Opfer blieb unverletzt, als die Kugel durch seinen Mantel pfiff. Die Aufregung machte ihn jedoch krank und er mußte das Bett hüten. Sehr viele Juden besuchten ihn, um ihm zu dem guten Ausgang des Attentats zu gratulieren. Auch Moses befand sich unter diesen Besuchern. Er sagte zu dem Rabbiner: »Sehen Sie nicht, Ihre Eminenz, daß Gott die Sünder nicht sterben lassen will, sondern sie bekehrt und gerettet sehen möchte?«

Als er zu uns zum Essen kam, und wir gerade mit der Mahlzeit anfangen wollten, sagte er zu meiner Frau: »Schwester, bitte nimm mein Messer weg. Ich weiß, ich bin verrückt, und ich habe Gott versprochen, nie ein Messer anzufassen, damit ich nicht in einem unbedachten Augenblick jemanden verletze. Schließlich haben Adam und Eva ja auch ohne Messer gegessen.«

Mir kam der Gedanke, daß sehr viele kluge Leute eine ganze Menge von diesem Geistesgestörten lernen könnten.

Im Januar 1940 fand in Bukarest eine Revolte statt, die von der »Legion des Erzengels Michael«, einer faschistischen Organisation, angeführt wurde. Sehr viele Juden wurden umgebracht; einigen von ihnen zog man die Haut ab und hängte sie im Schlachthof an Haken auf — mit einem Schild: »Koscheres Fleisch«.

Moses saß in einer billigen Teestube, als eine Bande von Faschisten hereinstürzte. Ihr Anführer schrie: »Alle dreckigen Juden raus!« Die Juden verließen das Lokal; man trieb sie auf Lastwagen, um sie in die Wälder zu transportieren und zu erschießen. Moses, den man ohne Schwierigkeit als Juden identifizieren konnte, saß still über seinem Tee. Der Anführer der Grünhemden brüllte ihn an: »Du dreckiger Jude, hast du mich nicht

verstanden? Ich habe gesagt, du sollst rausgehen!«
Moses antwortete ruhig: »Lieber Bruder, dreckige
Juden sind solche Leute wie Judas, der Jesus verkauft hat. Ich bin ein Israelit, der unseren Heiland
liebt.« — »Halt den Mund und mach, daß Du
rauskommst!« Da ging Moses hinaus. Es ertönte
der Befehl: »In den Lastwagen du dreckiger Jude!«
Moses wiederholte, was er gesagt hatte: »Dreckige
Juden sind solche Leute, die wie Judas handeln
—sie verkaufen Jesus. Ich bin ein Israelit, der Ihn
liebt.« Da rief einer der Anführer der Bande: »Laßt
ihn in Ruhe! Ihr seht doch, daß er ein Prediger ist.«
Da ließen sie ihn in Frieden.

Aber anstatt sich davonzumachen, sagte Moses
zu dem Mann: »Ich sehe, daß Sie gut und barmherzig sind. Gott wird Sie dafür belohnen. Aber machen Sie nicht auf halbem Wege halt; lassen Sie
doch auch die anderen Juden auf dem Lastwagen
nach Hause gehen!« Geistesgestörte besitzen oft
ungeheure suggestive Kräfte, und ich bin der Meinung, daß Moses diese Kräfte besaß — jedoch aus
einer anderen Quelle. Wie dem auch sei, das Grünhemd befahl den anderen Juden aus dem Lastwagen auszusteigen und ließ sie nach Hause gehen.

Jetzt war Moses völlig erschreckt; er ging nach
Hause und blieb für die ganze Dauer des Pogroms
in seinem Versteck. Die von ihm geretteten Juden
erzählten diese Geschichte von Moses jedem, den
sie trafen, und da er verschwunden war und man
ihn für tot hielt, nannte man ihn den »heiligen
Moses«.

Sein späteres Schicksal verlief tragisch; er starb

in einem Konzentrationslager an Gelbsucht.

Bertha

Man hat christlichen Missionen oft vorgeworfen, sie hätten armen Juden materielle Hilfe gewährt und auf diese Art Seelen erkauft.

Dies ist ein schwieriges Problem.

Viele Juden lebten in Armut, und unsere Arbeit war vor allem darauf ausgerichtet, diesen bedürftigen Menschen beizustehen. Wie konnten wir es unterlassen, ihnen materielle Unterstützung zukommen zu lassen? Wie konnten wir denn darauf verzichten, jüdischen Flüchtlingen aus Hitlerdeutschland zu helfen? Es steht geschrieben, daß Jesus Erbarmen mit der Menge hatte. Dieses Mitleid ist auch für Seine wahren Anhänger charakteristisch. Jesus hatte auch mit den Männern und Frauen Mitleid, die hungrig waren — nicht nur, weil sie noch nicht gerettet waren. Er beschäftigte sich mit dem Problem, sie zu ernähren. Wenn wir jemandem helfen und ihm gleichzeitig das Evangelium predigen, werden diese beiden Dinge von den Außenstehenden, genauso wie von den Hilfeempfangenden, geistig miteinander in Verbindung gebracht. Jesus stieß auch auf dieselbe Schwierigkeit. Er predigte die neue Lehre, versorgte aber die Armen und Hungrigen gleichzeitig mit Brot. Infolgedessen kamen viele nur des Brotes und der Fische wegen zu Ihm, die Er ihnen ebenfalls gab.

Es existiert eine sehr alte jüdische Legende über Abraham: Eines Tages lud er einen Bettler zu sich in sein Zelt ein. Er wollte ihm Gastfreundschaft erweisen und bereitete ihm eine Mahlzeit. Als er jedoch das Tischgebet sprach, fing der Bettler an Gott zu verfluchen, und erklärte, er könne es nicht ertragen, Seinen Namen zu hören. Der fromme Abraham jagte den Bettler davon; er konnte es nicht ertragen, mit anzuhören, wie jemand seinen himmlischen Freund in seinem Zelt verfluchte. Aber Gott erschien ihm und sprach: »Dieser Mann hat mich fünfzig Jahre lang verflucht und beschimpft, und doch gebe ich ihm sein täglich Brot. Konntest du ihm nicht einen einzigen Tag lang Gastfreundschaft gewähren? Du hättest auf jeden Fall damit warten können, ihn wegzujagen, bis er gegessen hat.«

Wenn wir diejenigen speisen müssen, die Gott verfluchen, wieviel mehr erst solche, die vorgeben, Ihn zu ehren! Außerdem ist es sehr schwer, festzustellen, ob jemand ein Heuchler oder ein wirklicher Gläubiger ist.

In dem bekannten Gleichnis Jesu kehrte der verlorene Sohn aus materiellen Gründen zu seinem Vater zurück und doch wurde er mit der größten Liebe aufgenommen.

Die Wahrheit ist schwach; sie hat nie triumphiert, es sei denn, sie war in der Lage, Interessen und Gefühle anzusprechen.

Der greise Simeon sagte von Jesus: »Siehe, dieser wird gesetzt zum Fall und Aufstehen vieler in Israel« (Lukas 2, 34) — mit anderen Worten, nicht nur zum Aufstieg, sondern auch zum Niedergang.

Einige Juden, denen christliche Barmherzigkeit in Form von materieller Hilfe zuteil ward, wurden dadurch zu unerwarteten Höhen des Glaubens emporgetragen. Ein solcher Mensch war Bertha.

Man könnte von ihr sagen, was Disraeli einmal erklärte, als man ihm den Vorwurf machte, er habe um des Geldes wegen geheiratet: »Ja, als ich heiratete, kannte ich meine Frau so schlecht, daß ich sie ohne ihr Geld nicht genommen hätte. Aber jetzt, da ich sie so gut kenne, wäre ich bereit, sie zu heiraten, selbst wenn sie arm wäre.«

Andere Juden dagegen haben infolge materieller Hilfe einen katastrophalen Niedergang erlebt, die eine derartige Neigung zur Korruption in ihre Seelen getragen hatte, daß sie nicht mehr imstande waren, zu genesen.

Ein gewisser Bildhauer, der von den Geschichten der ersten christlichen Märtyrer zutiefst bewegt war, hatte sich entschlossen, ein Kunstwerk zu schaffen, das die Christen, die man den wilden Tieren vorgeworfen hatte, unsterblich machen würde. Er gestaltete einen jungen Mann, der ein Kreuz in der Hand hielt, sowie eine junge Frau, und dann begann er an einem Löwen zu arbeiten, der — bereit zum Sprung auf die beiden Gestalten — niederkauerte.

Eines Tages lud er seine Freunde in sein Atelier ein, um ihnen seine Arbeit zu zeigen. Der Löwe war immer noch ein ungeformter Tonklumpen.

Da sagte einer seiner Freunde: »Du bist ein armer Mann. Wie willst du diese Arbeit verkaufen? Es gibt viele Künstler, die derartige Skulpturen anfertigen, und obendrein würde kein Jude ein Kunstwerk mit einem Kreuz kaufen. Entferne das

Kreuz und ersetze es durch einen Schlüssel. Der Schlüssel ist in vielen Religionen ein heiliges Symbol. Er könnte an den Schlüssel des heiligen Petrus erinnern, aber er ist auch ein heiliges Symbol der Spiritisten und Okkultisten. Auf diese Weise wirst du leichter einen Käufer finden.«

Also formte der Bildhauer das Kreuz zu einem Schlüssel.

Daraufhin betrat ein reicher Amerikaner das Atelier und rief aus: »Welch ein wundervolles Kunstwerk! Es symbolisiert Sparsamkeit. Der kleine Tonklumpen könnte einen Geldschrank darstellen, und der junge Mann mit dem Schlüssel lehrt die Menschen, sparsam mit ihrem Geld umzugehen. Ich gebe dir tausend Dollar für diese Arbeit.«

So wurde eine Skulptur, die ursprünglich zum Ruhm des Märtyrertums geplant war, in ein Kunstwerk zu Ehren des Geldes verwandelt.

Es gibt viele Seelen, die zuerst von der Liebe zu Jesus begeistert sind, aber da sie arm sind und materielle Hilfe empfangen, wird das Bild des Meisters allmählich ausgelöscht. Was sie wirklich beschäftigt, besteht darin, wie viel sie bekommen und woher sie es bekommen können, und vor allem, ob irgendein anderer mehr als sie bekommen hat.

Aber das geschieht nur bei einigen.

Bertha gestand offen, sie sei anfänglich zu uns gekommen, weil sie von dem Gerücht angelockt worden sei, wir würden armen Juden helfen. Doch nachdem sie mit ganzem Herzen an Jesus glauben gelernt hatte, wandte sie sich nie wieder um Hilfe an uns, obwohl sie sehr arm war.

Sie war mit einem deutschen Halbjuden verheiratet. Er wurde nicht bekehrt. Sie hatten drei Söhne. 1943 veröffentlichte die deutsche Gesandtschaft in Rumänien einen Befehl, demzufolge alle deutschen Staatsangehörigen wieder in ihre Heimat zurückgeführt werden sollten. Bertha blieb in Rumänien zurück. Er und ihre drei Kinder, die nach dem Rassedenken der damaligen Zeit das tragische Schicksal hatten, zu drei Vierteln jüdisch zu sein, machten sich auf den Weg nach Deutschland.

Dort angekommen, verriet ein Spitzel, daß der Mann nicht nur halbjüdisch, sondern auch mit einer Jüdin verheiratet sei, und seine Kinder demzufolge überwiegend jüdisches und nur einen Tropfen von Siegfrieds Blut in ihren Adern hätten.

Sie wurden alle von der Gestapo ins Gefängnis gesperrt, und über ihnen hing die Drohung des Todeslagers. Um sein Leben zu retten, log der Mann und erklärte, seine Frau sei Rumänin. Die deutsche Polizei gab ihm Gelegenheit, nach Hause zu schreiben und die Behörden zu bitten, die nötigen Unterlagen zu schicken zum Beweis, daß seine Frau arischer Abstammung sei. Würde das nachgewiesen werden können, wären die Kinder zu drei Vierteln arisch und somit gerettet.

Damals konnte man in Rumänien mit Hilfe von Geld alles bewerkstelligen. Berthas Familie verschaffte sich Papiere, die ihr eine rein arische Herkunft bestätigten — arischer als die Hitlers, dessen Herkunft Gerüchten zufolge ein wenig gemischt gewesen sein soll.

Ich war bei Bertha, als die Verwandten ihr die gefälschten Unterlagen brachten, die ihren Mann und ihre drei Kinder vor den Gaskammern in Auschwitz bewahren würden, und ich wurde Zeuge einer Szene, die ich bis an mein Lebensende nicht vergessen werde. Sie zerriß die gefälschten Unterlagen und erklärte: »Abraham war bereit, Gott ein Kind zu opfern; ich werde drei Kinder und meinen Mann opfern, aber ich weigere mich zu lügen!«

Sie hörte nie wieder von ihrem Mann und den Kindern.

Meister Eckart schrieb, daß derjenige, der Dinge in ihrer natürlichen Form — leer und zufällig — hinter sich zurückläßt, sie in ihrem reinsten, ewigen Inhalt zurückerhält. Wer Dinge in ihrer niedrigsten — der sterblichen — Form beläßt, wird sie von Gott in ihrer wahren Form zurückerhalten. Bertha wird ihre Familie in Herrlichkeit zurückbekommen.

Bertha wird nie erfahren, wie großartig ihre Geste war: sie ist eine demütige Schwester. Die Brüder wissen nicht von ihrem Opfer, weil sie ihnen kein einziges Wort davon erzählt hat. Im Gegenteil, als sie einmal mit den Brüdern einen Fall besprach, in dem jemand gefälschte Dokumente erhalten hatte, um der Verfolgung zu entgehen, erklärte sie: »Darüber wollen wir nicht urteilen. Jeder muß nach seinem Gewissen entscheiden.«

Hat Bertha richtig oder falsch gehandelt? Sie verurteilt niemanden und auf diese Weise ist sie auch jedem menschlichen Urteil entrückt.

Das wirft die Frage auf, ob wir immer die Wahrheit sagen sollen.

In christlichen Schriftstücken aus dem vierten Jahrhundert werden Leben und Meditationen der ersten Generationen von Mönchen aufgezeichnet. Diese Mönche lebten in der Wüste Thebaid, wohin sie vor der Korruption geflüchtet waren, die sich in die Kirche einschlich, sobald das Christentum die anerkannte Religion wurde. In einem dieser Bücher »Der Pateric« lesen wir, daß eines Tages Vater Agathon den Vater Alonie fragte: »Wie kann ich es bewerkstelligen, daß meine Zunge keine Lügen mehr erzählt?« Die Antwort war: »Wenn du nicht lügst, wirst du viele Sünden begehen.« Vater Agathon fragte: »Wie ist das möglich?« Und da erhielt er folgende Antwort: »Siehe, zwei Männer haben vor deinen Augen einen Mord begangen, und einer von ihnen ist in deine Zelle geflüchtet. Nun kommt der Richter, der ihn sucht, und fragt dich: 'Wurde vor deinen Augen ein Mord begangen?' Wenn du nicht lügst, wirst du den Mann zum Tode verurteilen. Es ist besser, wenn du ihn von Gott richten läßt, denn Er allein ist allwissend.«

Luther sagt, wenn man zum Schutz eines anderen oder im Scherz lügt, ist das keine Lüge. Ich selbst glaube, daß zwischen den Begriffen »Lüge« und »Unwahrheit« eine gewisse Verwirrung herrscht. Faust, Othello und Parzival sind nicht

»Wahrheit«, aber sie sind auch keine Lüge; sie sind Kunst. Die Märchen, die wir unseren Kindern erzählen, oder die Witze, mit denen wir Erwachsene unterhalten wollen, sind keine Lügen. Sie gehören einem völlig anderen Bereich an — dem Reich der Phantasie und des Spiels. Ist es eine Lüge, wenn man eine Unwahrheit sagt, um das Leben, die Ehre oder das Eigentum eines Unschuldigen zu retten, der von einem Scharfrichter gejagt wird, der die Wahrheit und Reinheit verfolgt? Sollten wir einer Handlung, die der Liebe entspringt, einen so häßlichen Namen geben?

Eine Lüge ist die Unwahrheit, die ich ausspreche, um meinen Nächsten zu verletzen. Augustinus sagt: »Liebet und tut, was ihr wollt!« Das Gute ist besser als die Wahrheit, und eine Unwahrheit, die ein Leben rettet, ist besser als eine Wahrheit, die ein Leben zerstört! In den diktatorischen, antichristlichen Ländern ist diese Frage für Gläubige ein alltägliches und akutes Problem.

Aber wie verhält es sich mit Abraham, der bereit war, Isaak zu opfern? — Es gibt einen Bereich der Heiligkeit, in dem unser praktisches Urteilsvermögen machtlos ist.

Ich frage mich, ob die Wahrheit in den zahlreichen Labyrinthen des Lebens hätte überdauern können, wenn es nicht hier und da anonyme Helden wie Bertha gegeben hätte, die um der Wahrheit willen ihr Liebstes opferten. Ich habe oft oberflächliche Predigten gehört, in denen der Prediger fragte: »Was hätten Sie zu verlieren, wenn Sie Christ würden? Nur die Weinbrandflasche,

Ihre Kleidung, den Stock, mit dem Sie Ihre Frau schlagen, Ihren Rang und Namen, Ihr schlechtes Gewissen oder die Hölle, die Sie zu Hause haben!« Nein! Es gibt Menschen, die um ihrer christlichen Überzeugung willen bereit sind, ihr Vermögen, ihre Freiheit, ihre Gesundheit und sogar die Menschen zu verlieren, die sie am meisten auf der Welt lieben!

Ein Glaubenszeuge in unserer Familie
Meine Frau stammt aus einer orthodoxen jüdischen Familie. Nach ihrer Bekehrung konnte sie nachts nicht schlafen, wenn sie an ihre Eltern dachte, die fromme Juden waren. Wir reisten nach Cernauti, um mit ihnen zu sprechen. Wir kamen an einem Freitag abend an, dem Beginn des jüdischen Sabbats. Der Tisch war für das rituelle Mahl gedeckt; die Kerzen waren angezündet worden. Die drei jüngeren Schwestern meiner Frau und mein kleiner Schwager, der erst acht Jahre alt war, betrachteten uns höflichst. Die Freude der Eltern war grenzenlos; schließlich war ich der Mann ihrer ältesten Tochter. Mein Schwiegervater erhob sich und sprach den *Kidush*, das Segnen des Weines. Er war sehr überrascht, als er bemerkte, wie ich —den er als einen Atheisten kannte — in den Gesang des alten Gebetes, das sich auf 1. Mose 2, 1—3 stützt, mit einstimmte: »Also wurden vollendet der Himmel und die Erde mit ihrem ganzen Heer. Und Gott vollendete am siebenten Tag sein Werk, das er gemacht hatte, und er ruhte am siebenten Tag von all seinem Werke, das er gemacht hatte. Und

Gott segnete den siebenten Tag und heiligte ihn, denn an ihm hat Gott geruht von all seinem Werke, das er geschaffen und vollbracht hat. Gesegnet seist Du, Jehova, König der Welt, der Du die Früchte des Rebstocks geschaffen hast!«

Anschließend wurde das Brot gesegnet und man begann mit dem Essen. Als das Mahl beendet war und nur die Kerzen ihren Schatten an die Wand warfen, fing ich an zu sprechen: »Es steht geschrieben, daß Gott Seine Arbeit am siebenten Tag beendete; und es steht weiter geschrieben, daß Gott am siebenten Tag ruhte. Was war nicht perfekt an all dem, was in den sechs Tagen geschaffen worden war? Was vollendete Gott am siebenten Tag? Wie hat Er es vollendet, während Er ruhte?

Was Er in sechs Tagen schuf, war nicht vollständig. Der Mensch brauchte noch eins: Ruhe. Diese schuf Gott am siebenten Tag, und so erfüllte Er Seine Welt mit Seiner eigenen Ruhe.

Das Gesetz Mose läßt sich mit den ersten sechs Tagen der Schöpfung vergleichen. Es enthält sechshundertunddreizehn Gebote, die uns keine Ruhe schenken, sondern unser Gewissen quälen. Ständig überschreiten wir das Gesetz. Wer kann von sich behaupten, daß er auch nur die folgenden zwei Gebote gehalten hätte: Gott von seinem ganzen Herzen, seiner ganzen Seele und mit all seiner Macht zu lieben, und seinen Nächsten zu lieben wie sich selbst? Das Gesetz kann nicht eingehalten werden. Es ist nur ein Spiegel, in dem wir unsere Sündhaftigkeit sehen, und erkennen, wie unmöglich es für uns Menschen ist, von Gott getrennt zu leben, von dem Gott, dessen Gesetze gerecht und heilig sind, und die für uns Sünder zu einer Last wurden, die wir nicht tragen können.

In den alten Zeiten konnten die Juden durch das Halten des Gesetzes nicht gerettet werden — alle großen Gestalten in der Bibel beschreiben, wie oft sie es selbst gebrochen haben — sondern nur durch das Bußopfer, das im Tempel dargebracht wurde. Es gab keine Vergebung der Sünden ohne Blutvergießen. Die Sünde wurde durch Handauflegen auf ein unschuldiges Tier übertragen, welches das Opfer symbolisierte, das der zukünftige Messias mit Seinem Tod für die Sünden der Menschen darbringen würde. Durch das Schlachten des Tieres beruhigten die Juden ihr Gewissen; es wurde für ihre Gesetzesüberschreitungen geopfert. Aber jetzt haben wir weder einen Tempel noch ein Opfer. Wie also können wir gerettet werden?«

Mein Schwiegervater antwortete: »Die Rabbiner haben uns gelehrt, täglich ein Kapitel der Gesetze Mose, das vom Opfern handelt, herzusagen. Gott würde das genauso anerkennen, als ob wir selbst das Opfer dargebracht hätten.«

Ich erwiderte: »Ich weiß es. Eines Tages betrat ein Christ das Geschäft eines strenggläubigen orthodoxen Juden und fing mit ihm eine Unterhaltung über das Thema an, das wir gerade diskutieren, nämlich das Opfer, und er bekam die gleiche Antwort, die du mir gegeben hast. Dieser Christ brach dann die Diskussion ab und sagte: 'Jeder sollte nach seiner eigenen Überzeugung handeln. Ich bin nicht hergekommen, um über Religion zu diskutieren, sondern um Waren zu kaufen'. Und er verlangte drei Hemden, sechs Paar Socken, ein Dutzend Taschentücher sowie verschiedene andere Artikel. Schließlich bat er den Geschäftsinhaber, ihm für alles Gekaufte eine Rechnung zu geben. Der Inhaber war sehr erfreut über das gute Geschäft, schrieb eine Rechnung aus und wickelte die Ware ein. Der Christ las daraufhin die Rechnung laut vor, nahm das Päckchen in die Hand und verließ das Geschäft. Der Inhaber rief ihm nach: 'Sie haben vergessen zu bezahlen!' Der Kunde erwiderte: 'Habe ich Ihnen nicht die Rechnung vorgelesen?' - 'Ja, aber Sie haben sie noch nicht bezahlt!' Worauf der Kunde antwortete: 'Ist denn nicht das Verlesen der Rechnung dasselbe, wie wenn ich sie bezahle?'

Praktisch gesehen können wir sagen, daß der Geschäftsmann mit genau derselben Methode nicht zufrieden war, die er in seiner Religion anwendete. Das Opfer muß gebracht werden; darüber zu lesen, ist nicht genug!«

Ich sprach mit meinem Schwiegervater über die messianischen Prophezeiungen, die in Jesu erfüllt wurden. Doch Taten sagen mehr als Bibelverse: Die Juden sind das auserwählte Volk Gottes, dazu ausersehen, das Licht Gottes in die Welt zu tragen. Millionen Menschen, die in alten Zeiten Zeus, Jupiter, Wodan oder andere Götter anbeteten, ehren heute den wahren Gott und betrachten die von unseren großen Propheten geschriebenen Bücher als ihr heiliges Buch. Wer hat die Völker vom Polytheismus abberufen und sie zur Anbetung des einzig gerechten und guten Gottes, des Gottes Israels, bekehrt, der von uns ein moralisch einwandfreies Leben fordert? Jesus! Durch Ihn wurde die messianische Berufung, mit der unser Volk betraut worden war, erfüllt. Durch Jesu Leiden, durch Seine Kreuzigung und Auferstehung am dritten Tage, durch Sein Leben und Sterben als ein Diener Gottes, durch Seine Existenz als ein Mensch des Leidens, wie Jesaja es vorausgesagt hatte, hat Er die Menschen veranlaßt, ihre Herzen unserem Gott zu schenken. Und denen, die an einen Retter glaubten, der starb und auferstand —ob sie ihn nun Adonis, Osiris, Dionysos oder Herakles nannten — denen brachte Er die Gewißheit der geschichtlichen Erfüllung dieser uralten Mythen.

Jesus ist der König der Juden, der Messias Israels.«

Dann erzählte ich den Kindern eine Vielzahl anderer Geschichten, und sie hörten mir respektvoll zu. Mein Schwiegervater wurde nachdenklich. Und meine Schwiegermutter kniete an jenem Abend mit uns im Gebet.

Die Kinder begannen regelmäßig christliche Versammlungen zu besuchen. Kurze Zeit danach nahmen sie den Glauben an. Mein betagter Schwiegervater schämte sich, bei einer Versammlung gesehen zu werden, aber wenn es für die Kinder Zeit wurde zu gehen, pflegte er mit lauter Stimme, die durch das ganze Haus schallte, zu rufen: »Beeilt euch, beeilt euch! Alle sind pünktlich, bloß meine Töchter kommen zu spät!«

Mein kleiner Schwager, der von einem bekannten Rabbiner Religionsunterricht erhielt, leistete hartnäckigen Widerstand. Ich mußte mich oft über die Selbständigkeit in Gedanken und Taten wundern, die jüdische Kinder an den Tag legen, wenn sie noch klein sind. Sie sind lebende Beispiele für den Ausspruch Blaise Pascals: »Der Mensch wird als Original geboren und stirbt als Kopie!«

Bekehrung von Antisemiten

In der Zeit der Naziherrschaft war die christliche Judengemeinde genau der richtige Ort, an dem sehr viele Antisemiten zu Christus fanden.

Ein Antisemit, der unsere Kirche besuchte, nahm auf dem Weg zu einer Zusammenkunft an der Mißhandlung mehrerer Juden teil; derjenige, der ihn eingeladen hatte, hatte ihm nicht erzählt, daß ein Jude predigen würde. Der Mann wurde noch am gleichen Sonntag bekehrt. Von diesem Tag an hat er nie mehr einen Juden geschlagen.

Einmal, als eine rumänische Schwester einen anderen Antisemiten zu unserer Versammlung mitgebracht hatte, predigte ich über Jesu Ausspruch: »Ich bin nur gesandt zu den verlorenen Schafen des Hauses Israel« (Matth. 15, 24). Es war eine Predigt, die die Juden zur Bekehrung rufen sollte: deshalb zitierte ich Bibelstellen, die beweisen sollten, daß das Evangelium in erster Linie eine Botschaft an die Juden ist: »Gehet nicht auf der Heiden Straße und ziehet nicht in der Samariter Städte, sondern gehet hin zu den verlorenen Schafen aus dem Hause Israel« (Matth. 10, 5-6). »Und daß gepredigt werden muß in seinem Namen Buße zur Vergebung der Sünden unter allen Völkern. Hebt an zu Jerusalem« (Lukas 24, 47). »Ich schäme mich des Evangeliums von Christus nicht; denn es ist eine Kraft Gottes, die da selig macht alle, die daran glauben, die Juden vornehmlich und auch die Griechen« (Der Brief des Paulus an die Römer 1, 16).

Als die Zusammenkunft vorbei war, machte mir die Schwester bittere Vorwürfe: »Sie wissen ganz genau, daß wir oft Leute zu unseren Versammlungen einladen, die keine Juden sind, und die Sie gewöhnlich hassen. Warum predigen Sie dann so? Die Rumänen wären wegen Ihrer Predigten gekränkt, die zu projüdisch sind.«

Unser antisemitischer Freund ging nach der Zusammenkunft nach Hause und argumentierte mit sich selbst: »Hast du gehört, was die Bibel sagt? Erst kommen die Juden und dann die anderen Völker. Aber wo steht etwas vom Hasser der Juden? Nirgendwo!« Er gab seinen Antisemitismus sowie seine anderen Sünden auf und wurde bekehrt. Er entwickelte sich zu einem begeisterten Menschenfischer und wahren Freund der Juden und hebräischen Christen.

Die Juden fühlten sich oft wegen der Wärme und Liebe, mit der wir Judenhassern begegneten, beleidigt; sie waren schockiert und verließen häufig unsere Versammlungen, wenn sie hörten, daß wir offen für die antisemitische Obrigkeit beteten. Sie waren darüber aufgebracht, daß wir gute Beziehungen zu antisemitischen Geistlichen und Laien unterhielten.

Papst Gregor VII. sagte einmal: »So wie etwas Geistiges nur durch sein irdisches Wesen sichtbar wird, und wie die Seele nicht ohne ihren Körper funktionieren kann, so kann auch die Religion nicht ohne eine Kirche existieren. Aber wenn die Kirche einen Körper hat, dann hat sie auch ihre Sünden und Schwächen.« Der Antisemitismus ist eine der vielen Schwächen, an denen der Körper der Kirche leidet; doch er ist keine Einzelerscheinung. Er hat seinen ihm genau entgegengesetzten Partner: im jüdischen Chauvinismus und in der Verachtung gegenüber Christen und christlichen Juden.

Wir müssen die Schwächen der Schwachen tolerieren und uns bemühen, sie mit Liebe zu heilen. In einigen Fällen ist uns das gelungen. Wir glauben, daß die Liebe über den Haß triumphieren kann.

Konfuzius schrieb: »Ich habe gesehen, wie ein Mann versuchte, eine große Feuersbrunst mit einer Tasse Wasser zu löschen. Er schaffte es nicht und folgerte daraus, daß Feuer mit Wasser nicht zu löschen sei. Welch ein Narr! Eine Tasse Wasser kann kein Feuer löschen, aber viel Wasser vermag das Feuer zu löschen.«

Der Funke von Liebe, den wir besitzen, kann das Böse auf dieser Welt nicht tilgen, aber mit viel Liebe wird es gelingen.

Jedenfalls glauben wir nicht, daß es einen Sinn hat, auf den Stock böse zu sein, der uns Schläge verpaßt. Seien Sie über den empört, der den Stock gebraucht. Ihr Feind wird von Haß getrieben; wir müssen den Haß hassen und nicht den Menschen.

Es gibt gute Gründe, warum die Menschen sich gegen die Juden wenden: einer dieser Gründe liegt in den Sünden, deren sich die Juden, ebenso wie andere Völker, schuldig gemacht haben. Es gibt zweifellos noch weitere Gründe, die ihren Ursprung in der Schlechtigkeit des Herzens eines Antisemiten haben. Wir brauchen Verständnis und müssen versuchen, diese Gründe so gut wie möglich aus dem Wege zu räumen, aber wir dürfen die Antisemiten nicht hassen.

In vielen Fällen habe ich beobachtet, daß es für eine Reihe von Judenhassern genügt, Juden zu begegnen, die fromme Christen sind, um ihren Antisemitismus verschwinden zu lassen, als habe es ihn nie gegeben.

Wie viele von uns sind persönlich bereit, das alte Sprichwort zu unterschreiben, daß ein Feind ein Kleinod ist, das vom Himmel gefallen ist? Wir müssen uns um ihn kümmern, weil das unserer eigenen geistigen Entwicklung förderlich ist. Ohne den Antisemitismus wäre der Staat Israel nie ins Leben gerufen worden; Theodor Herzl, der Begründer des Zionismus, war sich dessen bewußt. Ohne den Antisemitismus hätten die christlichen Juden nie die Gelegenheit gehabt, die wertvollen Tugenden der Geduld und der Liebe zu üben. Unsere Feinde sind unsere Wohltäter. In Wahrheit sind sie nur ihre eigenen Feinde, weil sie sich ihre eigene Hölle bereiten.

Was die abgeschlachteten und gefolterten Mitglieder unseres Volkes betrifft, sind wir über ihren Verlust ebenso betrübt wie andere Juden; aber unsere Trauer wird durch die Hoffnung auf die Auferstehung gemildert und durch die Hoffnung, daß im Königreich Gottes alle Ungerechtigkeiten wiedergutgemacht werden.

Märtyrer Christi im jüdischen Volk
Ich habe bereits von Feinstein gesprochen, der sich im Tode zu seinem Glauben bekannte. Ich bin der Ansicht, daß er auch in der besseren Welt, in die er einging, noch immer an mir und an der Arbeit interessiert ist, die er auf die Beine stellte. Wie anders könnte ich sonst den erstaunlichen Zufall erklären, daß ich in zwei Fällen unmittelbar vor meiner Verurteilung zu langen Gefängnisstrafen am Sonntag vor meiner Verhaftung gerade in Jassy predigte, auf derselben Kanzel, von der er gepredigt hatte; und daß ich in dem Hause lebte, das immer noch von seinem Geist durchdrungen war und daß ich durch sein Beispiel gestärkt wurde? An dieser Stelle muß ich weitere Juden erwähnen, die in ihrer Liebe zu Jesus ihrem eigenen Leben wenig Wert beimaßen.

Der erste war Vladimir Davidmann. Er war der

Sohn eines Rabbiners in Balti. Es war geplant, daß er in die Fußstapfen seines Vaters treten und Lehrer in Israel werden sollte. Da er wie die meisten Juden den Konflikten zwischen den verschiedenen christlichen Konfessionen gleichgültig gegenüberstand, die in jener Zeit entstanden, als die Juden noch nicht der Kirche angegliedert waren, und von denen sie glauben, es sei für sie ratsamer, sich nicht daran zu beteiligen, es sei denn, sie könnten eine Versöhnung zuwege bringen — trat er der griechisch-orthodoxen Kirche bei, die damals die vorherrschende Kirche in Rumänien war. Seine Seele war so beschaffen, daß er sich in der lutherischen Kirche genauso zu Hause gefühlt hätte, weil er vom Wesen des Christentums und nicht von seiner vorgeformten Geschichte angezogen wurde. Die Prinzipien, die die verschiedenen Konfessionen voneinander trennten, betrachtete er als eine Maske, um dahinter Stolz, materielle und politische Interessen sowie persönliche Ambitionen zu verbergen, die die wahren Ursachen von Kirchenspaltungen sind.

Von frühester Jugend an hatte man ihn gelehrt, die langen und täglichen Gebete der Juden laut zu lesen, in denen die dreizehn Glaubensartikel des mosaischen Glaubens verkündet werden. Eines dieser Gebete lautet folgendermaßen: »Ich glaube zutiefst, daß jedes Wort der Propheten wahr ist.« Aber er bemerkte, daß einige dieser Worte, die dieser Verkündung zufolge wahr sein sollten, vor ihm verborgen wurden, wie beispielsweise das dreiundfünfzigste Kapitel Jesaja. Vladimirs Lehrer überging diese Stelle, aber Vladimir las sie und erkannte, daß diese Prophezeiungen ein Geheimnis verbargen.

Eines Tages betrat er aus Neugier die griechisch-orthodoxe Kathedrale in der Stadt. Der herrliche Gottesdienst beeindruckte ihn tief, und er wiederholte seinen Besuch. Zunächst dachte er nur über diese Dinge nach, später erkannte er jedoch, daß zwischen dem Gottesdienst, den er in der Kirche erlebt hatte, und der Tatsache, daß die Juden manche Stellen in der Schrift übergingen, ein Zusammenhang bestand. Und er gewann die Überzeugung, daß der verheißene Messias gekommen war. Jesus war dieser Messias.

Nicht von ungefähr verbreitete sich in der Stadt das Gerücht, der junge Jude mit Ringellocken und einem Kaftan werde oft in der griechisch-orthodoxen Kirche gesehen. Als er sich weigerte, der Forderung seiner Familie, diese »Verirrung« zu unterlassen, Folge zu leisten, sperrte ihn sein Vater sechs Monate lang zu Hause ein. Sobald man ihn freiließ, suchte er den Kontakt zu Priestern, verließ ohne Habe sein Zuhause, lediglich mit dem bekleidet, was er gerade auf dem Leibe hatte, und machte sich auf den Weg zum Kloster in Dobrovât. Dort wurde er getauft. Am Tage seiner Taufe lag er mit Lungenentzündung im Bett. Dennoch unterzog er sich der Zeremonie und entstieg dem kalten Taufwasser völlig geheilt.

Seine Eltern hatten keine Mühe gescheut, Vladimir ausfindig zu machen und entdeckten sein Versteck. Sie entführten ihn aus dem Kloster und brachten ihn nach Hause zurück. Mehrere orthodoxe Rabbiner hatten sich im Hause versammelt und beschlossen, den »Verräter« mit dem Tode zu bestrafen. Doch ausgerechnet in jener Nacht brachen Diebe in das Haus des Rabbiners Davidmann ein. In der darauffolgenden Verwirrung konnte Vladimir entkommen. Er bahnte sich seinen Weg zum Kloster Neamtul in Moldawien.

Als er eines Tages in der Nähe des Klosters unterwegs war, überfiel ihn sein jüngerer Bruder — ein Fanatiker — der ihn aufgespürt hatte, und verwundete ihn.

Als er sich wieder erholt hatte, machte er sich auf den Weg nach Bukarest, damit seine Familie ihn nicht finden sollte. Dort wurde er an einer Schule aufgenommen, in der er Kirchenmusik studieren sollte. Später setzte er sein Studium in Cernauti fort.

1937 war Vladimir auf dem Rückweg in diese Stadt, um seine Abschlußprüfung abzulegen. Im Zug las er in einem Gebetbuch, während sich seine Reisegefährten über alle möglichen weltlichen Dinge unterhielten. Sie bemerkten, daß er in einem Gebetbuch las und sich hin und wieder bekreuzigte, und fingen an, sich über ihn lustig zu machen. Daraufhin kniete Vladimir nieder und begann, das Gebetbuch von der ersten Seite an zu lesen — dieses Mal laut. Die Spötter wurden zum Schweigen gebracht. Als er geendet hatte, entschuldigten sie sich für ihr Benehmen und baten ihn zum Zeichen, daß er ihnen verziehen hatte, das ganze Gebet noch einmal vorzulesen.

In der Nacht nach seiner Ankunft in Cernauti hatte er einen Traum, in dem er eine öde Landschaft mit vielen abstoßenden Tieren sah. Er ritt auf dem Rücken eines dieser Tiere. In dem Kopf eines Ungeheuers erkannte er seinen Onkel, der ihn mit aller Kraft biß. Plötzlich erblickte er einen Heiligen in glänzenden Kirchengewändern, der auf einer leuchtenden Leiter herabschritt. Er erkannte, daß es der heilige Seraphim war, dessen Ikone er im Kloster gesehen hatte. In der Hand hielt der Heilige einen Kelch, auf dem in jiddisch die Worte »Verzehrendes Feuer« geschrieben standen.

Aus dem Kelch schossen Flammen und erfüllten die Luft. Dann verschwand die Erscheinung, und Vladimir sah nur noch eine schöne grüne Wiese. Als er erwachte, schrieb er an einen Bekannten in Bukarest einen Brief, in dem er berichtete, was sich auf seiner Reise ereignet hatte, und in dem er auch seinen Traum beschrieb.

Am nächsten Tag wurde Vladimir von seinem Onkel, der von religiösem Fanatismus erfüllt war, angeschossen und tödlich verwundet. Er lebte nur noch wenige Stunden. Berichte über diesen Vorfall erschienen in fast allen Zeitungen. Aber damals war das »Schweigegeld«-System in Rumänien tief verankert: die Behörden und die Presse wurden bestochen und niemand wurde bestraft.

Der Tod Vladimirs Davidmanns blieb jedoch nicht ohne Früchte: als er im Sterben lag, wurde er von seiner siebzehnjährigen Schwester gepflegt. Als sie die Standhaftigkeit ihres Bruders im Glauben sah, als er den Märtyrertod starb, wurde sie bekehrt. Auch sie ließ sich in der griechisch-orthodoxen Kirche taufen.

Sie trat im Rahmen einer seltsamen Episode in Erscheinung, die es wert ist, erwähnt zu werden. Als 1941 die deutsch-rumänischen Truppen Cernauti besetzten, wurde dieses Mädchen zusammen mit Tausenden von anderen Juden in die Ukraine nach Kamenetz-Podolsk deportiert. Plötzlich erschienen SS-Truppen auf der Bildfläche und begannen, sämtliche Lagerinsassen niederzumetzeln. Es ist aber keine so leichte Aufgabe, zehntausend Menschen umzubringen: Gräber mußten ausgehoben werden und die Leichen der bereits ermordeten Juden mußten von denen begraben werden, die als nächste an die Reihe kommen sollten. Das erforderte zwei oder drei Tage, und Maria Davidmann wartete mit den anderen darauf, getötet zu werden. Da kam unerwartet ein deutscher Offizier auf sie zu und fragte sie unvermittelt: »Sind Sie Christin?« Überrascht bejahte sie seine Frage. Daraufhin sagte der Offizier zu ihr: »Sie werden nicht sterben. Folgen Sie mir.« Unter Lebensgefahr brachte er sie nach Cernauti zurück und rettete sie so vor dem nahezu sicheren Tod. Wahrscheinlich hörte ein christlicher deutscher Soldat, der zu dieser Zeit gerade im Dienst war, wie sie mit anderen Juden, die darauf warteten, abgeschlachtet zu werden, über Jesus redete. Da sie Jiddisch sprach — eine Sprache, die mit dem Deutschen verwandt ist und von den Deutschen verstanden wird — hatte er wohl gehört, daß sie eine Jüngerin Jesu war. Diese Tatsache muß er heimlich seinem Einheitsführer gemeldet haben, von dem er wußte, daß er sich zu Christus bekannte (ich habe ebenfalls einen Gestapooffizier getroffen, der ein Kind Gottes war). Dieser Mann entschloß sich, das Mädchen zu retten, wenn es sein mußte sogar unter Lebensgefahr.

Von Cernauti brachte man Maria nach Bukarest, wo sie sich weitab vom Kriegsschauplatz in Sicherheit befand.

Ich habe oft mit ihr gesprochen. Sie war eine einfache Christin, die sich durch keine besondere Gnade oder Tugend auszeichnete. Die meisten Geistlichen hätten sie zu den schwächeren Seelen gezählt. Ich habe mich oft gefragt, warum Gott für sie dieses Wunder vollbrachte. Könnte es um ihres Bruders willen gewesen sein? Der Apostel Paulus schreibt, daß zu seiner Zeit die Juden, die nicht einmal schwache Christen, sondern Feinde des Evangeliums waren, um ihrer Vorväter willen geliebt wurden, die zweitausend Jahre vor ihnen gelebt hatten — Abraham, Isaak und Jakob. Ist es möglich, daß es auch heute Menschen gibt, die von Gott geliebt werden und vorherbestimmt sind, einen bestimmten Zweck um eines Verwandten oder guten Freundes willen zu erfüllen, der im Glauben stark war? Im Evangelium lesen wir, daß Jesus einen Gelähmten heilte — nicht etwa um des Kranken selbst willen, sondern wegen der Glaubensstärke seiner Freunde, die ihn auf einem Bett herbeigetragen und vor den Heiland gelegt hatten. Sollten wir nicht für solche Menschen intensiv glauben und lieben lernen, die es nicht können? Sie würden reichen Segen empfangen.

Feinstein und Davidmann waren jedoch nicht die einzigen: es gab mehrere Märtyrer unter den christlichen Juden. In Chishinau lebte eine sehr aktive christliche Gruppe. Ihre Führer waren der Ingenieur Tarlev, Trachtmann und Schmil Ordienski. Als die Russen 1940 in Bessarabien einmarschierten, wurden sie aufgrund ihres Glaubens nach Sibirien deportiert und dort umgebracht. In der Hoffnung, daß es anderen eine Lehre sein wird, möchte ich hier erwähnen, daß sich diese Gruppe in einem akuten Konfliktzustand mit der baptistischen Kirche im selben Ort befand, einem Konflikt, der seine Ursache in rein persönlichen Gründen hatte. Die erbitterte Leidenschaft der Oberhäupter verschärfte den Konflikt dermaßen, daß sich die Angehörigen der beiden Gruppen auf der Straße mieden. In Sibirien jedoch starben die Führer der christlich-jüdischen Gruppe Seite an Seite mit dem Pastor der Baptistengemeinde von Chishinau Bushila für ihren Glauben. Warum muß erst der Feind kommen, ehe wir Vernunft annehmen?

Ich erinnere mich an den jungen Friedmann, einen christlichen Juden aus Jassy, der während des Pogroms ums Leben kam. Die Juden wurden in einen Viehtransporter getrieben, der zum Bersten voll war. Friedmann sah durch ein kleines Fenster hinaus. Auf der Rampe stand jemand, der ihn zufällig sah und uns später berichtete, Friedmanns Gesicht habe wie das eines Engels gestrahlt.

Ein deutscher Soldat schoß auf ihn und verletzte ihn tödlich.

Während des Krieges war es den Juden verboten zu reisen. Erst später wurde mir gestattet, nach Jassy zu fahren, um die christlich-jüdische Gemeinde zu reorganisieren, die nach dem Pogrom ausschließlich aus Frauen bestand. Bei dieser Gelegenheit besuchte ich Friedmanns Mutter. Ich versuchte, sie zu trösten und ihr von Jesus zu erzählen. Das erwies sich als unmöglich. Ihr Mann und alle vier Söhne waren an ein und demselben Tag von Menschen umgebracht worden, die sich Christen nannten. Ihr Herz war zu Stein geworden.

Gott, der dem Autor des *Exodus* zu schreiben eingab: »Mose sagte das den Kindern Israels; aber sie hörten nicht auf ihn vor Kleinmut und harter Arbeit« (2. Mose 6, 9) und der Hiob ausrufen ließ: »Wenn man doch meinen Kummer wägen und mein Leiden zugleich auf die Waage legen wollte! Denn nun ist es schwerer als Sand am Meer« (Hiob 6, 2—3) — dieser Gott würde auch das Verhalten dieser Frau entschuldigen, deren Herz völlig verhärtet war. Sie hatte auf alles nur eine Antwort: »Wenn es Gott gäbe, hätte er mir wenigstens einen meiner fünf Lieben zurückgegeben.« Aus Achtung vor dieser unaussprechlichen Trauer konnte ich nicht weiter beharren, sondern zog mich zurück.

Soll ich die Geschichte von Marika erzählen? Als die Regierung Kallai die Deportation ungarischer Juden in die Todeslager von Auschwitz, Treblinka und anderswohin anordnete, wurden bei christlichen Juden, deren Eltern getauft waren, Ausnahmen gemacht. Eine von diesen war Marika, die an der Reformierten Fakultät Theologie studiert hatte. Sie verheimlichte jedoch ihre Herkunft, die ihr dieses Privileg verschafft hätte, und meldete sich freiwillig an dem Sammelplatz, von dem aus die Juden deportiert werden sollten. Sie wollte die anderen in das Todeslager begleiten, damit sie bis zum Ende vor den Opfern der antisemitischen Verfolgung ihren Glauben bekennen und dann mit den anderen Angehörigen ihrer Rasse sterben könnte. Marika war eine der wenigen, die Auschwitz überlebten. Zusammen mit anderen weiblichen Überlebenden kämpfte sie sich über Bukarest nach Israel durch. Sie wurde die »heilige Marika« genannt. In Israel folgte die unvermeidliche psychologische Reaktion nach den Strapazen einer solchen Heldentat. Die Bibel sagt uns nicht, was mit den drei jungen Männern geschah, nachdem sie den feurigen Ofen verlassen hatten. Das ist auch gut so. Gott aber ist gerecht und hat Marikas Opfer nicht vergessen. Einfache Kenntnisse der psychologischen Gesetze hätten sie vor großen Depressionen bewahrt.

Christliche Bauern aus Cetatea Alba wurden gezwungen, hilflos und unter Tränen zuzusehen, wie SS-Truppen die Juden aus dieser Stadt umbrachten. Sie haben beschrieben, wie eine junge, ihnen bis dahin unbekannte Jüdin anderen Juden, die den Exekutionskommandos gegenüberstanden, zurief: »Wir büßen jetzt für die Sünde, daß wir Jesus, den wahren Messias unserer Rasse, nicht aufgenommen haben. Doch glaubt an Ihn und ihr werdet glücklich in Seinem Paradies erwachen.«

Es gibt viele christliche Juden, die für ihren Glauben hinter Gittern leben mußten. Pastor Milan Haimovici wurde unter dem kommunistischen Regime viele Jahre lang eingesperrt, und seine Mithäftlinge, unter denen auch Antisemiten waren, hatten nur Worte des Lobes für ihn und nannten Milan Haimovici einen Helden. Als er aus dem Gefängnis entlassen wurde, begegneten ihm seine Kollegen mit Gleichgültigkeit, ja sogar Haß, um deretwillen er — ohne sie zu verraten —gefoltert wurde, indem man seine Füße auf glühende Kohlen setzte. Sein Märtyrertum wurde selbst von denen verächtlich gemacht, die es vorzogen, nicht für Jesus zu leiden. Aber das verherrlicht sein Leiden um so mehr.

Es ist mir einfach unmöglich, alle zu erwähnen. Suzana Golder wurde mit ihren siebzehn Jahren verhaftet, weil sie einigen Faschisten das Wort Gottes gepredigt hatte. Diese schleppten sie sofort in ihr Hauptquartier und der Einheitsführer begann sein Verhör, indem er ihr einen kräftigen Schlag ins Gesicht versetzte. Sogleich kehrte sie ihm die andere Wange zu und fragte: »Möchten Sie mich nicht noch einmal schlagen?« — »Was soll diese Frage?« wollte der Offizier wissen. Suzana antwortete: »Jesus, den Sie zu verehren vorgeben, hat uns befohlen, daß, wenn ein Mensch uns auf die eine Wange schlägt, wir ihm auch die andere hinhalten sollen.« Der Mann, der sie geschlagen hatte, war dermaßen überrascht, daß er unverzüglich den Befehl gab, sie auf freien Fuß zu setzen.

Das ist nicht der einzige Vorfall dieser Art. Eine andere christliche Jüdin, Bianca, mußte viel Leid erdulden, weil sie das Evangelium an einige russische Soldaten verteilt hatte. Es wäre ungerecht, hier nicht der rumänischen Brüder und Schwestern zu gedenken, deren Namen aus verständlichen Gründen zur Zeit nicht genannt werden können, und die viele Jahre in Gefängnissen zubrachten, weil sie der christlichen Mission für die Juden getreulich zur Seite gestanden waren. Zahllose junge christliche Juden wurden wegen ihres christlichen Glaubens von ihren Eltern mißhandelt.

Überhaupt haben christliche Juden viel zu ertragen. Sie leiden unter einigen Leuten ihres eigenen Volkes, von denen sie nicht verstanden werden. Sie leiden unter den »christlichen« Antisemiten, in deren Augen sie »dreckige« Juden sind und es auch immer bleiben werden; und sie leiden unter den Atheisten.

Hebräische Christen werden oft von ihren Landsleuten gedemütigt. In Anbetracht der Haltung, die sogenannte Christen mit ihrem widerwärtigen Antisemitismus in den Seelen der Juden aufgerüttelt haben, sollte uns das jedoch nicht wundern. Die bedeutendsten antisemitischen Organisationen in Rumänien wurden »die Legion des Erzengels Michael« genannt (trotz der Tatsache, daß dieser Erzengel in der Bibel im Buch Daniel, Kapitel 12, als der Beschützer der Kinder des jüdischen Volkes bezeichnet wird) sowie »Nationale Christliche Verteidigungsliga«.

Ich fragte einmal einen Leiter einer solchen Organisation, was er unter dem Wort »christlich« verstünde. Seine Definition lautete: »Christ sein bedeutet, gegen die dreckigen Juden zu sein.« Und dieser Mann war nicht nur mit Worten, sondern auch in seinen Taten — mit dem Stock — gegen die Juden. Es ist deshalb nicht verwunderlich, wenn sich auf der anderen Seite der Gedanke breitgemacht hat, daß Jude zu sein bedeutet gegen das Christentum zu sein.

Der menschliche Verstand wird von vielerlei schädlichen Komplexen irregeführt. Wir christlichen Juden, die wir auf einer Wegkreuzung stehen, auf der manch heftiger Sturm tobt, müssen zwangsweise unter vielen Menschen leiden.

Aber dient dieses Leiden nicht unserem eigenen Heil?

Der heilige Gregor von Nazianz schrieb im vierten Jahrhundert über die christliche Kirche, die von Konstantin dem Großen befreit wurde: »Wir haben die Größe und Kraft verloren, die wir in den Zeiten unserer Verfolgung und Schwierigkeiten besaßen.«

Hieronymus schrieb ähnliches: »Vom Kommen des Erlösers an bis heute — das heißt von der Zeit der Apostel bis auf den heutigen Tag — reifte die Gemeinde Christi, nachdem sie ins Leben gerufen und im Wachsen begriffen war, während der Verfolgungen zu ihrer Größe heran und wurde vom Märtyrertum gekrönt. Doch seitdem die Christen stark geworden sind, ist diese Gemeinde zwar aufgrund ihrer Tradition und ihres Reichtums größer geworden, an Tugend aber hat sie abgenommen.«

Ich bin davon überzeugt, daß die niedrige Stellung der christlichen Juden von Gott bestimmt ist. Durch zahlreiche Nöte werden sie darauf vorbereitet, nicht nur in das Königreich Gottes einzugehen, sondern auch eine führende Rolle bei der Errichtung dieses Reiches zu übernehmen. Der Apostel Paulus sagt uns, daß die Annahme der Juden und ihre Bekehrung zu Jesus Leben aus den Toten bedeutet (Römer 11, 15). Unser guter Herr würde es nicht zulassen, daß wir so viel Leid erdulden, wenn das Tragen eines schweren Kreuzes heute nicht die Vorbereitung auf eine zukünftige Herrlichkeit wäre.

Könnte es nicht sein, daß viele Christen in der westlichen Welt nicht mehr verfolgt werden, weil sie dem Satan keine Angst mehr machen, da sie Jesus untreu sind? Die christlichen Juden sollten Gott dankbar sein für die Verfolgung und für die Märtyrer, die sie in so vielen Teilen der Welt hervorgebracht haben.

Der bekannte Theologieprofessor Neander, ein christlicher Jude, hat folgendes geschrieben: »Ach, was sind wir für weichherzige und willenlose Bekenner, von welcher Gefühlskälte — und nennen uns dennoch weiterhin Christen! Wir müssen uns schämen, wenn wir an die Zeiten von Ignatius und Polykarp (christliche Märtyrer des zweiten Jahrhunderts, die von Löwen verschlungen wurden) und anderer denken, und wir werden wünschen, wir wären tausendmal für Christus gestorben. Die meisten von uns — selbst die größten

Theologen — sind ganz anders als die Märtyrer. Wir haben es nicht gern, wenn man uns schief ansieht, wir schieben jede Schwierigkeit zur Seite, die wir bezüglich der Wahrheit haben, und doch sind wir Leute von Ansehen und große Theologen — aber nur auf dem Papier, nicht in der Tat.«

Gott gebe, daß sich sowohl die christlichen Juden als auch die nichtjüdischen Christen diese Vorwürfe zu Herzen nehmen und die Verbrechen dieser Welt öffentlich verdammen, auch wenn sie sich dabei der Gefahr aussetzen, den Märtyrertod sterben zu müssen!

Wir sind stolz darauf, daß auch unter den Juden das Blut von Märtyrern um Jesu willen vergossen wurde. Laßt uns von diesen unseren edlen Pionieren lernen, unser Kreuz zu tragen, und es mit Freuden zu tragen!

3

ARGUMENTE FÜR DIE AUFERSTEHUNG

Begegnung in einem Zug.
Man schrieb das Jahr 1939. Ich reiste mit der Bahn nach Bukarest. Im Abteil saß mir ein bekannter Rabbiner aus Cernauti gegenüber. Als er sah, daß ich in der Bibel las, fragte er mich, wer ich sei.
»Ein christlicher Jude«, erwiderte ich.
Er war äußerst erstaunt. »Aber wenn Sie Jude sind, warum wurden Sie dann Christ?«
»Weil ich glaube, daß Jesus der Heiland ist.«
»Junger Mann, wie können Sie so etwas behaupten? Weshalb glauben Sie denn, daß Jesus unser Messias war?«
»In dieser Bibel stehen viele Beweise; ich kann Sie Ihnen jetzt nicht alle auf einmal hier im Zug aufrollen. Aber eine Tatsache spricht ganz besonders dafür: Seine Auferstehung. Wäre Jesus ein Betrüger gewesen oder ein Mensch, der sich selbst etwas vormachte, hätte Gott nicht das Wunder gewirkt, Ihn von den Toten auferstehen zu lassen.«
»Ich sehe, daß Sie ein erwachsener Mensch sind. Wie können Sie nur diesen Unsinn glauben, Jesus sei von den Toten auferstanden?«
»Rabbi, die Beweise von Jesu Auferstehung sind so überzeugend, daß ich Ihnen verspreche, auch Sie werden an Seine Auferstehung von den Toten glauben, wenn Sie mir zwanzig Minuten ruhig zuhören wollen.«

»Das möchte ich gerne erleben: ein junger Mann überzeugt einen Rabbiner, daß Jesus von den Toten auferstanden ist. Fangen Sie an, junger Mann, ich gebe Ihnen zwanzig Minuten Zeit.«

Es folgen nun einige der Hauptargumente, die ich dem Rabbiner gegenüber anführte.

»Was sind die Quellen unseres Wissens über das Altertum?

Es sind die Geschichtsschreiber der entsprechenden Epoche, unter denen sich Männer wie Homer, Herodot und Julius Cäsar befinden. Was sind die Quellen unseres Wissens über die Taten Jesu? Die zeitgenössischen Historiker: ihre Namen sind Matthäus, Markus, Lukas, Johannes, Paulus usw. Warum sollten wir einigen Historikern Glauben schenken und anderen nicht? Unser Verstand sollte sich wie ein unparteiisches Gericht verhalten, das die Zeugenaussagen sorgfältig und sachgerecht abwägt. Bei der Auswertung von Beweisen müssen wir nicht nur berücksichtigen, was der Zeuge aussagt, sondern auch seinen Charakter und seine Zuverlässigkeit in Betracht ziehen. Die Glaubwürdigkeit der Historiker, die das Leben Jesu beschrieben, ist zweifellos viel größer als die anderer Historiker. Denn was für Menschen waren die letzteren? Im allgemeinen wurden sie von einer majestätischen Persönlichkeit für das Schreiben bezahlt, und ihr Ziel war es, die Wahrheit nicht bekanntwerden zu lassen. Sie wollten ihrem Herrn, ihrem Volk oder der sozialen Schicht, der sie angehörten, schmeicheln. Im Gegensatz dazu sind die Geschichtsschreiber, die die Evangelien verfaßten, völlig anderer Natur. Sie setzten für das, was sie schrieben, ihre Freiheit und ihr Leben aufs Spiel. Matthäus starb als Märtyrer in Abessinien. Johannes wurde zur Sklavenarbeit auf der Insel Patmos verurteilt und Paulus enthauptete man in Rom. Petrus wurde mit dem Kopf nach unten gekreuzigt. Kein unparteiisches Gericht würde die Aussagen solcher Zeugen auf die leichte Schulter nehmen, die bereit sind, für das, was sie behaupten, derartiges Elend zu erleiden. Alle diese Männer erklären übereinstimmend, daß sie von der Wirklichkeit der Auferstehung Jesu von den Toten durch Sehen, Hören und Berühren überzeugt waren.«

Der Rabbiner versuchte mich zu unterbrechen. Aber ich erinnerte ihn daran, daß er versprochen hatte, mich ausreden zu lassen.

»Ich weiß, daß man diesem Argument widersprechen kann. Was die anderen Historiker berichten, sind Dinge, die leicht verständlich und glaubhaft sind. Sie schreiben über Kriege, Hofintrigen, die Favoriten der Könige, Attentate und Mord — Dinge also, die auch heute noch geschehen, wohingegen die Verfasser der Evangelien uns von Begebenheiten berichten, die sich unserer menschlichen Erfahrung entgegenstellen. So schreiben sie unter anderem von einer Jungfrauengeburt, der Heilung von Leprakranken durch einfaches Berühren, vom Wandeln auf dem Wasser, von der Speisung einer großen Menschenmenge mit ein paar Broten, von Menschen, die vom Tode auferweckt worden sind und schließlich von Jesu eigener Auferstehung, der Seine Himmelfahrt folgte. Alle diese Dinge fallen in die Kategorie von Wundern, wohingegen wir als moderne Menschen nicht mehr an Wunder glauben.«

Die Überlieferung sagt uns, daß Jesus von Geburt an sprechen konnte. Rationalisten bezeichnen dies als reines Hirngespinst. Wenn dieses Gespräch im Zug dreißig Jahre später stattgefunden hätte, hätte ich dem Rabbiner erzählen können, daß in den sechziger Jahren die Zeitungen in aller Welt berichteten, in Jugoslawien sei ein Kind geboren worden, das vom Tage seiner Geburt an sprechen und sogar Fragen beantworten konnte. Die Evangelisten waren vorsichtige Männer, die sich bemühten, das Evangelium leichtverständlich zu machen; sie haben nicht aufgezeichnet, ob Jesus von Seiner Geburt an sprach. Man stelle sich vor, wie sich die Leute über die Evangelisten lustig gemacht hätten, wenn sie das geschrieben hätten! So aber hat in der heutigen Zeit vor unseren eigenen Augen etwas stattgefunden, das dem natürlichen Lauf der Dinge dermaßen widerspricht.

Im Jahre 1963 berichteten die Zeitungen, daß man bei einem sechzehnjährigen französischen Jungen eine »Schwangerschaft« feststellte, als man ihm den Bauch öffnete. Was eigentlich sein Zwilling hätte werden sollen, hatte sich in seinem Körper entwickelt. Wie die Rationalisten gelacht hätten, wenn die Evangelisten über einen schwangeren Mann geschrieben hätten!

»Was die von Jesus gewirkten Wunder betrifft«, sagte ich zu dem Rabbiner, »geschahen sie im

Bereich des Außergewöhnlichen, dessen Existenz nicht geleugnet werden kann. Im täglichen Leben geschehen nicht nur alltägliche Dinge. Ein Mensch, der nicht an Wunder glaubt, ist kein Realist. Außerdem betrachten die Menschen Dinge als Wunder, die jemand mit einer überdurchschnittlichen Intelligenz oder Muskelkraft vollbringen kann, und die ein schwächlicher Mensch mit durchschnittlicher Intelligenz nicht erreicht. Von Missionaren, die bei primitiven Stämmen gearbeitet haben, weiß man, daß die Naturvölker sie als Zauberer ansahen; und das ist auch nicht erstaunlich, wenn Sie beispielsweise daran denken, daß primitive Menschen stundenlang damit beschäftigt sind, zwei Holzstücke aneinanderzureiben, um einen Funken herzustellen, während der Missionar weiß, wie man mit Hilfe einer Schachtel Streichhölzer Feuer entfachen kann. Er kann sogar stinkendes Wasser zum Brennen bringen. Woher soll der Eingeborene wissen, daß dieses stinkende Wasser Benzin ist? Die Schriftstellerin Pearl S. Buck berichtet, wie sie Bäuerinnen in entlegenen Gebieten Chinas erzählte, daß es in England Häuser gäbe, die übereinander gebaut seien, und Kutschen, die sich ohne Pferde durch die Straßen bewegten. Daraufhin habe eine der Frauen geflüstert: »So eine Lüge! So etwas ist doch gar nicht möglich.«

Mit sechzig Spaniern unter seinem Befehl eroberte Cortez das mächtige Aztekenreich, weil ihn das Volk, das er eroberte, für einen Zauberer hielt. Zunächst einmal war allein schon das Aussehen der Spanier »übernatürlich«. Nie zuvor hatten die Azteken weiße Männer gesehen.

Zweitens besaßen die Neuankömmlinge wunderbare Dinge, die die Azteken ebenfalls noch nie gesehen hatten, Pferde und Feuerwaffen. Und so fiel ein riesiges Königreich kampflos in die Hände einiger Abenteurer.

Jesus besaß eine geistige Kraft, wie sie kein anderer Mensch je besessen hat. Nicht von ungefähr war Er imstande, Wunder zu wirken. Da Er außergewöhnlich war, konnte Er einzigartige Dinge vollbringen, die für gewöhnliche Menschen unmöglich gewesen wären.

Es ist dumm, Vorurteile zu haben und zu erklären, daß Wunder unmöglich sind, und sie abzulehnen, ohne die Aussagen von so glaubwürdigen Menschen wie den Aposteln sorgfältig zu prüfen.

Rabbi, Sie können keine Wunder umgehen. Entweder können Sie an Jesu wunderbare Auferstehung von den Toten glauben oder Sie müssen an ein anderes Wunder glauben, das noch viel größer ist — nämlich daß es eine Wirkung ohne Ursache gibt; denn wenn Jesus nicht von den Toten auferstanden wäre, dann wäre die Existenz der universalen Kirche ein solches Wunderwerk.

Lassen Sie uns den Stand der Dinge betrachten: Jesus hat weder ein Buch geschrieben noch während Seines Erdenlebens irgendetwas aufgebaut —außer einer äußerst unbedeutenden Gruppe innerhalb des Judaismus, einer Gruppe, die aus ein paar ungebildeten Leuten bestand, die als unehrenwerte Bürger galten — Sünder, Zöllner und gefallene Frauen. Zum Schluß verriet Ihn einer Seiner engsten Anhänger, ein anderer verleugnete Ihn und der Rest ließ Ihn im Stich. Er starb an einem Kreuz, verlassen und offensichtlich verzweifelt, denn am Kreuz rief Er aus: ‚Mein Gott, mein Gott, warum hast du mich verlassen?'

Nach Seinem Tod wurde Er bestattet, ein großer Stein wurde vor Seine Gruft gewälzt und man stellte Wächter auf. In der Zwischenzeit blieben Seine früheren Jünger in ihrem Versteck hinter verschlossenen Türen, und ihre einzige Sorge war, nicht einen ähnlichen Tod sterben zu müssen wie ihr Herr. So endete Jesu Leben auf Erden. Wenn Jesus nicht auferstanden ist, wie ist dann die christliche Kirche entstanden?

Wir haben eine Erklärung dafür: Am dritten Tag erwachte Jesus vom Tod zum Leben und erschien Seinen Aposteln bei zahlreichen Gelegenheiten. Dabei versicherte Er ihnen, daß wirklich Er es sei, den sie sehen würden. Sie kamen wieder zusammen; der auferstandene Jesus arbeitete mit ihnen, leitete sie und gab ihnen die Kraft, Zeichen und Wunder zu wirken. Derselbe ängstliche Petrus, der zuvor unter Flüchen und Schwüren geleugnet hatte, etwas über Jesus zu wissen, stellte sich auf den Marktplatz in Jerusalem und bezeugte mutig, daß er den auferstandenen Jesus gesehen habe. Die anderen Apostel taten es ihm gleich. Unter Todesgefahr reisten sie von Land zu Land und besiegelten mit dem Märtyrertod ihre Überzeugung, daß Jesus auferstanden sei. So wurde die Weltkirche geboren; sie ist gewachsen und hat trotz Verfolgung und Unwürdigkeit ihrer Mitglieder überdauern können. Wenn Sie nicht bereit sind, zuzugeben, daß Jesus von den Toten auferstanden ist, dann ist diese ungeheure Wirkung, die die christliche Kirche darstellt — eine Kirche, die zweitausend Jahre überdauert und Millionen von Mitgliedern hat — eine Wirkung ohne Ursache. Es erfordert mehr Naivität, das Vorhandensein einer derartigen Wirkung ohne Ursache zu akzeptieren, als zuzugeben, daß Christus wahrhaft auferstanden ist.

Wenn ein Mensch ein hohes Gebäude betritt, wäre es eigentlich gar keine schlechte Idee, bevor er die Treppen zum zehnten Stockwerk hochgeht, zuerst einmal hinunter in den Keller zu steigen, um sich zu vergewissern, ob das Fundament solide ist. Aber warum sollte das nötig sein? Die Tatsache, daß das Gebäude steht, ist der Beweis für die Festigkeit seines Fundaments. Der Grundstein, auf dem die christliche Kirche gebaut wurde, ist die Auferstehung Jesu. Das große und berühmte Gebäude, das auf diesem Stein errichtet wurde, steht seit zweitausend Jahren und hat furchtbaren Erdbeben getrotzt.

In allen Lebensbereichen ist es letzten Endes gebräuchlich, von der Wirkung Schlüsse auf die Ursache zu ziehen. Und so ist die Existenz der Kirche ein Beweis, daß Christus auferstanden ist.

Wir wollen noch ein weiteres Argument für die Auferstehung Jesu anführen: Nirgendwo finden wir, daß die Feinde der Urkirche jemals leugneten, daß Jesu Grab am Ostermorgen leer aufgefunden wurde. Es wäre doch nur natürlich gewesen, eine Untersuchung zu veranlassen, um festzustellen, ob der Leichnam gestohlen oder geschändet worden war. Die Reaktion der jüdischen Priester widerspricht nicht der Behauptung, daß das Grab leer war. Sie befahlen lediglich den Soldaten, die das Grab bewacht hatten, das Gerücht zu verbreiten, Seine Jünger seien in der Nacht gekommen und hätten den Leichnam gestohlen, während sie schliefen. Doch wenn die Wächter schliefen, wie konnten sie dann die Diebe erkannt haben? Augustinus fragt zu Recht: ‚Präsentiert uns die Synagoge Zeugen, die schliefen, als die Tat begangen wurde?' Wenn die jüdischen Priester wirklich glaubten, daß die Jünger Jesu den Leichnam gestohlen hatten, warum wurden sie nicht verhaftet, verhört und bestraft?

Eine starke Bewegung muß durch einen starken Anstoß vorwärtsgetrieben werden. Die starke Bewegung, die zweitausend Jahre überdauert und weltweite Auswirkungen gehabt hat, und zwar gestützt auf den Glauben an Jesu Auferstehung, kann nicht das Produkt einer Halluzination gewesen sein, denn Jesu Jünger waren keine Männer, die an Halluzinationen litten: gewiß nicht der zweifelnde Thomas und der praktische Geschäftsmann Matthäus, weder Seeleute wie Andreas noch der vorsichtige Nathanael oder Petrus mit seinem schwachen Charakter. Nur ein so überwältigendes Ereignis wie eine wahre Auferstehung hat einen Anstoß geben können, der stark genug war, eine Bewegung dieser Art in Gang zu setzen. Wir dürfen auch nicht vergessen, daß die meisten Jünger Jesu in den ersten dreißig Jahren nach diesem Ereignis einen gewaltsamen Tod erlitten; viele von ihnen wurden gerade deswegen zum Tode verurteilt, weil sie behaupteten, Jesus sei von den Toten auferstanden. Diese Dinge konnten einfach nicht erfunden worden sein.

Da beginnen Jesu Apostel direkt vor der Nase der jüdischen Priester dem jüdischen Volk zu predigen, und geraten so in Schwierigkeiten mit der Obrigkeit, weil sie erklären, Jesus sei der Messias — eine Tatsache, die aufgrund Seiner Auferstehung bewiesen sei. Jeder vernünftige Mensch könnte hier fragen: ‚Wäre es möglich, eine Bewegung dieser Art auszulösen und Tausende von Anhängern an einem einzigen Tag anzuwerben, wenn der Leichnam Jesu wirklich vorhanden gewesen wäre?' Petrus hielt seine erste Predigt nur wenige hundert Meter von Jesu Grab entfernt. Wenn Jesu Feinde hätten beweisen können, daß Sein Leichnam immer noch dort war, wäre diese Predigt ein Fehlschlag gewesen und hätte nie Tausende von Menschen dazu veranlaßt, sich taufen zu lassen. Doch die Feinde der Jünger waren machtlos: Jesus befand sich nicht im Grab.

Die Apostel besuchten das Grab Jesu nicht, weil es für sie bedeutungslos war und es sie nicht interessierte. (Saulus von Tarsus kam nach seiner Bekehrung nach Jerusalem, wo er sich mit den Aposteln traf. Auch ihm war nicht an einem Besuch des Grabes gelegen — nicht einmal aus Ehrfurcht.) Selbst Seine Feinde untersuchten das

Grab nicht, um sich und andere davon zu überzeugen, daß Jesus noch dort war. Dies ist ein weiterer Beweis dafür, daß Jesus wirklich von den Toten auferstanden ist. Sehr viele Leute unternahmen Pilgerfahrten zu den Gräbern weniger bedeutender Heiliger. Obwohl die ersten Apostel diesen Brauch in Israel kannten, (Matth. 23, 29), hatten sie kein Interesse daran, Jesu Grab zu besuchen, weil sie wußten, daß es leer war.

All dies wurde so selbstverständlich akzeptiert, daß die Jünger zu predigen begannen, und zwar nicht in einer Provinzstadt, in der es schwer gewesen wäre, ihre Behauptungen zu überprüfen, sondern in Jerusalem selbst, wo sie die Begeisterung Tausender von Menschen weckten — und, was noch bemerkenswerter ist — wo sie Feinden gegenüberstanden, die machtlos waren, weil sie nicht leugnen konnten, daß Jesu Grab leer war. Als die Priester behaupteten, der Leichnam Jesu sei von den Aposteln gestohlen worden, hätte jeder ihnen antworten können: ‚warum verhaftet und verurteilt ihr nicht die Männer, die diesen Diebstahl begangen haben?' Die Vermutung, daß Jesus nicht am Kreuz gestorben ist, sondern lediglich in eine tiefe Ohnmacht fiel und in der kühlen Gruft wieder zum Bewußtsein kam, ist noch lächerlicher. Wie hätte Er den Stein beiseite wälzen und die Wachen überwältigen können, nachdem Er so viel gelitten hatte? Wäre es Ihm möglich gewesen, nackt wie er war, fortzulaufen? Er hätte höchstens bei dem einen oder anderen Seiner Jünger Obdach finden können. Wäre das jedoch geschehen, hätten Seine Jünger erkannt, daß Er nicht von den Toten auferstanden war. Wären sie dann aber bereit gewesen, ihr Leben hinzugeben für eine Lüge, die sie selbst ausgeheckt hatten?

Wir müssen zwangsweise glauben, was die Evangelienschreiber sagen, denn sie lassen so viel Naivität erkennen, wenn sie über sich selbst schlimme Dinge berichten. Was veranlaßte die Apostel, sowohl mündlich als auch in ihren Schriften zu verbreiten, daß ihr Oberhaupt Petrus ein Mensch war, den Jesus Satan genannt hatte, und daß Petrus Seinen Herrn verleugnet hatte in der Nacht, als Er verraten wurde? Das einzige Motiv, das ich dafür entdecken kann, ist, daß die Jünger eine kompromißlose Achtung vor der Wahrheit an den Tag legten. Die Apostel bilden eine Gruppe von Männern, die von der Wahrheit geleitet werden. Wir können ihren Aussagen vertrauen.

Bemerkenswert ist, daß, als die Apostel vor einer zweifelnden Zuhörerschaft die Auferstehung Jesu bestätigen, (auch damals waren die Leute gegenüber Geschichten von Engeln, Auferstehungen usw. skeptisch, wie wir bei Matthäus, Kapitel 22, Vers 23, und in der Apostelgeschichte Kapitel 17, Vers 32 nachlesen können) sie lediglich diese Tatsache bekräftigen, ohne auch nur ein einziges bekräftigendes Beweisstück vorzulegen. Das war möglich, weil das, was sie behaupteten, unter der Bevölkerung Jerusalems eine wohlbekannte und unbestrittene Tatsache war. Der auferstandene Jesus war immerhin bei einer Gelegenheit fünfhundert Menschen erschienen, die rund zwanzigtausend Verwandte und Freunde gehabt haben mußten, denen sie davon erzählten.

Die Auferstehung Jesu kann auch mit Hilfe von zwei sehr berühmten Bekehrungen bewiesen werden, die auf keine andere Weise zu erklären waren.

Die erste Bekehrung war die des Jakobus, des Bruders Jesu, der nun an Ihn als den Messias glaubte. Zu Jesu Lebzeiten auf Erden glaubte Jakobus nicht an Ihn, sondern hielt Ihn für einen Verrückten. Josephus Flavius beschreibt Jakobus als einen äußerst ehrenwerten Mann. Wie war es möglich, daß er nach Jesu Tod ein Apostel und Märtyrer wurde? Jeder, der den Brief des Jakobus liest (die Strohepistel, wie Luther den Brief nennt) wird feststellen, daß es ein jüdischer Brief ohne christliche Merkmale ist. Das führt uns zu der Erkenntnis, daß es nicht Jesu Lehren waren, die Jakobus beeindruckten und seine Bekehrung zur Folge hatten. Was also war die Ursache? Es kann nur die Begebenheit gewesen sein, von der uns im Neuen Testament berichtet wird: daß Jesus nach Seiner Auferstehung Seinem Bruder erschien, der letztere seinen Irrtum eingestand und aus Reue jenes Kapitel schrieb, in dem er seine frühere Sünde verdammt, Jesus falsch beurteilt zu haben.

Die zweite Bekehrung war die des Rabbiners Saulus von Tarsus! Dieser Mann hatte auf der Straße nach Damaskus eine Vision, in der ihm Jesus erschien und mit ihm sprach, woraufhin Saulus sofort einer Seiner Jünger wurde. Wäre dies aus rein psychologischen Gründen möglich gewesen?

Selbst wenn Mohammed mir zehnmal erschiene, würde ich mir sagen, daß ich an Halluzinationen litte, und würde bestimmt kein Mohammedaner werden. Warum hätte es so anders sein sollen für den Mann, der der zukünftige Apostel Paulus werden sollte? Er wußte, daß Jesu Grab leer war, ohne jedoch dafür eine plausible Erklärung finden zu können — es sei denn, er hätte sich selbst eingestanden, daß Jesus auferstanden war. Das war der springende Punkt an der Sache: als er Jesus sah, zerstreute sich der letzte Zweifel. Er war bekehrt. Später machte er sich auf nach Jerusalem, aber er hatte nicht die geringste Absicht, zum Grab zu gehen, um dort Tränen der Reue zu vergießen. Er wußte, daß es leer war. Er besprach vielmehr mit den Aposteln, wie man über die Auferstehung predigen sollte. Es wäre für die Apostel — für solche Männer, wie sie nun einmal waren — psychologisch gesehen unmöglich gewesen, darüber zu diskutieren, wie man am besten über eine Lüge predigen könnte.

Und noch ein weiteres Argument: in der Geschichte der Menschheit haben Millionen von Sündern ihre Meinung geändert und sind fromme Menschen geworden. Dieses Wunder geschieht in der Kirche tagtäglich. Wenn man diese Leute fragt, wie dieses Wunder der Wiedergeburt geschah, lautet ihre Antwort stets, Jesus habe das getan. Mit Sicherheit ist es ein lebendiger Jesus, nicht ein Toter, der diese Wiedergeburten vollbracht hat. Ich selbst bin einer dieser Menschen.

Die zusammengefaßte Kraft dieser Argumente

zwingt mich dazu, an Jesu Auferstehung zu glauben. Aber lassen Sie mich noch auf das Argument eines wirklich maßgebenden Menschen eingehen. Professor Theodor Mommsen, der große Historiker des römischen Kaiserreiches, hat geschrieben: »Die Auferstehung Jesu ist das Ereignis in der Geschichte des Altertums, das mit größerer Beweiskraft bewiesen worden ist als irgendein anderes Ereignis.«
Das ist alles, was ich Ihnen zu sagen habe.

Noch eins: Wenn ein Ehemann im Krieg von seiner Frau vermißt und für tot gehalten wird, und es kommen ein, zwei, drei, vier und schließlich zahllose Menschen, die ihr berichten, sie hätten ihn in einem Gefangenenlager gesehen, dann wird die Frau diesen Leuten glauben. Wir befinden uns in der gleichen Situation. Diejenigen, die glaubten, Christus sei tot, hörten die Aussagen der Frauen, der Apostel, der Emmaus-Jünger sowie von fünfhundert Menschen, die Ihn am selben Tag gesehen hatten. Danach war es nur natürlich, wenn sie glaubten, Jesus sei nicht mehr tot, sondern lebendig.

Nachdem ich zu sprechen aufgehört hatte, schwieg der Rabbiner mehrere Minuten lang. Dann stand er auf, öffnete die Tür und sagte zu mir: »Selbst wenn Er auferstanden ist, was hat das mit mir zu tun?«

Und er ging hinaus. Als er in das Abteil zurückkam, sprachen weder er noch ich ein einziges Wort — bis zu unserer Ankunft in Bukarest.

Während der tragischen Kriegsereignisse wurde

dieser Rabbiner von den Faschisten umgebracht.

Viele Jahre vergingen. Eines Abends, während einer evangelischen Missionswoche, war die Kirche zum Bersten voll. Anstatt eine Predigt zu halten, erzählte ich meinen Zuhörern von meinem Gespräch mit dem Rabbiner. Als ich meine Erzählung beendet hatte, trat eine junge jüdische Studentin auf mich zu und sagte: »Sie haben auch mich davon überzeugt, daß Jesus auferstanden ist, aber für mich bedeutet es sehr viel.«

Dieselben Argumente wirkten sich also auf zwei Menschen ganz verschieden aus.

Um noch einen Augenblick auf den Rabbiner zurückzukommen: ich muß hinzufügen, daß ich im allgemeinen vielen Rabbinern begegnet bin, die sehr schlecht darauf vorbereitet waren, unseren Argumenten entgegenzutreten. Einmal sprach ich mit einem Berliner Rabbiner, der nach Rumänien geflüchtet war. Ich zeigte ihm den Text in Jesaja, Kapitel neun, in dem das Kommen des Messias in diese Welt vorausgesagt wird und in dem es heißt: »Denn uns ist ein Kind geboren, ein Sohn ist uns gegeben und die Herrschaft ruht auf Seiner Schulter; und er heißt Wunder-Rat, Gott-Held, Ewig-Vater, Friede-Fürst; auf daß seine Herrschaft groß werde und des Friedens kein Ende...« (Jesaja 9, 6—7). Diese Stelle enthält eine orthographische Seltenheit. Im Hebräischen wird der Buchstabe M am Anfang und in der Mitte eines Wortes mit dem Zeichen ם geschrieben, und nur am Ende eines Wortes mit einem geschlossenen Quadrat. Diese orthographische Regel wird durch das ganze Alte

Testament hindurch streng befolgt, bis auf eine Ausnahme: in dem zitierten Vers erscheint in der Mitte des Wortes »lemarbe« (Vergrößerung) ein Endungs-M, ם. Dieser orthographische Fehler ist nie verbessert worden. Ein Endungs-M, ם, das nur am Ende eines Wortes erscheinen sollte, wird mitten in einem Wort benutzt.

Ich fragte den Rabbiner, ob er eine Erklärung dafür habe, aber er konnte mir keine Antwort darauf geben. Ich erzählte ihm dann von der kabbalistischen Überlieferung, daß Jesaja ein ם in der Mitte des Wortes verwendet habe, um dem Leser, der dazu ausersehen war, es zu verstehen, anzudeuten, daß das Göttliche Kind, von dem diese Prophezeiung spricht, aus dem geschlossenen Leib einer Jungfrau geboren würde.

Zahlreiche andere Argumente, die ich persönlich für beweiskräftiger halte, hätten auf den Rabbiner einen weit geringeren Eindruck gemacht als dieses. Er hatte auch kein weiteres Gegenargument, als ich ihm sagte, daß der Messias der Mann sei, der von der Jungfrau Maria geboren worden sei. Er erwiderte auch nichts, als ich ihm erklärte, daß nach den Worten des Propheten Jesaja Christus geschlagen werden mußte, weil er es auf sich genommen hat, unsere Sünden zu tragen. Daraus ergäbe sich die Folgerung, daß jeder Mensch, der erkennt, daß der Messias für unsere Sünden umgebracht wird, seine eigene Schuld nicht mehr zu tragen braucht.

Bei anderen Rabbinern bin ich sogar auf Sympathie für Jesus gestoßen. Als ich einem alten

Rabbiner sagte, Jesus sei der Messias, dessen Kommen Jesaja geweissagt habe, schüttelte er den Kopf und sagte, »Nein! Jesus braucht nicht von Jesaja beglaubigt zu werden. Verglichen mit Ihm ist Jesaja klein. Die Welt glaubt nicht wegen Jesaja an Jesus, sondern genau umgekehrt: wegen Jesus wird Jesaja von Millionen Menschen gewürdigt. Jesus ist die Sonne.«

Dann wiederum gibt es Rabbiner, die nur von Berufs wegen Rabbiner sind, ebenso wie viele christliche Priester und Pastoren.

Einmal sprach ich mit einem liberalen Rabbiner und versuchte ihn davon zu überzeugen, daß Jesus der Sohn Gottes sei. Nachdem er mir höflich zugehört hatte, antwortete er: »Sie wollen, daß ich an den Sohn glaube, obwohl ich nicht einmal an den Vater glaube. Wenn es Gott gäbe, hätte Er nicht zugelassen, daß meine Familie in Auschwitz umgebracht wurde.«

Wir entdecken die moderne Theologie
Der Augenblick war gekommen für unsere erste Begegnung mit englischsprachigen Büchern über moderne Theologie. Wir hatten bis dahin nicht einmal gewußt, daß es Modernisten gab:

Die Bibel war uns teuer, weil sie die Botschaft Jesu enthielt. Wir akzeptierten sie und betrachteten sie als das Wort Gottes. Wir zergliederten und kritisierten sie nicht, sondern erlaubten es vielmehr ihr, an uns Kritik zu üben.

Nun hörten und lasen wir über verschiedene menschliche Quellen der Bibel, die sich sogar widersprachen und daß die Bibel einige Dinge enthalte, die später hinzugefügt worden seien. Es wurde bestritten, daß Jesus wunderbare Werke vollbracht habe, oder Seine Wunder wurden so ausgelegt, daß schließlich nichts mehr übrigblieb.

Ich war zutiefst betroffen. Ich weiß von einem ehemaligen Prediger, der nach der Lektüre eines Buches von einem christlichen Modernisten seinen Glauben völlig verlor und sogar so weit ging, selbst ein antichristliches, atheistisches Buch zu schreiben. Dieser Mann war jahrelang von Gott getrennt. Andere Leute, unter anderem auch ich nach meiner Entlassung aus dem Gefängnis, konnten ihm später helfen, seinen Glauben wiederzufinden.

Marx begann als Christ. Zwei liberale Theologen, Bruno Bauer und Strauss, zerstörten seinen Glauben.

Die rumänischen Christen sind Fundamentalisten. Ich kenne keinen einzigen Modernisten unter ihnen. Außerdem ist mir nicht klar, welche Vorteile wir aus dem Modernismus ziehen können.

Zwar ermahnt uns die Bibel: »Singet dem Herrn ein neues Lied!« (Psalm 96, 1). Jedes Jahrhundert muß Gott in seinem ihm jeweils eigenen Stil ein Loblied komponieren. In 3. Mose Kapitel 9, Vers 3 steht geschrieben, daß das Tier, das man als Opfergabe zum Tempel bringt, *benshana*, d.h. »einjährig« sein muß. Ich lebe weder im ersten Jahrhundert noch im Mittelalter, und es wäre nicht normal, wenn ich religiöse Auffassungen teilen würde, die für die damaligen Zeiten bezeichnend waren. In unserem Denken über Gott muß es auch Fortschritte geben.

Insofern ist der Modernismus nicht modern: er ist sogar uralt. Der syrische Codex Sinaiticus, ein Manuskript des Neuen Testaments aus dem zweiten Jahrhundert, spricht von Jesus ganz einfach als »dem Sohn Josefs« und läßt die Geschichte der Jungfrauengeburt aus, über die der Verfasser wahrscheinlich nichts wußte. Augustinus hielt es für eine Gotteslästerung, an die ersten drei Kapitel der Bibel als wortwörtliche Wahrheit zu glauben. Origenes behauptete, die Schöpfungsgeschichte — so wie sie geschrieben ist — sei absurd und widersprüchlich. Luther sagte, er glaube nicht, daß Gott den Menschen auf einmal, *»in einem Hui«*, geschaffen habe.

Selbstverständlich gibt es in der Bibel Stellen, die sehr primitiv sind. Wer würde die Methoden zur Diagnose und Heilung von Lepra anwenden, wie sie in 3. Mose im Kapitel 13 beschrieben werden? Selbst die Fundamentalisten erlauben sich ihren eigenen Modernismus.

Der Fehler der wirklichen Modernisten besteht darin, daß sie zu weit gehen: ganz plötzlich sind die Freiheiten, die sie in Anspruch nehmen, rein mengenmäßig nicht mehr von anderen zu unterscheiden; sie haben eine andere Qualität.

Die Modernisten streiten Wunder ab. Im zwanzigsten Jahrhundert, in dem das Wort »unmöglich« nicht mehr existiert, erklären sie, Wunder seien unmöglich! Die Jungfrauengeburt, die Wunderheilungen, die Speisung der fünftausend Menschen, die leibliche Auferstehung von den Toten; sind sie denn wirklich so unmöglich? In der Natur gibt es nicht nur das Gewöhnliche; schließlich hat Mozart im Alter von vier Jahren bereits komponiert.

Christus gehört in den Bereich, in dem das Ungewöhnliche natürlich ist.

Der amerikanische Biologe Löb hat künstlich Seeigel befruchtet und mit chemischen Mitteln lebendige Exemplare erzeugt ohne Zuhilfenahme männlichen Samens. Wäre es für Gott nicht möglich, aus dem Menschen das zu schaffen, was der Biologe aus einer niedrigeren Lebensform schaffen kann?

Zu Beginn dieses Jahrhunderts lebte in der Ukraine ein Rabbiner namens Hofetz Haim. Als der Erste Weltkrieg ausbrach, wurde einer seiner Schüler infolge Antisemitismus unter der falschen Anschuldigung verhaftet, daß er für Deutschland als Spion arbeite. Der Rabbiner wurde als Entlastungszeuge geladen. Man befahl ihm, den Eid zu schwören, aber er weigerte sich und sagte: »Ich kann mich nicht erinnern, in meinem Leben je gelogen zu haben, aber ich lehne es ab, den Eid zu schwören, weil ich Gottes heiligen Namen nicht in eine Aussage bringen will, da mir gegen meinen Willen eine Unwahrheit entschlüpfen könnte.«

Der Staatsanwalt freute sich, einen unbequemen Zeugen los zu sein. Doch die Verteidigung benötigte ihn dringend, und so beantragte der Rechtsanwalt, ein Russe, daß man den Rabbiner doch informationshalber anhören solle und erklärte: »Euer Ehren, erlauben Sie mir, eine Begebenheit aus dem Leben dieses Rabbiners zu erzählen, damit Sie verstehen können, daß er ein außergewöhnlicher Mann ist, dem man auch ohne Eid Glauben schenken kann.«

Der Vorsitzende gab seine Zustimmung, und der Rechtsanwalt fuhr fort: »Eines Tages ging der Rabbiner von einem jüdischen Geschäft zum anderen, um Almosen für arme Juden zu sammeln. Ein Dieb lauerte ihm auf. Als an jenem Abend seine Sammelbüchse voll war, näherte sich der Dieb dem Rabbiner und sagte zu ihm: »Können Sie mir vielleicht zehn Rubel wechseln?« Der Rabbiner, der froh war, so viel Kleingeld loszuwerden, öffnete seine Büchse — aber mit einer raschen Bewegung riß sie der Dieb an sich und rannte damit fort.

Der Rabbiner war entsetzt, nicht weil er das Geld verloren hatte — er hatte sich sofort entschlossen, den Verlust aus eigener Tasche zu ersetzen — sondern weil der Dieb eine schwere Sünde begangen hatte, als er das Geld stahl, das den Armen gehörte. Er rannte dem Dieb hinterher so schnell ihn seine alten Beine tragen konnten und rief: 'Du hast dieses Geld nicht gestohlen, es gehört dir. Ich habe es dir geschenkt. Das Geld der Armen liegt bei mir zu Hause.'«

Erstaunt unterbrach der Vorsitzende den Rechtsanwalt und fragte ihn:

»Glauben Sie diese Geschichte wirklich?«

Der Rechtsanwalt erwiderte: »Nein.«

Verärgert fragte ihn der Richter: »Warum erzählen Sie uns dann Geschichten, die Sie selbst nicht glauben? Sie sind wohl nicht so ganz zurechnungsfähig.«

Der Rechtsanwalt antwortete: »Euer Ehren, ich bitte Sie, seien Sie nicht böse. Hat man jemals über Sie eine derartige Geschichte erzählt? Oder über den Herrn Staatsanwalt — oder über mich? Es werden so manche Geschichten über uns erzählt, doch diese stimmen mit unserem Charakter und unseren Angewohnheiten überein. Es könnte über mich gesagt werden, daß ich vielen Frauen nachgestellt habe, daß ich oft betrunken gewesen sei und beim Kartenspiel gemogelt habe. Was aber muß dieser Rabbiner für ein gerechter und frommer Mann sein, daß solche Legenden über ihn im Umlauf sind!« Die Bedeutung dieser Erzählung ist klar genug: keine Ärztekommission hat je bestätigt, daß Maria eine Jungfrau war; es gibt keine schriftlichen Beweise, die von Wissenschaftlern eingebracht worden sind und die die von Jesus vollbrachten Wunder belegen. Das bedeutet aber nicht, daß wir die Geschichten in den Evangelien einfach ablehnen können.

Eines Tages, als mein Sohn noch so klein war, daß er nichts über Sex oder darüber, was eine Jungfrau ist, wissen konnte, fragte er mich: »Vati, wie wurde Jesus geboren?« Ich antwortete ihm: »Aber das habe ich dir doch schon so oft erzählt —er wurde in einem Stall geboren und in eine Krippe gelegt.« — »Das ist es nicht, was ich wissen will«, erwiderte das Kind. »Du sagst immer: wie der Vater, so der Sohn. Wenn Jesus genau wie wir geboren worden wäre, dann wäre Er schlecht wie wir gewesen. Deshalb muß Er ganz anders geboren worden sein.«

Die Männer und Frauen, die Jesus kannten, hatten genau dasselbe Gefühl wie mein Sohn. Diejenigen, die an Ihn glaubten, waren von Seiner Jungfrauengeburt überzeugt.

Wenn Er so gut und unschuldig und rein war, wenn Er ein so einzigartiger Mensch war, warum sollte Er dann nicht auch auf eine einzigartige Weise geboren worden sein? Warum sollte Er nicht auch von den Toten auferstanden sein?

Eines Tages besuchte mich eine hohe Persönlichkeit der lutherischen Kirche wegen einer Verwaltungsangelegenheit. Nachdem wir die anstehenden finanziellen Probleme gelöst hatten, fragte ich den Besucher, ob er an Jesus glaube. Er war entsetzt, daß ich ihm, einem der führenden Laien der Kirche im Lande, eine solche Frage stellte. Ich bat ihn, über seine Verärgerung hinwegzusehen und meine Frage zu beantworten. Endlich sagte er: »Es gibt keinen rechtlich gültigen Beweis für Jesu Auferstehung.« Ich unterbreitete ihm dieselben Beweise, die ich dem Rabbiner aus Cernauti vorgelegt hatte. Ich bat ihn, die Rolle des Richters zu übernehmen und die Gültigkeit der ihm vorgelegten Argumente zu beurteilen. Da gestand er, daß er nun an die Auferstehung glaube; er wurde bekehrt und brachte auch seine Frau zum Glauben. Später tadelte er den Bischof, daß er ihn für ein so hohes Kirchenamt ernannt habe, ohne sich vorher davon zu überzeugen, ob er ein wahres Kind Gottes war.

Wenn auch Sie die Beweise untersuchen, werden Sie die Wahrhaftigkeit dessen erkennen, was uns die Evangelien sagen. Die Bibel selbst enthält den Beweis, daß sie die Wahrheit spricht. Der Modernismus sündigt, indem er Jesus zu einer menschlichen Persönlichkeit herabwürdigt, die nichts anderes war, als ein großer Führer, ein Märtyrer der Wahrheit, über den wir aber tatsächlich sehr wenig wissen, da man den Evangelien nicht trauen kann. Der Modernismus ist negativ: er nimmt den Menschen ihren Glauben und gibt ihnen nichts dafür.

Selbstverständlich ist Kritik an Bibeltexten notwendig, aber nicht in dem Sinne, wie sie die liberale Schule der Theologie versteht.

Es wird vermutet, daß der Text des Alten Testaments von Rabbinern verändert wurde.

Beispielsweise behauptete der Märtyrer Justinus, ein christlicher Philosoph des zweiten Jahrhunderts, daß der Originaltext des 96. Psalms, Vers 10, folgendermaßen laute: »Der Herr ist König am Baum geworden«, aber daß der Text später von den Juden abgeändert worden sei. Außerdem hätte nach Esra Kapitel 6, Vers 22, ein Abschnitt folgen sollen, der folgendermaßen lautet: »Und Esra sagte zum Volke: dieses Passah ist euer Retter und eure Zuflucht. Und wenn ihr glaubt, wird es in eure Herzen kommen, daß sie Ihn demütigen werden trotz der Zeichen, die Er gewirkt hat, und daß wir danach wieder in Ihn unsere Hoffnung setzen werden; und dieser Ort wird nie veröden, sagt der Herr Gott der Heerscharen. Wenn ihr aber nicht glaubt, und diese Worte, die von Ihm gesprochen werden, nicht hört, werdet ihr von den Heiden verachtet werden.« Es fällt uns schwer, zu glauben, daß Justinus diesen Abschnitt gefunden haben soll.

Auch der Talmud berichtet, daß die siebzig Rabbiner, die die griechische Übersetzung anfertigten, die Septuaginta genannt wird, vom Heiligen Geist erfüllt wurden, gewisse Stellen zu verändern, um andere Nationen und Rassen nicht zu beleidigen; und zwar taten es alle auf die gleiche Weise, obwohl sie alle an verschiedenen Orten arbeiteten. In dieser Legende steckt, wie in allen anderen Legenden, zweifellos ein Körnchen Wahrheit: Die Texte des Alten Testamentes wurden verschiedenen Änderungen unterzogen mit der Absicht, gewisse Tatsachen zu verheimlichen. Es ist seltsam genug, daß die Septuaginta noch immer auf praktisch alle Bibelübersetzer einen starken Einfluß ausübt, die die Texte somit falsch übersetzen, wie es die Rabbiner in längst vergangenen Zeiten beabsichtigt hatten.

Jeder, der die Manuskripte des Neuen Testaments aus den verschiedenen Jahrhunderten miteinander vergleicht, wird feststellen, daß auch hier eine zunehmende Tendenz bestanden hat, immer mehr von den verschiedenen revolutionären und sozialen Merkmalen der Urkirche zu entfernen.

Wir besitzen jedoch die wichtigsten Texte über das Leben, die Wunder, das Leiden und die Auferstehung des Heilands, die Texte, die sich mit dem Weg zur Erlösung befassen. Man kann die Bemühungen einiger Leute, den Glauben von Millionen Menschen zu untergraben, nur bedauern.

Wenn auch ihre Lehren keinen großen Anklang finden, so ist doch die Ehrlichkeit der Modernisten nützlich; sie regen andere dazu an, die Wahrheit anderswo zu suchen.

Wir suchten sie in der christlichen Mystik.

Die Bibel ist stellenweise nur eine Handvoll Notizen über Gespräche, die Gott mit Abraham, Mose, den Propheten und Jesus anknüpfte, über Unterhaltungen, die Jesus mit den Aposteln zu Seinen Lebzeiten auf Erden sowie nach Seiner Verherrlichung führte, und über die Gedanken, mit denen der Heilige Geist sie erfüllte.

Aber ist Gott stumm geworden? Ist es uns nicht mehr möglich, auch heute Seine Stimme zu vernehmen? Vielleicht können auch wir reinen Herzens werden, damit wir Ihn sehen können?

Ich hatte bereits sehr viele andere theologische Bücher gelesen, aber nun las ich auch die modernistischen und erhielt den Eindruck, daß ihre Vorstellungen oberflächlich waren. In diesen Büchern steckt, wie in anderen weltlichen Büchern auch, sehr viel Selbstgefälligkeit. Theologen zitieren sich gegenseitig, anstatt ihren Geist von allem Unwesentlichen in dieser wunderbaren Geschichte, das sich im Laufe der Jahrhunderte angesammelt hat, zu reinigen und zu der ursprünglichen Quelle der Kraft zurückzukehren.

Außerdem bekam ich den Eindruck, daß diese

christliche Theologie bestenfalls bei Jesus halt macht. Aber Jesus selbst hat gesagt: »Niemand kommt zum Vater denn durch mich« (Joh. 14, 6).

Er erklärt, daß nicht Er selbst, sondern der Vater das Ziel ist. Wenn wir zum Vater gelangt sind, den auch die mosaischen Juden suchen, dann sollten wir imstande sein, ihnen eine helfende Hand zu reichen. Wir sollten in der Lage sein, ihnen zu beweisen, daß Jesus der Weg ist, dem sie folgen müssen, um ihr gewünschtes Ziel zu erreichen. Wenn wir nur bis zu Jesus vordringen, den sie in Frage stellen, dann ist unser Bekenntnis für sie von geringem Interesse.

Bisher waren die Schriften für uns Fenster gewesen, durch die wir die Wirklichkeit Gottes schauen konnten; nun aber hatten wir die Fenster geöffnet, so daß der Gott der Wirklichkeit für uns sichtbar wurde.

Einige von uns nannten das neue Erlebnis »die Taufe des Heiligen Geistes«; andere nannten es »die zweite Gnade« — oder noch anders. Plötzlich wurden uns die Augen geöffnet, und wir sahen das Wesen der Dinge, anstatt sie nur durch Logik und intelligente Auffassungsgabe zu begreifen. Wir sahen nun vieles, was für gewöhnlich unsichtbar bleibt. Das bedeutete, daß wir wie Schmetterlinge oder Engel von einer Blume zur anderen flatterten. »Der Wind bläst, wo er will, und du hörst sein Sausen wohl; aber du weißt nicht, woher er kommt, oder wohin er fährt« (Joh. 3, 8). Aus diesem Grunde wurden wir oft mißverstanden.

So wie es bei Gott ist, wurden auch unsere

Gedanken Wirklichkeit. *Davar* bedeutet im Hebräischen sowohl »Wort« als auch »Ding«. Die Worte der Bibel wurden immer mehr zu einer Wirklichkeit, in der wir lebten.

Wir brachen aus dem Kreis »Sünde-Vergebung-neue Sünde« aus, in dem viele Gläubige ihr ganzes Leben verbringen. Wie Paulus vergaßen wir, was hinter uns lag. Paulus vergaß nie, daß er die Kirche verfolgt hatte, und er bereute es. Aber die Macht der Vergangenheit, sein neues Leben zu beeinflussen, wurde immer geringer. Und in dem Maß, in dem aus ihm ein neues Geschöpf wurde, schienen die alten Sünden weniger ihm gehört zu haben, als vielmehr einem anderen, dem alten Saulus von Tarsus, der tot war. In derselben Weise »vergaßen« wir die Vergangenheit mit ihrer häßlichen Sünde. Wir lebten in der Gegenwart mit Gott.

Als Jesus die Füße Seiner Jünger wusch, trocknete Er sie auch mit einem Handtuch, denn nasse Füße lassen immer darauf schließen, daß sie einmal schmutzig waren und gewaschen werden mußten. Sind sie einmal getrocknet, so sind die Füße sauber. Die Bibel erzählt uns, daß Jesus in Kanaan Wasser in den besten Wein verwandelte; der beste Wein ist jedoch alter Wein. Jesus verwandelte Wasser nicht in jungen Wein, sondern in Wein, der schon alt war und bereits lange bestanden hatte. So wurden wir nicht durch unsere Bekehrung gerechtfertigt, sondern durch die Bekehrung wurden uns die Augen geöffnet, so daß wir eine Reinheit sehen konnten, die wir schon vor langer Zeit besessen hatten; wir sahen, daß wir in Seinen

Augen immer rein gewesen waren.

Unser Denken nahm einen neuen Lauf: wir erkannten, daß wir nun am ewigen Leben teilhatten, und zwar nicht durch unseren Glauben an Jesus, sondern dadurch, daß wir schon immer eine besondere Lebensform, ewiges Leben, besessen hatten, weil wir von Ewigkeit an dazu bestimmt waren, Gottes Kinder zu sein. In einem frühen Entwicklungsstadium ist es unmöglich, einen Affenembryo von dem eines Menschen zu unterscheiden. In einem bestimmten Augenblick wird der Unterschied sichtbar, aber dagewesen ist er schon immer. Während Maria Magdalena in Sünde lebte, konnte man sie nicht von anderen Freudenmädchen unterscheiden, aber sie war schon immer eine von Gottes Auserwählten gewesen. Ihre Bekehrung war der Augenblick, in dem der Unterschied sichtbar wurde. Als der Schleier von unseren Augen genommen wurde, erkannten wir plötzlich unseren älteren Bruder Jesus, den wir vor langer Zeit gekannt hatten. »Wissen ist Erkennen«, sagte Plato. Wir hatten den Beweis dafür.

Wir alle leben, ohne uns an etwas aus unserer frühesten Kindheit zu erinnern, an unsere Träume oder auch nur an fünfundsiebzig Prozent von dem, was wir tun, wenn wir wach sind. Warum also sollten wir nur der Erinnerung an unsere vergangenen Sünden frönen?

Geradeso wie Jesus nie Sein frühes Leben, bevor er dreißig Jahre alt war, erwähnte, hielten auch wir uns nicht mit dem auf, was gewesen war, sondern betraten jeden Tag mit Freuden das Allerheiligste.

In mir wurde diese Befreiung durch ein sehr einfaches Ereignis ausgelöst, das ich jetzt zum ersten Mal erzähle. Ich saß in meinem Arbeitszimmer und schrieb. In dem Raum befand sich alles, was mir auf Erden teuer war: meine Frau, meine Kinder, meine Bücher. Plötzlich ging das Licht aus; eine Sicherung war durchgebrannt. Ich konnte nichts sehen, und eine große Angst erfaßte mich. »Eines Tages«, schoß es mir durch den Kopf, »wird alles dunkel sein, ich werde sterben und meine Augen werden geschlossen sein. Ich werde für alles, was ich jetzt liebe, verloren sein.« Es ist schwierig, das Gefühl der Furcht vernünftig zu erklären, das mich für den Bruchteil einer Sekunde durchflutete. Sofort aber wurde ich mir des großen Vorrats an Reichtümern bewußt, in deren Genuß ich sowohl in der Dunkelheit als auch im Licht kommen könnte — des Bewußtseins des Ichs und der gedanklichen Gnade. Fieberhaft überprüfte ich mich. Gott, Christus, die Engel, die Hoffnung auf das ewige Leben, der Glaube, alles blieb selbst in der Dunkelheit bestehen. Sie würden bei mir sein selbst in dem Augenblick, in dem sich meine Augen im Tode schlössen.

Wie ein Blitz durchzuckte mich der Gedanke, daß die Dinge in diesem Leben wie Traumgebilde sind: sie lösen sich sehr leicht auf. Da erkannte ich, daß die wahre Natur der Dinge ihren Wert in dem Wesen des Nichtseins hat.

König Lysimachos wurde infolge von Hunger und Durst gezwungen, sich zu ergeben, als die Skythen ihn umzingelt hatten. Nachdem er gegessen hatte, rief er aus: »Wie kurz war das Vergnügen, für das ich Leben und Freiheit opferte!« Genauso erkannte ich in jenem Bruchteil einer Sekunde, daß die Seele dazu neigt, vom Körper angezogen zu werden, und dabei ihren großen Partner, Gott, vernachlässigt, der uns mit ewiger Liebe liebt.

In jenem Augenblick schritt ich hinüber in den Zustand, in dem ich die Wahrheit über den relativen Wert der Dinge lebte, anstatt sie nur zu kennen. Was ich in meinem menschlichen Dasein liebe, ist vergänglich, und ich muß es eines Tages hinter mir zurücklassen. Aber das göttliche Wesen, von dem ich durch Jesus einen Teil empfangen habe, ist ewig. Ich erlebte die Wirklichkeit dessen selbst, und für mich würde das Licht nie ausgelöscht werden.

Die Worte der Schrift: »Ihr seid Götter« (Psalm 82, 6) wurden für mich Wirklichkeit.

Licht stellt auch eine gewisse Masse dar: wenn Licht auf einen Teller fällt, übt es eine gewisse Kraft auf ihn aus. Sonnenstrahlen bringen die Masse der Sonne mit sich: das Licht ist kein substanzloser Bote der Sonne, sondern ein Teil der Sonne selbst, die zu uns kommt. In derselben Weise sind wir in mancherlei Hinsicht nicht nur Herolde von Gottes Licht, sondern Gott selbst; in demütiger Form sind wir göttliche Funken, die über die Welt verstreut sind, um Licht zu spenden.

Seither hat mich diese Überzeugung von der Majestät der Kinder Gottes nie wieder verlassen.

Ich dachte wie die ersten Christen, von denen uns der Ausspruch überliefert wurde: »Wer einen Bruder sieht, der sieht Gott!« Wenn ich an Jesus dachte, dachte ich nicht mehr an Ihn aus den Versen der Bibel. Ich betrat eine Wirklichkeit, in der Seine Majestät sichtbar war. Solange es Juden gibt, wird Jesus ihr König sein, ob sie Ihn anerkennen oder nicht.

Bei anderen Brüdern und Schwestern hatte dieses Erlebnis einen anderen Ausgangspunkt; aber viele wurden durch den Geist zu neuem Glauben erhoben.

Ein katholischer Priester, der eine unserer Zusammenkünfte besuchte, sagte: »Ich habe einen Abend unter den ersten Christen verbracht.«

Unsere gemeinsamen Gespräche bei unseren Zusammenkünften nahmen eine neue Wendung. Wir sprachen nicht mehr über Gott, sondern aus Gott.

Jesus erschien mir jetzt in einem neuen Licht. Die Opfer im jüdischen Tempel wurden von Feuer verzehrt. Das Opfer Jesu wurde auch von Feuer verzehrt, aber vom Feuer der Liebe, das uns eins mit Ihm machte. Feuer verwandelt alles in Flammen. Auf diese Weise hörte Sein Opfer auf, ein Opfer zu sein, das von einem Menschen für einen anderen dargebracht wurde. Wir sind in Jesus Christus. Als seine Auserwählten waren wir auch in Ihm, als Er am Kreuz hing.

Wenn wir Sein Kreuz betrachteten, dachten wir nicht mehr an den Nutzen, den unsere Seelen aus Seinem Leiden ziehen konnten, denn dann wären wir wie die Soldaten gewesen, die Seine Kleidung unter sich aufteilten. Einem so guten Heiland folgte das Heil ganz von selbst.

Wir stellten uns eine andere Frage: Aus welchem Grund ließ Er sich kreuzigen, damit auch wir uns dafür opfern könnten und »das an meinem Fleisch erstatte, was noch mangelt an den Trübsalen Christi?« (Kolosser 1, 24) Mit anderen Worten, wie können wir für Seinen Dienst eine ganze Heerschar von liebenden Nachfolgern anwerben, die zu leiden bereit sind?

Von nun an brannte ein Feuer in uns, wie in den Jüngern auf dem Wege nach Emmaus. Ein indisches Sprichwort sagt: »Schneeflocken können nicht auf einen heißen Herd fallen.« So konnte die Kälte dieser Welt uns nichts mehr anhaben, obwohl wir schlimme Zeiten durchmachen mußten.

Wir versuchten, die Liebe nicht mit Gefühlsduselei zu vergeuden, sondern bemühten uns vielmehr, sie in einer Weise zu bezeugen, die der Heilige Franziskus von Sales so schön »die Verzückung der Taten« nannte.

Die religiöse Meditation wurde jetzt noch stärker betont. Wir wußten, daß die Zeit, die man mit Meditieren verbringt, nicht vergeudet ist.

Schließlich ist es besser, einen ganzen Tag nachzudenken, als eine ganze Woche lang umsonst zu arbeiten.

Im höchsten Augenblick der Glückseligkeit wurden der Gegenstand der Meditation, die Meditation selbst und der Meditierende eins, so daß die Meditation keine bewußte Handlung mehr war.

Gott wirkte dabei in den unergründlichen Tiefen der Seele, die nie die Oberfläche unseres Bewußtseins erreichen.

Wer ein solches Erlebnis gehabt hat, wird oft gefragt: »Sündigen Sie nun nicht mehr?«

In unserer Gemeinde wurden immer noch schwere Sünden begangen; auch ich beging große Sünden, selbst nachdem ich mehrere mystische Erlebnisse gehabt hatte. Ich werde dies nicht erklären, denn dazu bin ich ein viel zu geringer Mensch. Statt dessen will ich Meister Eckart zu Wort kommen lassen: »Eine begangene Sünde ist keine Sünde, wenn wir sie bereuen... Wer sich wahrhaftig dem Willen Gottes unterworfen hat, braucht nicht einmal zu wünschen, daß er der Sünde nicht begegnet wäre, in die er gefallen ist. Natürlich nicht in dem Ausmaß, in dem die Sünde gegen Gott gerichtet ist, sondern deshalb, weil wir durch sie zu noch größerer Liebe verpflichtet sind und niedergeworfen und gedemütigt werden... Wenn aber ein Mensch aufsteht und seine Sünden völlig abwirft, wird der treue Gott ihn mit Sicherheit so behandeln, als sei er nie der Sünde verfallen, und Er wird ihn auch nicht einen Augenblick lang für seine Sünden bestrafen. Und wären seine Sünden so zahlreich wie die der gesamten Menschheit, Gott wird ihn nie bestrafen, und sein Verhältnis zu Gott wird so innig sein, wie Gott es je zu einem Menschen gehabt hat. Wenn der Mensch bereit ist, das jetzt zu tun, wird Gott nicht mehr an Vergangenes denken. Gott ist der Gott der Gegenwart. Er ist bereit, Sie zu empfangen, wie Sie heute sind. So empfängt er Sie also nicht als den Menschen, der Sie gewesen sind, sondern als den Menschen, der Sie jetzt sind.«

In diesem Grundsatz liegt keine Gefahr, vorausgesetzt, daß wir nicht Luthers Schlußfolgerung *»Peccator fortiter«* — Sündigt viel daraus ziehen!

Der Heilige Geist Gottes erinnerte mich andererseits daran, daß ich zu einer Zeit, als ich eine hohe Stellung bei einer gewissen Firma innehatte, oft falsch gehandelt hatte. Aber der Teufel hinderte mich daran, reinen Tisch zu machen. Als ich meinen früheren Chef besuchen ging, um zu beichten, fand ich ihn in verzagter Stimmung. Er begrüßte mich mit den Worten: »Sie waren der einzige ehrliche Angestellte, den ich je hatte. Heute hat man mir gesagt, daß einer meiner vertraulichen Büroangestellten mir einen hohen Geldbetrag gestohlen hat.« Dieser Mann hatte einen schweren Schlag versetzt bekommen, und es war offensichtlich nicht der richtige Augenblick, ihm von meiner früheren Unehrlichkeit zu erzählen. Mir war jedoch sehr daran gelegen, diese Last von meinem Gewissen zu wälzen. Einige Tage später schrieb ich ein Geständnis und bot ihm an, Stück für Stück zurückzugeben, was ich unehrlich entwendet hatte.

Er weigerte sich nicht nur, das Geld anzunehmen, sondern erzählte den einflußreichen jüdischen Millionären, mit denen er befreundet war, von meiner Bekehrung. Er wurde Christ — gemeinsam mit seiner Frau und seinem Sohn. Den ganzen Krieg hindurch war ich in der Lage, meine ganze Kraft der Verbreitung des Evangeliums zu widmen, weil er sowie eine Reihe anderer Leute veranlaßt hatten, daß mir monatlich eine bescheidene Summe zur Verfügung gestellt wurde.

4

DIE FASCHISTISCHE PERIODE

Die Verfolgung beginnt

Als uns der alte Pastor Adeney verließ, trat ein junger Mann, Pastor Stevens, an seine Stelle. Sowohl er als auch seine Frau waren Christen, die ein sehr untadeliges Leben führten und das Licht um sich verbreiten wollten. Ihre Lebensführung bezeugte jenes einwandfreie Christentum, das in England üblich, in unserem Teil der Welt jedoch, in dem selbst Leute, die bekehrt worden sind, sich Dinge erlaubten, die in der westlichen Welt als eines Christen unwürdig bezeichnet worden wären, unbekannt war. Ihre Ehrlichkeit und Offenheit gaben uns oft Grund zum Nachdenken. Auch heute gehört ihnen unsere Dankbarkeit. Sie verließen uns; es sollte nur ein kurzer Urlaub sein. Aber sie konnten nicht mehr zurückkehren: Rumänien war von einer Bande antisemitischer Fanatiker überrannt worden, deren Hände mit sehr viel jüdischem Blut befleckt waren. Sie nannten sich die Legionäre.

Zu jener Zeit war ein junger Pfarrer namens Roger Allison Oberhaupt der Anglikanisch-jüdischen Mission; ein Mann, an den wir uns alle wegen seiner großen Bescheidenheit erinnerten. Der Demütige ist stark im Herrn: indem er sich zum Nichts erniedrigt, stellt der demütige und mit Gott verbundene Mensch nicht zweierlei Wesen dar, sondern ein einziges.

In der Zeit, in der er unser Hirte war, wuchs unsere kleine Gemeinde beträchtlich. Doch wir befanden uns auch in großer Gefahr. Wenn wir in die Stadt gingen, wußten wir nie, ob wir zurückkehren würden. Die Legionäre jagten die Juden auf den Straßen und verhafteten sie aufgrund irgendwelcher erfundener Anschuldigungen. Mehrmals war ich nur eine Handbreit vom Tod entfernt.

Ich möchte in diesem Zusammenhang zwei Episoden wiedergeben:

Eines Sonntagnachmittags saß ich in meiner Wohnung. In der Kirche fand gerade eine Zusammenkunft junger Leute statt. Plötzlich stürzte ein junger Mann atemlos in mein Zimmer und rief: »Kommen Sie sofort zur Kirche! Ein furchtbarer Aufruhr ist im Gange!«

Als ich die Kirche betrat, sah ich zwei junge Männer. Einer, den ich sogleich als Juden erkannte, rief gerade: »Jüdische Brüder! Laßt uns aufbrechen nach Rußland! Dort werden wir Freude und Freiheit finden! Gemeinsam mit der siegreichen sowjetischen Armee werden wir zurückkommen und die Faschisten stürzen!«

Die Russen hatten Bessarabien — bis dahin eine Provinz auf rumänischem Boden — besetzt, und die Juden flohen *en masse* wegen der antisemitischen Verfolgung. Aber die rumänische Regierung war zu dieser Zeit noch faschistisch; derartige Reden in unserer Kirche konnten Verhaftungen zur Folge haben. Es bestand sogar die Möglichkeit, daß sehr viele Menschen umgebracht würden.

Ich versuchte, den beiden jungen Männern Einhalt zu gebieten, aber das erwies sich als unmöglich. Sie griffen mich an und schrien: »Sie sind ein Verräter der Juden! Sie sind auf der Seite der Faschisten!« Es war mir unmöglich, die Polizei zu rufen, um dem Aufruhr ein Ende zu machen, denn das hätte bedeutet, die beiden jungen Männer anzuzeigen und sie dem sicheren Tod auszuliefern. Also brach ich die Zusammenkunft ab und bat alle, die Kirche zu verlassen und nach Hause zu gehen und unterwegs mit niemandem zu sprechen. Sie gehorchten meiner Aufforderung.

Am folgenden Sonntag wiederholte sich diese Szene. Ich war ratlos und dachte daran, die Kirche zu schließen.

In jenen Tagen war in der Hauptstadt ein Faschist getötet worden. Keiner wußte, wer ihn umgebracht hatte, aber die Juden fürchteten, man würde ihnen die Schuld zuschieben und hatten Angst vor Vergeltungsmaßnahmen.

Eines Abends saß ich zu Hause, als mich die beiden jungen Männer, die für die Unruhen in der Kirche verantwortlich waren, besuchten. »Wir haben etwas auf dem Gewissen, das wir Ihnen beichten möchten.« »Bitte«, sagte ich.

Dann erzählten sie mir, daß sie den Faschisten umgebracht hätten. Ich rief unwillkürlich aus: »Wie konnten Sie ein solches Verbrechen begehen? Ist es Ihnen nicht in den Sinn gekommen, daß dieser Mann eine Mutter oder eine Frau hatte?« Sie antworteten: »Er verdiente es, getötet zu werden, weil er ein Faschist war.« Ich erwiderte ihnen: »Ich kann verstehen, wenn Sie zu mir kommen, um Rat zu suchen, wenn das Verbrechen, das Sie begangen haben, Sie bedrückt. Wenn Sie aber stolz auf diese Tat sind, kann ich nichts für Sie tun. Da Sie mir aber nun erzählt haben, was Sie getan haben, wiederhole ich: Sie haben ein Verbrechen begangen. Ein Faschist ist auch ein Mensch und muß als solcher geachtet werden. Wenn er unser Feind ist, müssen wir seinen Haß mit Liebe vergelten, nicht aber ihn umbringen.«

Daraufhin gingen sie fort.

Nachdem die faschistische Clique, die Legionäre, von General Antonescu gestürzt worden war, besuchte mich einer der jungen Männer, und zwar der mit dem jüdischen Gesicht, noch einmal.

»Ich muß Ihnen erzählen, wie Sie dem sicheren Tod entronnen sind«, sagte er. »Ich bin ein junger Kommunist und wurde von der Polizei der Legionäre gefangengenommen, als ich illegale Flugblätter verteilte. Ich wurde gefoltert, und um weiteren Unannehmlichkeiten zu entgehen, erklärte ich mich bereit, für die Legionäre als »*agent provocateur*« zu arbeiten. Der andere Mann, der bei mir war, war einer ihrer Kommissare. Dem Plan zufolge würde er vorgeben, Jude zu sein, und ich sollte mit ihm die Runde machen, Synagogen, zionistische Organisationen oder sonstige jüdische Versammlungsorte besuchen, prokommunistische Diskussionen anfangen und dabei die Legionäre so viel wie möglich beschimpfen. Jeder ,

der auf diesen Trick hereinfiele und mir zustimmte, würde dann von der faschistischen Polizei verhaftet und geschlagen werden. Als »*agent provocateur*« kam ich in Ihre Gemeinde und besuchte Sie zu Hause, um einen Mord zu gestehen, den wir nicht begangen hatten. Als wir Ihr Haus verließen, rief der Legionärs-Kommissar aus: ‚Nie hätte ich geglaubt, daß ich von einem Juden hören würde, man solle die Faschisten lieben!'«

So hatte mich eine Antwort, die sich auf die Lehre Jesu gründete, derzufolge wir unsere Feinde lieben sollen, vor dem sicheren Tod bewahrt. Und das war nicht das einzige Mal.

Wir standen vor dem Problem, wie unsere Gemeinde von der Legionärsführung anerkannt werden könnte, weil sie die alten Genehmigungen nicht gelten ließ. Aber wie sollten wir eine neue bekommen? Der bloße Versuch, ein öffentliches Gebäude zu betreten, um einen derartigen Antrag zu stellen, war für Juden bereits gefährlich.

Schließlich beschlossen Herr Allison und ich, einen Priester aufzusuchen, der Mitglied der Legionäre war und zum Inspektor im Kultusministerium ernannt worden war. Wir gingen zu ihm nach Hause, trafen ihn dort aber nicht an. Seine Frau bat uns, auf ihn zu warten. Ständig gingen Antisemiten in dem Haus aus und ein mit dem Gruß: »Lang lebe die Legion und ihr Hauptmann!« Wenn sie gewußt hätten, wer wir waren, hätten sie uns in Stücke gerissen.

Endlich erschien der Priester. Als er meinen deutschklingenden Namen hörte, war er sehr lie-

benswürdig und fragte uns mit großer Zuvorkommenheit nach unserem Anliegen. Seine Überraschung war groß, als ich zu ihm sagte: »Ich bin ein Jude, der an Jesus glaubt, und vertrete eine Gemeinde ähnlich denkender Juden. Wir sind hier, weil wir Sie um zwei Dinge bitten wollen. Erstens möchten wir nicht, daß bei uns eine Ausnahme gemacht wird, wenn antisemitische Maßnahmen eingeleitet werden — ob es sich dabei nun um Beschlagnahmung von Eigentum, Deportation oder Tod handelt. Ich möchte nicht, daß unser christlicher Glaube uns materielle Vorteile bringt. Zweitens sind die Synagogen frei tätig; auch wir möchten das Recht haben, unsere Form des Gottesdienstes ohne Beeinträchtigung auszuüben.«
Der Priester, der für sein aufbrausendes Wesen bekannt war — einmal hatte er an der Spitze einer Gruppe von Faschisten mit der Axt ein baptistisches Gebetshaus in seinem Distrikt demoliert —brach in Gelächter aus und schüttelte sich vor Vergnügen. »So etwas wie christliche Juden gibt es nicht«, sagte er. »Der alte Metropolit Pimen taufte einmal im Winter einen Juden im Bahlui-Fluß. Man mußte ein Loch in das Eis schlagen, und als der Metropolit den Juden zum dritten Mal ins Wasser tauchte (das ist der griechisch-orthodoxe Brauch), entglitt er seiner Hand, geriet unter das Eis und verschwand. Da rief der Metropolit aus: ,Das ist der einzige Jude, der getauft worden ist und als Christ starb!' Die anderen Juden taufen nur ihre Haut und führen ein unchristliches Leben. So glaube ich auch nicht, daß Sie Christen

im biblischen Sinne sind.«

Ich erwiderte: »Sie machen uns zu Recht Vorwürfe. Es ist anmaßend, wenn ein Mensch erklärt, er sei Christ. Denn es steht geschrieben, daß derjenige, der sagt, er sei in Christus Jesus, auch wie Jesus leben muß. Wir haben versucht, das zu tun, aber noch haben wir keine großen Fortschritte gemacht. Deshalb sind wir nicht böse, wenn uns wirkliche Christen, sozusagen Jesusse in Kleinformat, die Fehler vorhalten, die wir in unserem Leben machen. Aber wir bitten Sie, uns eine Chance zu geben, und wir werden unser Bestes tun!«

Er beleidigte und verspottete uns noch lange, aber wir antworteten, indem wir unsere Sündhaftigkeit demütig eingestanden und uns nicht verteidigten. Unsere Antwort war immer die gleiche: »Ja, es ist so, wie Sie sagen; wir sind böse, verachtenswerte Heuchler. Aber wir besitzen einen Glauben, der uns von der Sünde erlösen wird. Wir sind Lügner, aber unser Glaube ist der wahre Glaube. Geben Sie uns Gelegenheit, es zu beweisen!«

Ich dachte an ein schönes Ereignis in den patristischen Schriften: Von Vater Agathon wurde erzählt, daß sehr viele Menschen zu ihm kamen, weil er in dem Ruf stand, ein guter Mensch zu sein. Manche versuchten, ihn zu erzürnen und sagten: »Sind Sie Avva Agathon? Wir haben gehört, Sie seien ein Ehebrecher und hochmütiger Mensch.« Und er antwortete: »Das ist wahr, so ist es.« Und sie sagten zu ihm: »Sind sie der Agathon, der schlecht über andere spricht?« Und er entgegnete:

»Der bin ich.« Und sie fragten wieder: »Sind sie Agathon, der Ketzer?« Da antwortete er: »Ich bin kein Ketzer.« Daraufhin baten sie ihn: »Sagen Sie uns doch, warum Sie alles zugegeben haben, was wir Ihnen vorwarfen, aber nicht eingestehen wollten, daß Sie ein Ketzer sind?« Er erklärte ihnen: »Eure ersten Beschuldigungen habe ich akzeptiert, weil das für meine Seele nützlich ist. Das Wort »Ketzer« aber bedeutet Trennung von Gott, und ich möchte nicht von Ihm getrennt sein.« Als sie dies hörten, staunten sie über seine Aufrichtigkeit und gingen erhobenen Sinnes von ihm fort.

Es ist eines Christen nicht würdig, sich gegen Anschuldigungen zu verteidigen. Weder Joseph im Alten Testament noch die Jungfrau Maria verteidigten sich, als man sie irgendwelcher Taten beschuldigte, die sie nicht begangen hatten. Haltet euren Frieden, und Gott wird euch verteidigen! Der spätere Verlauf der Ereignisse wird euch rechtfertigen.

Als der Priester weiterhin Beleidigungen auf uns herabprasseln ließ, beantworteten wir seine Anschuldigungen gegen die christlichen Juden damit, daß wir einräumten, seine Behauptungen könnten wahr sein — unseren Glauben aber verteidigten wir. Daraufhin änderte der Priester plötzlich seinen drohenden Ton und sagte: »Ich habe euch bewußt geprüft und festgestellt, daß ihr würdiger seid, die Bezeichnung christlich zu tragen, als wir es sind. Ich erwarte Sie morgen in aller Frühe im Ministerium, und Sie werden die Genehmigung zur Fortsetzung Ihrer Arbeit bekommen.«

Am folgenden Tag empfing er mich in seinem Büro wie einen Bruder und gab mir die Genehmigung, die zu bekommen ich nie zu träumen gewagt hatte.

Bald danach erlebten wir die blutigen Tage, als die Legionäre mit ihrem Freund General Antonescu Streit anfingen und die Juden die Rechnung dafür zahlen mußten.

Manche Leute fragen sich, ob es den Teufel wirklich gibt: die furchtbaren Kapitel in der Geschichte der Menschheit sind der beste Beweis dafür. Wenn ein Arzt Schwäche, Untertemperatur, Husten, Auswurf und seltsame Geräusche in der Lunge feststellt, besteht für ihn kein Zweifel mehr. Diese Krankheit wird von einer unsichtbaren Kraft verursacht, von den von Koch entdeckten Mikroben.

Und wenn ich sehe, wie sich das Elend auf dieser Welt ausbreitet, die von Gott mit all Seinen guten Gaben gesegnet worden ist, dann vermute ich, daß hier eine unsichtbare Kraft — der Teufel — gegenwärtig ist:

Jüdisches Blut war eine wertlose Ware. Die Juden wurden eingesammelt, wo immer man sie finden konnte, in die Wälder oder ins Schlachthaus gebracht und getötet.

Doch wie dem auch sei — die Regierung der Legionäre wurde gestürzt, und nun waren die Legionäre an der Reihe, verhaftet und umgebracht zu werden. Jetzt war unsere kleine christlich-jüdische Gemeinde in der Lage, den Familien der verhafteten Antisemiten zu helfen. Eine Familie, die sich in großer Not befand, stand unmittelbar vor dem Selbstmord, als es uns gelang, ihr zu Hilfe zu kommen.

Die Juden haben uns oft vorgeworfen, wir würden unsere Liebe auch auf die Feinde der Juden ausdehnen. Ihnen möchten wir mit einer weiteren Geschichte aus dem Leben der Juden antworten:

Als der Rabbiner Susia aus Anipole noch ein unbekannter Mann war, pflegte ihn ein Jude vom Lande zu besuchen und brachte ihm Geschenke. Der Wohlstand dieses Juden wuchs von Jahr zu Jahr.

Als er wieder einmal nach Anipole kam, traf er den Rabbiner nicht zu Hause an. Als er sich erkundigte, wo der Rabbiner denn sei, wurde ihm gesagt: »Er ist nach Meserici gegangen, um seinen großen Meister zu besuchen.«

Der Jude dachte bei sich: »Das Beste für mich wäre, wenn ich diesen berühmten Lehrer selbst aufsuchte. Dann könnte ich den Segen von einem Größeren erhalten als vom Rabbiner Susia.« So machte er sich denn auf nach Meserici, gab dem Lehrer ein Geschenk und erhielt seinen Segen. Aber von diesem Tage an verließ ihn und sein Haus das Glück: sein Vermögen wurde allmählich weniger, seine Geschäfte gingen immer schlechter, und schließlich starrte ihm die nackte Armut ins Gesicht.

In seiner Not ging er zum Rabbiner Susia und erzählte ihm alles. Da antwortete der Rabbiner: »Unsere Weisen haben gesagt, daß Gott in dem gleichen Maß belohnt, in dem wir geben. Du mußt wissen, daß, solange du nicht wählerisch warst und dem armen Susia geholfen hast, Gott dir dasselbe gab und dich reich machte. Aber sobald du anfingst, eine gewisse Vorliebe zu entwickeln, und dem großen Mann ein Geschenk brachtest, wurde auch Gott wählerisch und reichte Seine Hilfe jemandem, der würdiger war als du.«

Wir dürfen bei unseren guten Taten nicht wählerisch sein. Auch der Feind, den wir besiegt haben, muß unsere Hilfe erhalten. Aber solange ein Feind an der Macht ist, wäre jegliche ihm gebotene Unterstützung falsch, weil sie uns zu seinen Helfershelfern machen würde.

Selbstverständlich schulden wir einem jeden christlichen Liebe: als christliche Juden müssen wir lernen, leidenden und besiegten Antisemiten mit Menschlichkeit zu begegnen, und zwar mit Taten und nicht nur mit leeren Worten.

»Was muß ich tun, um gerettet zu werden?«

Unter Antonescu war nun eine andere antisemitische Regierung an der Macht. Unsere Genehmigung für die Abhaltung von Gottesdiensten, die die Legionäre erteilt hatten, galt nicht mehr. Als England seine diplomatischen Beziehungen zu Rumänien abbrach, mußten der englische Pastor und alle Lehrer das Land verlassen. Die Englische Kirchenmission wurde aufgelöst. Die Gebäude, die der Mission gehört hatten, waren von einem Deutschen verwaltet worden. Er schloß das Versammlungsgebäude und warf uns aus unserer Wohnung.

Unsere kleine Gemeinde, die nun aus etwa hundert erwachsenen Mitgliedern bestand, war ohne einen Hirten, der sich der kleinen Herde bekehrter Juden angenommen hätte.

Das Oberhaupt der lutherischen Kirche war ein nationalsozialistischer Bischof, der sich aufgrund einer Predigt, in der er erklärte, die Menschheit habe drei große Vorbilder — Jesus, Beethoven und Hitler — einen etwas berüchtigten Ruf erworben hatte. Allerdings räumte er ein, daß Christus bedeutender als Hitler sei. In Übereinstimmung mit den Gedanken in seiner idiotischen Predigt grüßte er mit »Heil Hitler« anstatt den alten Gruß »Gelobt sei Jesus Christus« zu benutzen.

Auch Baptisten, Pfingstler und Adventisten wurden verfolgt. Die griechisch-orthodoxen Priester hatten General Antonescu überredet, ihre Gemeinden aufzulösen und ihre Versammlungshäuser zu beschlagnahmen. Viele dieser Gebäude wurden in Tanzsäle und Kinos umfunktioniert.

Hunderte von Brüdern, die diesen Gemeinden angehörten, wurden zu mindestens zwanzig Jahren Gefängnis verurteilt, und das zu einer Zeit, zu der uns gesagt wurde, das Land führe einen heiligen Kreuzzug gegen den bolschewistischen Atheismus. Die Hauptanklage gegen all diese religiösen Gruppen bestand darin, daß sie jüdisch geworden seien. Die Oberhäupter der Baptistengemeinde flehten uns an: »Kommt bitte nicht zu uns! Wenn wir eine große Gruppe von Juden aufnehmen, wird man uns nur noch schlimmer verfolgen.«

Unter den griechisch-orthodoxen Priestern und

ihrer Hierarchie hatte ich einige treue Freunde. Einer von ihnen veröffentlichte meine Artikel zu einer Zeit, als der Antisemitismus seinen Höhepunkt erreicht hatte. Der Patriarch Nikodim persönlich setzte sich für uns ein. Der alte Archimandrit (Klostervorsteher in der Ostkirche) Scriban verteidigte uns unermüdlich und das gleiche traf auch auf andere zu. Aber die Mehrzahl der griechisch-orthodoxen Priester war antisemitisch eingestellt. In ihren Kirchen wurden Predigten gehalten, deren Ziel es war, die Bevölkerung gegen die Juden aufzuhetzen.

Der »Wandernde Jude« findet auf dieser Erde keinen Ruheplatz; auch die christlichen Juden konnten ihre Häupter innerhalb der christlichen Kirchen nicht zur Ruhe legen. Im Laufe der Zeit waren wir gezwungen, diese Situation zu akzeptieren und den Antisemitismus als ein Kreuz zu betrachten, das getragen werden mußte — geduldig, froh und ohne Murren.

Nichts verherrlicht Gott mehr als das Tragen des Kreuzes; außerdem lehrt uns das Kreuz mehr als die Bibel. Thomas Müntzer sagt, durch das Kreuz lerne man auch den bitteren Christus kennen und nicht nur den angenehmen.

Wir konnten uns nicht entscheiden, welcher Konfession wir uns anschließen sollten. Wir waren gezwungen, die Gastfreundschaft anzunehmen, die man uns anbot. Außerdem waren wir nicht an konfessionellen Konflikten interessiert. Die schwedische und norwegische Israelmission, die lutherisch war, gab uns ihren Schutz und ihren

Namen. Dafür waren wir dankbar.

Und nun mußten wir das Problem lösen, wie wir eine Genehmigung für das Abhalten von Versammlungen in unserer Kirche bekommen konnten.

Ich schickte Herrn Sandu, dem Chef des Ministeriums für kirchliche Angelegenheiten, meine Visitenkarte. Dank meines deutschen Namens wurde ich vorgelassen und ging ebenso vor wie bei meinem Interview mit dem Legionspriester einige Monate zuvor: ich gab der Hoffnung Ausdruck, daß man zu unseren Gunsten keine Ausnahme machen werde, wenn antisemitische Maßnahmen ergriffen würden, doch daß wir bis dahin die Erlaubnis bekommen wollten, unsere Religion auszuüben — genauso wie die mosaischen Juden.

Der Minister versuchte mich zu übergehen und schlug mir vor, ich sollte mit dem Leiter für Minderheitsreligionen, dem Pfarrer X. sprechen. Ich erzählte ihm, ich sei gerade bei Pfarrer X. gewesen, hätte ihn aber nicht gesprochen. Ich hatte in seinem Vorzimmer auf eine Gelegenheit gewartet, mit ihm zu reden; da hörte ich, wie er seinen Diener zum Teufel schickte, weil dieser ihm eine andere Zigarettensorte als die gewünschte gebracht hatte. »Er schickte die Leute zum Teufel, und ich bringe sie zu Gott«, fuhr ich fort. »Wir können einander nicht verstehen. Ich möchte nicht mit ihm sprechen.« Der Minister antwortete: »Die Deutschen sind in unserem Land. Wir können den Juden eine solche Genehmigung nicht geben.« Ich erwiderte: »Exzellenz, dann werde ich meinen Antrag zurückziehen. Wir werden dennoch weiterhin Versammlungen abhalten — auf eigene Gefahr. Doch bevor ich gehe, möchte ich Ihnen gerne etwas sagen. Priester aller Konfessionen kommen zu Ihnen, um sich bei Ihnen Hilfe für ihre Verwaltungsprobleme zu holen. Ich frage mich, ob ein einziger von diesen Menschen mit Ihnen über Ihre Seele gesprochen hat. Der Tag wird kommen, an dem wir keine Staatsminister, Geistliche oder sonst etwas mehr sein werden; alle werden wir nackt und zitternd vor dem Thron Gottes stehen. Dann haben wir unsere Taten zu verantworten. Bedenken Sie also, wofür Sie zur Verantwortung gezogen werden könnten, weil Sie es ablehnten, Christen zu helfen, sich friedlich zur Anbetung Jesu zu versammeln.«

In diesem Augenblick hatte mir Gott alle Urteilskraft genommen, so daß ich völlig vergaß, daß ich ein Jude war — ohne Rechte, in einer antisemitischen Umgebung, im Büro eines Staatsministers. Er brauchte nur zu klingeln, und man hätte mich verhaftet und ich wäre spurlos verschwunden.

Aber der Herr verlieh meinen schwachen Worten Macht. Der Minister wurde nicht wütend; im Gegenteil, ich wurde Zeuge einer Szene, die man mit einer Begebenheit aus der Bibel vergleichen könnte: der Minister stand auf und stellte mir —dem Juden — von Angesicht zu Angesicht die Frage: »Aber was muß ich tun, damit ich gerettet werde?« Jetzt konnte ich mit ihm über Jesus sprechen.

Von da an war er unser Freund und Beschützer. Ein Jude, der an Jesus glaubte, hatte einen antisemitischen Dorn aus dem Fleisch eines Staatsministers in einer antisemitischen Regierung gezogen.

Der berühmte christlich-jüdische Dichter Franz Werfel berichtet, daß die deutschen Truppen im Jahre 1938 in einem österreichischen Dorf alle Juden einsammelten, um sie zu deportieren. Ein christlicher Kaplan, der nicht bereit war, sie zu verlassen, ging mit ihnen. Unterwegs hatte ein Offizier der Braunhemden einen teuflischen Einfall. Er stahl ein Kreuz von einem Friedhof und machte daraus ein Hakenkreuz. Er legte das Hakenkreuz einem alten Rabbiner in die Hände und befahl ihm, das gotteslästerliche Symbol zu küssen. Der Rabbiner entfernte die Haken vom Kreuz und reichte es dem Kaplan. Da traf eine Kugel den Juden, der dem Kreuz seine ursprüngliche Form wiedergegeben hatte.

Gott hat bei vielen Gelegenheiten für solche Zwecke Juden gebraucht.

Jetzt hatten wir unsere Genehmigung wieder; aber auch das war von kurzer Dauer. Bald danach wurde ich zusammen mit meiner Frau und einer Gruppe christlicher Juden verhaftet. Eine Rumänin meldete sich dem diensthabenden Polizeioffizier und verlangte, zusammen mit den israelischen Brüdern verhaftet zu werden. Dieser Bitte wurde stattgegeben. Als wir wieder entlassen wurden, war der Minister durch einen anderen ersetzt worden, und man hatte unsere Genehmigung für ungültig erklärt.

Religiöse Untergrundbewegungen

In einem jeden Menschen, der wiedergeboren worden ist, lebt der Wunsch, sich von den Sorgen und Kümmernissen äußerer Dinge zurückzuziehen, den Sturm zu beruhigen, der manchmal sogar die Meditation stört, Frieden zu erlangen, sich über das Ich hinwegzuheben und ungestört an der Brust des Erlösers auszuruhen. Er wünscht sich nur, arm zu bleiben, ohne etwas anderes zu kennen oder zu begehren als seinen verborgenen Gott.

Aber noch sollte es uns nicht vergönnt sein, ein beschauliches Leben dieser Art zu führen: erst später konnte ich solche Freuden genießen, als ich viele Jahre im Gefängnis verbrachte.

Wir wurden nun in einem stürmischen Dasein hin- und hergeworfen, ohne dabei viel Zeit zu haben, den inneren Menschen zu stärken. Unsere Zusammenkünfte wurden verboten; wir trafen uns illegal in verschiedenen Häusern und riskierten dabei, zu bis zu zwanzig Jahren Gefängnis verurteilt zu werden. Manchmal trafen sich auf diese Weise bis zu hundert Angehörige unserer Gemeinschaft. Wir hatten ausgeklügelte Methoden der Geheimhaltung entwickelt.

Nur einmal wurden wir bei einer Zusammenkunft überrascht. Die Polizei hatte den Fehler gemacht, das Haus nicht zu umstellen, sondern sie kam unmittelbar durch den Hof und klopfte an die Haustür. Wir ließen sie eine Zeitlang warten, ehe wir öffneten. Nachdem wir die Tür geöffnet hatten, hielten wir die Beamten noch eine Weile am Eingang auf und fragten, wer sie seien und was sie wollten außerdem bestanden wir darauf, daß sie sich auswiesen. Als die Polizisten schließlich das Haus betraten, mußten sie feststellen, daß die ihnen zugegangene Meldung über eine illegale Zusammenkunft falsch war. Der Haushalt bestand lediglich aus Familienmitgliedern. Die Wohnung lag im Erdgeschoß, und alle Versammelten waren inzwischen aus dem Fenster gesprungen.

Die Polizei war wütend: sie war sich sicher, daß wir Zusammenkünfte abhielten, aber sie hatte keinen Beweis dafür. Letzten Endes hatte sie aber doch Glück und erhielt den gewünschten Beweis.

Gegen Ende wurden unsere Zusammenkünfte, die sogar das Interesse einiger Rumänen geweckt hatten, von einem Mann griechisch-orthodoxen Glaubens besucht, der vom Verkauf von Geflügel lebte, das er aus den sowjetischen Gebieten holte, die von unseren Truppen besetzt worden waren. Aufgrund seiner häufigen Reisen in diesen Landesteil schöpfte die Polizei Verdacht, die ihn eines Tages in ihre Direktion bestellte, wo man ihn nach dem Zweck seiner Reisen fragte.

Er antwortete: »Ich nehme an, Sie verdächtigen mich der Spionage. Doch Sie vergessen dabei meinen Beweis, daß ich Handel treibe. Dies ist der einzige Zweck meiner Reisen. Außerdem sollten Sie eigentlich wissen, daß sich bekehrte Christen nicht dazu erniedrigen, Spionage zu treiben. Ich bin ein Bekehrter: Sie brauchen nur Pfarrer Richard Wurmbrand zu fragen, und er wird Ihnen bestätigen, daß ich die Zusammenkünfte besuche, die er in verschiedenen Häusern abhält.«

Die Polizei vermutete nun nicht mehr Spionage; statt dessen wurde der Mann über unsere religiösen Versammlungen befragt. Unser Bruder hatte die Katze aus dem Sack gelassen und saß nun in der Falle. Die Polizei verbarg geschickt ihre wahre Absicht und gab vor, sie wolle die Namen derer, die an den Zusammenkünften teilnähmen, nur wissen, um sich zu vergewissern, ob der Händler wirklich ein Bekehrter sei und ob er jetzt vor allem nicht mehr der Spionage verdächtigt würde. Auf diese Weise erfuhren die Beamten sehr viele Namen.

Eines Nachts gegen elf Uhr war ich zu Bett gegangen und machte mir Notizen für eine Predigt gegen den Krieg, der damals gerade am heftigsten tobte. Plötzlich kam meine Frau wie gewöhnlich mit einem Lächeln ins Zimmer und sagte: »Die Polizei hat das Haus umstellt!« Ich konnte gerade noch meine Predigt in dem Papierberg verschwinden lassen, der auf einem Tisch neben dem Bett lag. Da drängte auch schon eine Gruppe von Polizisten ins Haus und erklärte, daß ich erneut verhaftet sei.

Ich zog mich rasch an und beeilte mich, das Haus zu verlassen, da eines unserer drei Zimmer bis zur Decke mit Kisten voll Lebensmitteln gestapelt war, die am nächsten Tag im Frauengefängnis verteilt werden sollten, im dem rund zweihundert weibliche Gläubige — Baptisten, Pfingstler und Adventisten — inhaftiert waren. (Wir hatten es uns zur Aufgabe gemacht, den gefangenen Brüdern zu helfen, da einige Oberhäupter der verschiedenen Konfessionen entweder nicht den Mut dazu hatten oder aber nicht über die notwendige Initiative verfügten. Als wir an sie mit dem Vorschlag herangetreten waren, daß man eine Hilfsaktion dieser Art organisieren sollte, hatten sie einen Rückzieher gemacht.) Wenn die Polizei diese Kisten gefunden hätte, wie hätten wir die Lage erklären können? Gefangenen zu helfen, war ein schwerwiegendes Vergehen. Außerdem hätten wir sagen müssen, woher das Geld dafür gekommen war. Wenn wir die Aussage verweigert hätten, für wen die Nahrungsmittel bestimmt waren, hätte man uns der Wirtschaftssabotage wegen Hamstern von Lebensmitteln anklagen können. Wir wären also auf jeden Fall bestraft worden. Gott verschloß jedoch die Augen der Polizisten, und sie betraten nie den Raum, in dem die Lebensmittel aufbewahrt wurden. Sie sammelten lediglich die Papiere auf dem Tisch ein und bündelten sie zusammen. Dann nahmen sie mich mit. In derselben Nacht verhafteten sie zehn weitere Gläubige, darunter auch ein junges Mädchen von erst sechzehn Jahren, das noch nicht bekehrt war, aber unsere Zusammenkünfte besucht hatte.

Als wir zum Polizeirevier kamen, begegneten wir dem Bruder, der für unsere Verhaftung verantwortlich war. Der Gedanke, daß er verursacht hatte, daß wir für viele Jahre ins Gefängnis mußten, ließ ihn ganz verzweifeln. Das erste, was wir taten, war, daß wir ihn trösteten und seine Niedergeschlagenheit zu zerstreuen suchten. Es gelang uns, und er ist bis zum heutigen Tag einer unserer

Brüder geblieben. Wir erzählten niemandem von seinem Fehler. Später sollte ich seine Trauung vollziehen.

Ein Polizeikommissar schlug das junge Mädchen, weil es, nach seiner Religion befragt, antwortete: »Ich liebe den Herrn Jesus, aber wie diese Religion heißt, weiß ich nicht.« Sie hätte möglicherweise keine bessere Antwort geben können.

Die Situation hätte tragisch enden können, wenn Gott nicht einen Mann geschickt hätte, der sich für uns einsetzte: es war der schwedische Botschafter in Rumänien, Patrick von Reuterswärde. Er war ein tiefreligiöser Mensch, der stets Gutes tat. Seine Tür stand immer offen für alle, die in Not waren oder verfolgt wurden — ganz gleich welcher Nation, Rasse, Schicht oder Konfession sie angehörten. Er half Juden, die man ungerecht behandelt hatte, genauso wie er später Deutschen half, die leiden mußten, als sich die Situation völlig änderte.

Die Schwedische Israelmission hatte uns in ihren Schutz genommen und auf diese Weise hatten wir seine Bekanntschaft gemacht. Sobald er hörte, daß wir verhaftet worden seien, setzte er sich für uns ein, obwohl er dadurch die diplomatischen Gepflogenheiten verletzte, da wir ja rumänische Staatsangehörige waren und er wirklich nicht berechtigt war, sich einzumischen. Trotzdem erwies sich seine Einmischung als erfolgreich.

Wir hatten auch das Glück, den Durst der Polizisten nach Bestechungsgeldern löschen zu können. Wir waren entschlossen, uns nicht mit Gewissensbisse herumzuplagen, weil wir Banditen und Erpressern unser Geld gaben. Denn wir konnten keinen Unterschied sehen zwischen einem Banditen und einem Polizisten, der uns wegen unseres Glaubens verfolgte und uns vor die Wahl stellte: »Geld her oder einige Jahre Gefängnis.« Aus Liebe zum Geld gab mir die Polizei auch meine Papiere zurück, und zwar ohne sie durchgesehen zu haben.

So verbrachten wir dieses Mal nur etwa vierzehn Tage hinter Gittern.

Als der Krieg seinen Höhepunkt erreicht hatte, und ich nicht nur als Jude, sondern auch als Prediger des Evangeliums verfolgt wurde, war es mir dennoch möglich, mehrere religiöse Bücher unter dem Pseudonym »Radu Valentin« zu veröffentlichen. Unter diesem Namen wurde ich auch bei rumänischen Gläubigen bekannt. Ich war zufällig auf einen Zensor gestoßen, der dem Trunk dermaßen verfallen war, daß er sogar bereit war, der Veröffentlichung eines Buches gegen den Alkohol zuzustimmen, vorausgesetzt, daß er für sein Entgegenkommen ein Faß Wein erhielte.

Pastor Magnus Solheim und seine Gattin
Pastor Solheim, der Leiter der Norwegischen Israelmission in Galatz, wurde ständig belästigt. Die Beamten pflegten nachts zu kommen und sein Haus zu durchsuchen. Unermüdlich besuchte er Juden in ihren Geschäften, Wohnungen und Lagern und predigte ihnen das Evangelium. Gleichzeitig leistete er ihnen seelischen und physischen

Beistand. Schließlich wurde seine Kirche aber doch von den Behörden geschlossen.

In seinem Eifer war Solheim ein vorbildlicher Missionar, der nie den Mut verlor, wenn die Juden ihm einen kühlen Empfang bereiteten und die Christen Verständnislosigkeit zeigten. Seine Frau Cilgia, eine Lehrerin aus der Schweiz, erwies sich als treue Helferin.

Ein Hauptmann in der Armee fragte ihn einmal: »Was für einen Sinn hat es, zu den Juden zu gehen und ihnen das Evangelium zu predigen? Man lacht doch nur über Sie.« Solheim entgegnete: »Was tun Sie, wenn Sie einen Befehl erhalten? Diskutieren Sie darüber oder führen Sie ihn aus?« »Ich führe ihn aus.« — »Und ich auch; Jesus, der Anführer des Christenheeres, hat uns befohlen, der ganzen Menschheit das Evangelium zu predigen. Ich führe lediglich Seinen Befehl aus. Das Ergebnis ist nicht meine, sondern Seine Sache.«

Seine Hingabe machte dort großen Eindruck, wo man es am wenigsten erwartet hätte. Hier wurde der Ausspruch des christlichen Märtyrers Ignatius Wirklichkeit: »Das Christentum ist keine Sache der Überzeugung, sondern der Größe«. Aus dem Tongefäß eines ergebenen Menschen glänzt ein Schatz in all seiner Schönheit und dieser Schatz zieht andere Menschen an.

Als Feinstein verhaftet wurde (damals wußten wir noch nicht, daß man ihn umgebracht hatte), überlegten wir, was wir für ihn tun könnten. Schließlich beschlossen wir, zu den Mördern zu gehen, um uns für ihr unschuldiges Opfer einzusetzen. Wir wollten zur deutschen Gesandtschaft. Die Hitlerbande regierte in Rumänien und feuerte ununterbrochen die Bevölkerung an, die Juden abzuschlachten. Unter diesen Umständen also machten sich ein christlicher Missionar und ein Jude auf den Weg zur deutschen Botschaft, um einem anderen Juden zu helfen. Wir wurden von einem gewissen Herrn Dietrich empfangen. Als er mit Solheim sprach, sagte er erstaunt: »Sie benötigen eine große Portion Idealismus, wenn Sie Ihr wunderbares Norwegen verlassen haben und nach Rumänien kommen, um jüdischen Geschäftsleuten zu predigen, die nur Geld und Vergnügen im Kopf haben.« Offensichtlich hatte Solheims Bittgesuch seine unverhohlene Bewunderung geweckt. Und da geschah ein Wunder: Hitlers treuer Diener versprach, alles in seiner Macht stehende zu tun, um Feinsteins Leben zu retten. Später konnten wir uns auf dem Polizeirevier in Jassy davon überzeugen, daß die deutsche Botschaft in dieser Sache tatsächlich mehrmals angerufen hatte. Aber es war zu spät. Feinstein war tot.

Die Last, die auf den Schultern eines Missionars liegt, der nicht selbst Jude ist, wiegt schwer. Denn in der Regel verhalten sich die Juden ihm gegenüber gleichgültig, ja sogar feindselig. Antisemiten machen sich über ihn lustig, und auch christliche Geistliche reagieren häufig mit Gleichgültigkeit. Außerdem wird er bitter enttäuscht, wenn er mit manchen christlichen Juden zu tun hat.

So ließen sich einige Juden in der falschen Hoffnung taufen, daß sie auf diese Weise der Verfolgung entgehen könnten; diese Leute waren hervorragende Schauspieler, hatten jedoch keinen wirklich tiefen Glauben. Ich erinnere mich, wie mich einmal ein rumänischer Bruder bat, gemeinsam mit ihm einige bekehrte Juden zu besuchen, die ich nicht kannte. Wir wurden sehr freundlich empfangen und unterhielten uns eine ganze Stunde lang voller Begeisterung. Wir knieten nieder und beteten. Ich war außerordentlich glücklich. Anschließend stand der rumänische Bruder auf und verabschiedete sich, weil er etwas zu besorgen hatte. Nachdem er gegangen war, fingen alle an zu lachen: »Der *Goi,* der Dummkopf! Er glaubt tatsächlich, wir seien Christen!« Sie waren überzeugt, daß auch ich nur geschauspielert hatte und ließen deshalb ihre wahren Gefühle erkennen.

Wenn man mit solchen Leuten konfrontiert wird, ist man geneigt, den Mut zu verlieren, obwohl man die Menschen verstehen kann, die die Taufe als eine reine Formalität und als ein Mittel betrachten, um sich vor dem Antisemitismus zu schützen.

Missionare, die unter Juden tätig sind, stoßen ständig auf Menschen, die sich aus Angst taufen ließen, einen Christen heiraten wollten oder die Tatsache aus ihrem Bewußtsein zu verdrängen suchten, daß sie Juden sind. Wir versuchten dieser Tendenz entgegenzuwirken, indem wir ständig den jüdischen Charakter unserer Gemeinde aufrechterhielten und unseren Mitgliedern nicht erlaubten, ihren jüdischen Namen zu ändern.

Aber auch mit den ernsthaft Bekehrten aus dem

Judaismus gibt es Schwierigkeiten. Die Bibel erklärt, daß unser Volk ein besonderes Volk ist: und tatsächlich gibt es etwas Besonderes bei den Juden, das ins Auge springt. So finden sie es schwer, sich einer fremden Umgebung anzupassen. Diesen besonderen Zug tragen sie auch mit in die Kirche hinein. Die Botschaft Jesu ist allumfassend und in alle Ewigkeit gültig. Der Apostel Paulus sagt, um die Welt zu gewinnen, wird er für die Juden zum Juden, für die Nichtjuden zum Nichtjuden, aber er »macht sich« nur zu dem einen oder anderen. In Wirklichkeit ist er in den Bereich der reinen Wahrheit hinübergetreten, wo es weder Juden noch Griechen gibt. Ebenso wie die Mathematik ist auch die Religion in der ganzen Welt die gleiche. Der einzige Unterschied liegt in der Sprache und Methode. Es wäre unmöglich, das Kind eines Buschmannes auf die gleiche Weise zu unterrichten wie das eines Skandinaviers.

Aber aus der bloßen Tatsache heraus, daß Jesus als Jude geboren wurde, glauben einige christliche Juden Ihm näher zu sein als ihre nichtjüdischen Brüder und neigen dazu, auf andere Christen herunterzuschauen und sie gönnerhaft zu behandeln. Der Glaube an den Juden Jesus wird lediglich zu einer anderen Art des jüdischen Chauvinismus, der genauso unerträglich ist wie jeder andere Chauvinismus. Daraus entwickeln sich oft versteckte oder offene Konflikte zwischen dem nichtjüdischen Missionar und gewissen christlichen Juden. Ein Zimmermann steht Jesus aber nicht näher als ein Schneider, bloß weil Jesus Zimmermann war; und auch ein Mann steht Ihm nicht näher als eine Frau, weil Er männlich war. Ebensowenig ist ein jüdischer Christ einem Nichtjuden überlegen, wenn er auch häufig Anspruch darauf erhebt.

Missionsarbeit unter Juden bietet eine geringe geistige Befriedigung und bringt die Missionare schnell ans Ende ihrer Kräfte. Dennoch arbeitete Solheim unter Mithilfe seiner großartigen Frau und vieler anderer dreißig Jahre lang an dieser Aufgabe.

Während des Krieges war Olga Olaussen, eine norwegische Diakonissin, unauffällig aber unter großen Schwierigkeiten in Jassy tätig. Ihr Vater, der Fischer gewesen war, wurde einmal während eines Sturms aus seinem Boot geschleudert. Stundenlang kämpfte er mit den Wellen. In seiner Not versprach er Gott, er werde seine Kinder der Missionsarbeit zuführen, wenn er gerettet würde. Dieses Versprechen hielt er. »Schwester Olga« widmete ihr ganzes Leben den Juden. Selbstlos pflegte sie die Kranken und zog Waisenkinder groß. Nach der Ermordung Feinsteins arbeitete sie allein mit einer Gruppe christlicher Mädchen, da alle Männer in der Gemeinde umgebracht worden waren. Sie erzog diese Seelen im Geist des Glaubens.

Ein einziges Mal wurde mir während des Krieges die Genehmigung erteilt, an einem Sonntag ihre Gemeinde zu besuchen. Ich fand dort eine kleine Gruppe, die nach dem Wort Gottes lechzte. Da ich wußte, daß ich mich hier nur einen

Tag aufhalten durfte, predigte ich elf Stunden lang — von acht Uhr früh bis acht Uhr abends; dazwischen gab es lediglich eine Stunde Mittagspause. Die ganzen elf Stunden lang waren die Augen und die Aufmerksamkeit der gesamten Gemeinde auf den Prediger gerichtet.

Nachdem ich nun über Pastor Solheim und Schwester Olga geschrieben habe, die der Norwegischen Israelmission angehören, wäre es vielleicht interessant, das Entstehen dieser Mission zu beschreiben.

In der ersten Hälfte des 19. Jahrhunderts war die Norwegisch-Lutherische Kirche sehr darum bemüht, das Evangelium unter den Heiden zu verbreiten. Eines Tages fragte eine Christin ihren Pastor: »Meinen Sie nicht, daß es jetzt Zeit ist, die Sonderaufgabe in Angriff zu nehmen und das Evangelium unter den Juden zu verbreiten?« Der Pastor erwiderte: »Nein. Gemäß der Bibel ist jetzt die Zeit der Heiden angebrochen. Israel ist abgelehnt worden.« Die Antwort brachte die Dame fast zum Weinen, doch sie blieb still und wartete ab.

Einige Monate später wandte sie sich erneut an den Pastor: »Ich möchte Sie gerne um Rat bitten. Verwandte von mir hatten einen einzigen Sohn, der sich aber so schlimm aufführte, daß den Eltern schließlich keine andere Wahl blieb, als ihn fortzuschicken. Um sich in ihren alten und unglücklichen Tagen zu trösten, adoptierten sie einen Jungen und gaben ihm alles, woran sich ihr eigener Sohn erfreut hatte und machten ihn zum Erben ihres Besitzes, obwohl es doch heißt, Blut sei zweifellos dicker als Wasser. Sie horteten ein Bild von ihrem eigenen Sohn, das ihnen teuer war; sie dachten ständig an ihn und vergossen nachts Tränen vor Sehnsucht. Das adoptierte Kind wurde immer dreister und fing allmählich an, seine Pflegeeltern zu beschimpfen: »Ich will das Bild des anderen Jungen nicht mehr an der Wand sehen! Wie könnt ihr es wagen, seinen Namen zu erwähnen? Ich will das nicht mehr mit anhören müssen, wie ihr nach ihm jammert.«

An dieser Stelle wurde die Geschichte der guten Dame von dem entrüsteten Geistlichen unterbrochen: »Dieser Junge ist unklug und verdient es nicht, bei seinen Pflegeeltern zu bleiben. Sie sollten ihn wegschicken!«

Da sagte die Frau: »Ist Israel nicht der wahre Sohn des himmlischen Vaters? Es wurde von zu Hause vertrieben, weil es ungehorsam war, und wir, die anderen Völker, wurden an seiner Stelle adoptiert. Aber das Herz Gottes hängt immer noch an Israel. Auch der Himmel sehnt sich nach ihm. Ist es recht, daß wir, die Zweige, uns für bedeutender halten als der Stamm und daß wir den Juden die Erlösung verweigern?«

Da sah der Geistliche seine Sünde und wurde der Gründer der Norwegischen Israelmission.
Diese Mission hat nun bereits seit vielen Jahrzehnten in mehreren rumänischen Städten sehr segensreiche Arbeit geleistet.

Die Schwierigkeiten unseres Standorts

Die Juden litten während des Krieges so sehr, daß, wären wir nur unserem Gefühl gefolgt, wir nichts anderes getan hätten, als sie zu umarmen und zu trösten. Gott half uns dabei, einiges für die mosaischen Juden zu tun, die nach Transnistria deportiert wurden. Über unsere rumänischen Brüder gelang es uns manchmal, jüdische Kinder aus den Gettos zu entführen und sie ihren Eltern wiederzugeben.

Aber damit konnten wir uns nicht zufriedengeben. Der Prophet Jeremia lebte zur Zeit der heftigen babylonischen Angriffe, die den Beginn der Zerstörung des jüdischen Staates kennzeichneten; er machte damals den Juden Vorwürfe wegen ihrer Sünden. Jesus, der von manchen als ein neuer Jeremia bezeichnet wurde, warf den Juden ebenfalls ihr sündhaftes Leben vor, als sie unter der ungerechten Herrschaft der Römer litten. Sowohl Jeremia als auch Jesus wurden von ihren Zeitgenossen für Verräter ihres Volkes gehalten.

In den als *Baba Metzia* bekannten Schriften des Babylonischen Talmud werden die Propheten beschuldigt, durch die Vorwürfe, die sie Israel machten, gesündigt zu haben. Die *Shir Raba* erklärt, daß Mose, Jesaja und Elia von Gott bestraft worden seien, weil sie Israel vor dem Angesicht des Herrn angeklagt hätten. Die Christen glauben, daß die Propheten recht hatten.

Wir befanden uns in der gleichen Lage wie die Propheten in den alten Zeiten: Verzweiflung, grausame Unterwerfung und furchtbare Leiden hatten die Herzen der Juden zu Stein werden lassen. Unaufhörlich stieg ihr Schrei empor: »Gott soll ein anderes Volk wählen. Wir sind es müde, Sein Volk zu sein!« Andererseits aber war die kleine Gruppe christlicher Juden von der Wahrheit des Ausspruches Jesu überzeugt, daß das Heil von den Juden kommen muß, und daß die Juden eine Aufgabe zu erfüllen haben und verpflichtet sind, sie zu erfüllen.

Die Juden konnten nicht verstehen, warum wir sie, die Opfer der Faschisten, mitverantwortlich machten für all das Böse, das in der Welt geschah. So schienen wir uns in ihren Augen mit ihren Anklägern und Verfolgern zu verbünden.

Unser Gedankengang war einfach: Bereits vor viertausend Jahren erhielten die Juden die Zehn Gebote, die moralische Grundlage. Ihnen wurde offenbart, daß Gott der Eine Gott ist und daß Gott von den Menschen eine Bruderschaft freier Männer und Frauen verlangt — eine von Liebe und Wahrheit geleitete Gemeinschaft. Er versprach ihnen auch einen Messias, der schließlich ein solches Königreich errichten würde. Die Juden waren das von Gott erwählte Volk, das allen Völkern diese Offenbarung überbringen sollte. Gott rüstete sie mit den Eigenschaften aus, die sie brauchten, um ihre Mission ausführen zu können.

Fast zweitausend Jahre nach Mose hatte die Welt noch immer nichts von dieser Offenbarung gehört. Julius Cäsar schrieb in seinem Werk *De Bello Gallico* (Der Gallische Krieg), daß die Gallier, die Vorfahren der heutigen Franzosen, noch immer aus den Schädeln ihrer besiegten Feinde Wein trinken würden. Zu jener Zeit waren auch die Teutonen und Slawen noch wilde Völkerschaften.

Heute bilden die Juden nur 0,33 Prozent der Weltbevölkerung und haben dennoch Schlüsselstellungen im wirtschaftlichen, politischen, wissenschaftlichen und kulturellen Leben vieler Länder inne. Die Stellung der Juden in diesen Einflußbereichen steht keineswegs im richtigen Verhältnis zu ihrer tatsächlichen zahlenmäßigen Zusammensetzung.

Das aber bedeutet eine große Verantwortung für die Juden. Wenn ein Lehrer in der Ausübung seiner Pflicht versagt und seine Schüler Rowdies sind, die sogar so weit gehen, ihren eigenen Lehrer schlecht zu behandeln — wer ist dann dafür verantwortlich: die Schüler oder der Lehrer? Ich habe es unzählige Male erlebt, daß sowohl Rumänen als auch Deutsche ihre Herzen öffneten, wenn Juden mit ihnen über die Liebe zu Jesus sprachen. Oft wurden sie dadurch in ihrem Antisemitismus völlig entwaffnet. Wenn ein Jude die ihm von Gott aufgetragene heilige Aufgabe ernst nimmt, ein Licht zu sein und den Völkern dieses Licht zu bringen, hat das im allgemeinen starke Auswirkungen.

Aber die Juden kommen dieser Aufgabe nicht nach: im Gegenteil, ich weiß aus eigener Erfahrung, wie oft einige Juden ihr Bestes getan haben, um den christlichen Glauben zu untergraben. Wenn ein Mensch, der seinen Glauben an Christus und Seine Lehre der Liebe verloren hat, einen Juden schlägt, dann tut uns das Opfer leid, aber wir können den Juden nicht von Schuld freisprechen.

Wir hatten ein »Grünhemd« bekehrt, einen Antisemiten, der von Beruf Chauffeur war. Dieser Mann ging überglücklich über den Schatz, den er in Jesus gefunden hatte, zu dem großen jüdischen Industriellen Goldenberg, bei dem er angestellt war, erzählte ihm von seinem Erlebnis und vom Heiland und bat Goldenberg, er möge Christus auch annehmen. Doch Goldenberg machte sich über ihn lustig: »Wie dumm du doch bist, Augustin! Das ist doch alles Unsinn. Wichtig ist nur, daß man lebt, Geld hat, trinkt und daß man Spaß an den Frauen hat; denn jenseits dieses Lebens gibt es überhaupt nichts.«

Goldenberg war ein schlauer Mann, der im Leben Erfolg gehabt hatte. Augustin dagegen war nur ein einfacher Bursche vom Lande. Die Folge war, daß Goldenbergs Worte die zarte Pflanze aus Augustins Seele riß. — Viele Goldenbergs haben auf dieselbe Weise gewirkt — durch Zeitungen, Zeitschriften, Bücher, Vorträge und aufgrund ihres Einflußes im politischen und wirtschaftlichen Leben. Ist es wohl verwunderlich, wenn Männer wie Augustin in die Kneipen zurückkehren und, von dem Beispiel Goldenbergs angeregt, versuchen, Geld in die Finger zu bekommen? Und wie sollen sie an das Geld herankommen, wenn sie nicht Goldenberg eins über den Schädel hauen?

Als unser Goldenberg litt, war er wie alle, die

schwer leiden, nicht bereit, sich Vorwürfe anzuhören, und wir sahen uns gezwungen, ihm seine Schuld aufzuzeigen.

Es war ein göttliches Wunder, daß es unter denen, die von der Tyrannei des Antisemitismus niedergeschlagen wurden und in großer Not waren, einige gab, die den Glauben an Christus empfingen. Allem äußeren Anschein nach waren sie erbärmliche, erniedrigte und in tiefes Elend gestoßene Menschen und doch hatten sie die große Mission der Juden erkannt. Sie hatten Jesus als den König der Juden akzeptiert, als König des Volkes, dessen Lebensaufgabe es war, das Licht Gottes in die Welt zu tragen. Diese Juden bereuten die Jahre, die sie aufgrund ihrer Pflichtvergessenheit vergeudet hatten und bekannten sich nun voller Freude zu ihrem neuen Glauben — gemeinsam mit ihren Brüdern: Rumänen, Ungarn und Deutschen, die zusammen mit ihnen das geistliche Israel bildeten. Das jüdische Volk ist nicht das einzige auserwählte Volk. Gott hat vielen Völkern besondere Berufungen zuteil werden lassen. So hat das indische Volk der Welt die höchste Stufe der Metaphysik gegeben. Dieser Einfluß läßt sich sogar in der Bibel nachweisen. Das römische Volk war auserwählt, der ganzen Welt die Rechtsprechung zu schenken. Selbst heute sind die führenden Köpfe im Rechtswesen Italiener, wie beispielsweise Lombroso, Enrico Ferri und Pendi. Wo immer in der Welt Gerechtigkeit regiert, steht das Römische Recht an erster Stelle. Wo das Römische Recht nicht existiert, erhebt die Ungerechtigkeit ihr Haupt.

Den Griechen war es vorenthalten, der Welt die Philosophie zu schenken. Man sagt, seit dem Tod der großen griechischen Denker habe es in der Philosophie keine neuen Ideen mehr gegeben, sondern die Menschen hätten statt dessen nur immer wieder die Weisheit der alten Griechen wiedergekäut. Den Deutschen und den Italienern verdankt die Welt großartige Musik; die Deutschen und die Angelsachsen haben für uns die moderne Technik geschaffen. Die Schweizer sind von Gott dazu auserwählt worden, der Welt zu zeigen, wie verschiedene Nationen, die sich in anderen Teilen der Welt als Feinde gegenüberstehen, harmonisch zusammenleben können. Die Briten waren ausersehen, die großen missionarischen Vorhaben in die Tat umzusetzen und alle Nationen mit der Bibel vertraut zu machen.

Jedes Volk hat die Pflicht, seine besondere Aufgabe zu erkennen. Die Juden lehnten ihren Messias ab und tun es auch heute noch — ihren Messias, für den die Geschichte den Beweis erbracht hat, daß Er derjenige war, der die den Juden anvertraute Aufgabe bis zur Vollkommenheit erfüllt hat: der Welt ein Licht zu sein.

Da die Juden bei der Bewältigung ihrer geistlichen Mission versagt haben, überließen sie die Aufgabe, die sie hätten erfüllen sollen, anderen. Den Prophezeiungen Jesu zufolge ist der Weinberg einem anderen Volk übergeben worden. Menschen aller Nationen, die in die Fußstapfen Abrahams, Isaaks, Jakobs, Mose, der Propheten und Jesu treten, bilden zusammen das geistliche Israel. Sie haben unser vernachlässigtes Erbe übernommen und verbreiten nun in der ganzen Welt das Licht. Auch aus dem jüdischen Volk gibt es in dieser auserwählten Schar, diesem königlichen Priestertum und in dieser internationalen Bruderschaft der Liebe einige Anhänger Jesu.

In den bitteren Kriegsjahren gelangen uns nicht viele Bekehrungen. Und es überraschte uns auch nicht, daß die Juden — unterdrückt, gejagt, ausgehungert und auf Schritt und Tritt vom Tode verfolgt — ihre Herzen dem Evangelium nicht öffneten. Wir sind ja auch nicht überrascht, wenn ein Lahmer nicht tanzen und ein Toter sich nicht bewegen kann. Wir dankten Gott im stillen, wenn Er hin und wieder ein Wunder vollbrachte und ein Jude, den Er alle äußeren und inneren Hindernisse überwinden ließ, zum Glauben kam.

Wir verlangten nicht allzuviel von den Neubekehrten: wir forderten nicht, daß sie einen neuen Weg gehen und alles verleugnen sollten, an das sie bis dahin geglaubt hatten. Schließlich besitzt auch die jüdische Religion Werte, die man nicht von der Hand weisen kann; und wir erwarteten von unseren neuen Brüdern nicht, daß sie über Nacht Musterchristen würden. Die Fische in den Seen brauchten Jahrtausende, um von Salzwasser- zu Süßwasserfischen zu werden. Ein menschliches Wesen ist genauso unfähig, sich innerhalb von Wochen oder sogar von Jahren zu ändern. Wir mußten mit unseren Neubekehrten Geduld haben. Wir hatten keine Angst, wenn wir feststellten, was für ein kleines Körnchen Glauben manche hatten, vorausgesetzt, dieser Glaube hing fest am Großen Heiland; denn wir wußten, daß Er, der den guten Samen gesät hatte, ihn auch wachsen lassen würde bis zu Seiner Wiederkunft.

Die Bekehrten kamen nicht aus den gefeierten Kreisen des Judaismus; aber auch Jesus sammelte Seine Apostel nicht unter den Höchsten des Landes. Maria Magdalena war eine Prostituierte. Auch wir hatten Frauen dieser Art. Matthäus und Zachäus hatten Geld veruntreut und waren Verräter ihres Volkes. Saulus von Tarsus hatte einen Mord begangen. Die meisten Apostel waren ungebildete Handwerker.

Wir glaubten nicht, daß die Vergangenheit eines Menschen — wie schlecht sie auch gewesen sein mochte — von Bedeutung wäre. Gott beurteilt einen Menschen danach, wie er jetzt in diesem Augenblick ist. Das einzig Wichtige für uns war, daß ein Mensch an das Blut und Leiden Jesu glaubte, daß er Ihn liebte, daß er durch Ihn gerettet werden wollte und daß er Ihm von nun an nachfolgen würde.

Nicht nur Jesu rechte Hand, die Er den verhältnismäßig guten und reinen Menschen reichte, wurde durchbohrt, sondern auch Seine linke, die er allen Erniedrigten und Ausgestoßenen entgegenhielt.

Wir erinnerten uns an einen Ausspruch Meister Eckarts: »Jeder ist darum bemüht, das aus dem Weg zu räumen, was ihn am meisten anwidert. Je größer und abscheulicher unsere Sünden sind, um so schneller und mit um so größerer Liebe wird Gott sie uns vergeben; denn sie widern Ihn zutiefst an.« Viele Menschen, auf denen schwerwiegende Verbrechen lasteten, fanden Trost und wir setzten ihren Fuß durch solche Gedanken auf den rechten Pfad.

Im allgemeinen führten wir mit den Menschen keine langen Gespräche. Wir verkündeten die Wahrheit; wir diskutierten nicht darüber. Wir offenbarten eine Wahrheit, die jeder von uns im Grunde unwissentlich in sich trägt, weil die menschliche Seele von Natur aus christlich ist. Wir appellierten an das Gewissen und nicht an den Verstand. Wer von Anfang an dazu ausersehen war, erlöst zu werden, der kam zu uns. Und es war ganz offensichtlich, daß diese Menschen vor allen anderen Juden mit dem Öl der Freude gesalbt worden waren.

Ich erinnere mich noch an den Tag, an dem der Beschluß bekanntgegeben wurde, jüdisches Hauseigentum zu beschlagnahmen. In den von diesem Befehl betroffenen mosaischen Familien herrschte großer Kummer. Unsere Glaubensbrüder aber sangen und freuten sich, weil sie wußten, daß sie im Himmel einen kostbareren Schatz besaßen, den ihnen niemand nehmen konnte.

Zwei alte Menschen

Eines Tages machten meine Frau und ich einen Spaziergang. Kaum waren wir ein paar Schritte gegangen, als meine Frau auf der gegenüberliegenden Straßenseite eine betagten Juden bemerkte.

Dem Aussehen nach gehörte er dem orthodoxen Glauben an. Er hatte einen schlurfenden Gang und konnte sich nur mühsam fortbewegen. Meine Frau sagte: »Dieser Mann wird nicht mehr lange leben. Geh und sprich mit ihm über den Heiland! Ich gehe wieder nach Hause. Wir können auch später noch spazierengehen.«

Ich überquerte die Straße und wandte mich an den alten Mann mit der Frage: »Könnten Sie mir bitte sagen, welcher Teil des Mosaischen Gesetzes am nächsten Sonnabend in der Synagoge vorgelesen wird?« Er gab mir Auskunft und fragte mich dann: »Glauben Sie an Jesus?« Etwas erstaunt erwiderte ich: »Ja. Warum fragen Sie?« — »Weil ich gemerkt habe, daß Sie nach einer Gelegenheit suchten, mit mir zu sprechen. Junge Juden halten niemanden auf der Straße an, um derartige Fragen zu stellen. Wie alt sind Sie?« — »Um die dreißig«, sagte ich. — »Sie sind jung. Ich habe vierzig Jahre lang an Jesus geglaubt und ebenso viele Jahre in Satans Kerker zugebracht.«

Seine Antwort machte mich sprachlos. Wir tauschten unsere Adressen aus, und ich versprach dem alten Mann, ihn zu besuchen. Und welche Geschichte bekam ich dann zu hören?

Der Mann, ein Klempner, hatte vor vierzig Jahren die Verkündigung des Evangeliums in der Anglikanischen Mission gehört und an Jesus geglaubt. Von diesem Tag an saß er über der Bibel, in der er sich besser als ich auskannte, und verrichtete regelmäßig seine Gebete. Aber er hatte vor niemandem seinen Glauben bekannt und hatte sich auch nicht taufen lassen, weil er befürchtete, seine Kunden zu verlieren, von denen die meisten Juden waren.

Die Jahre vergingen, doch er weigerte sich hartnäckig, den Rat derer zu befolgen, die ihn drängten, offen für Jesus Partei zu ergreifen, an den er insgeheim glaubte.

Der Teufel belohnte ihn, wie es eben nur der Teufel vermag: um sich seinen Lebensunterhalt zu sichern, hatte er die Taufe abgelehnt; in seinem hohen Alter wurde er an den Bettelstab gebracht. Und wieder brachte er es nicht über sich, seinen Glauben zu bekennen, damit man ihm nicht verbieten würde, von seinen Mitjuden draußen vor der Synagoge Almosen zu erbetteln.

So standen die Dinge, als ich ihm zufällig über den Weg lief. Viele Monate rang ich mit diesem Mann, der glaubte, die Bibel sei das eingegebene Wort Gottes, und ich bat ihn, an den Satz im Brief an die Römer zu denken: »Denn so du mit deinem Munde bekennst Jesus... so wirst du gerettet.« (Röm. 10, 9). Er kniete mit mir nieder und wir beteten zusammen, aber seine Antwort war immer die gleiche: »Woher soll ich etwas zu essen kriegen, wenn die Juden herausbekommen, daß ich an Jesus glaube?« Dabei gab es in unserer Umgebung überall christliche Juden, die sich öffentlich zu ihrem Glauben bekannt hatten. Und er erkannte, daß wir alle unser Auskommen hatten doch der Teufel hatte ihn beschwatzt, daß die Taufe für ihn den Hungertod bedeuten würde.

Ich bestand weiterhin darauf, daß er sich taufen

lassen solle. Endlich besuchte er mich und sagte: »Ich habe mich entschieden. Nächste Woche beginnt das große Herbstfest, das Neue Jahr und das Fest der Buße. Es werden sehr viele reiche Leute in die Synagoge gehen, die sonst nie kommen. Ich werde viel Geld erhalten, und dann kann ich mich taufen lassen.«

Ich fragte ihn, wieviel Geld er denn schätzungsweise erwarte. Er meinte, rund fünfhundert Lei —ein stattlicher Betrag für einen Bettler. Ich fragte ihn weiter: »Glauben Sie, daß Gott Himmel und Erde erschaffen hat?« — »Ja.« — »Glauben Sie, daß Gott den Juden in der Wüste himmlisches Manna und Wasser aus den Felsen gab?« — »Ja.« — »Glauben Sie, daß Jesus Tausende von Menschen mit ein paar Broten und Fischen gespeist hat?« — »Ja.« — »Glauben Sie, daß Jesus Ihnen fünfhundert Lei geben kann, damit Sie die Erfüllung von Gottes Gebot nicht länger hinausschieben müssen?« — »Wie kann denn Jesus das Geld für mich beschaffen? Ich muß meine Taufe bis nach den kirchlichen Feiertagen verschieben.«

Unwillkürlich sagte ich etwas, das für mich selbst ganz überraschend kam: »Gott wird Sie nach den Feiertagen nicht mehr empfangen. Sie haben nämlich bereits mehr als vierzig Jahre lang mit Ihm gefeilscht und jetzt lassen Sie Ihn wegen fünfhundert Lei warten. Gott ist ein großer Gott. Er läßt sich nicht verspotten. Er empfängt Sie heute oder nie.«

Der alte Mann ging ärgerlich von mir fort, weil er meine Worte für bloße Schroffheit hielt.

Am Tag nach dem Bußtag kam die Tochter des alten Mannes zu mir und bat mich, sofort zu ihm nach Hause zu kommen. Er hatte im kalten Herbstregen vor der Synagoge gestanden und eine doppelseitige Lungenentzündung bekommen. Ich rannte so schnell ich konnte, doch es war zu spät: als ich ankam, lag er bereits im Sterben. Ich holte einen Arzt und drängte ihn, den alten Mann —wenn auch nur für ein paar Sekunden — zu Bewußtsein zu bringen, damit er den Wunsch, getauft zu werden, äußern könnte. Doch es erwies sich als unmöglich. Und so starb er ungetauft.

Aber daran trug auch ich Schuld. Ich wußte damals nicht, daß der Sterbende in einem solchen Fall — in der Annahme, daß er gläubig ist — hätte getauft werden können. Die bloße Tatsache, daß er in seiner letzten Stunde nach mir geschickt hatte, war bedeutsam.

Ich kenne einen anderen Fall, in den ein Jude verwickelt war, der in seiner Jugend das Wort Gottes in Jerusalem gehört hatte und zum Glauben gekommen war. Später verschlug es ihn nach Rumänien. Jedesmal, wenn seine Taufe zur Sprache kam, schob er den Gedanken auf die lange Bank und erklärte, er wolle im Jordan getauft werden. Mehrere Jahrzehnte vergingen, ehe er die Reise antreten konnte. Auf seine alten Tage begann er schließlich seine Pilgerfahrt ins Heilige Land. Aber er starb unterwegs in Istanbul, ehe sein Wunsch in Erfüllung gehen konnte. Seine Tochter, die ebenfalls gläubig war, erzählte mir dies mit Tränen in den Augen, was sie aber nicht daran hinderte, genau wie ihr Vater zu handeln: Sie war vor dreißig Jahren bekehrt, aber immer noch nicht getauft worden. Die Jungen lernen eben nichts von den Alten.

Horshani stellte das genaue Gegenteil des alten Mannes dar, dessen Geschichte ich gerade erzählt habe. Horshani hatte sein Leben lang in der Synagoge gedient. Er war nun einundneunzig Jahre alt und pensioniert. Einmal im Monat besuchte er die Mitglieder seiner früheren Gemeinde und bekam dann von jedem kleine Geschenke.

Eines Tages besuchte er einen Mann, dessen junge Tochter eine eifrige Christin war. Sie schenkte ihm ein Neues Testament. Seine Freude war unbeschreiblich. Trotz seines fortgeschrittenen Alters besaß er einen völlig klaren Verstand. Beim Lesen des Buches erkannte er in Jesus den Messias, für dessen Kommen er sein Leben lang gebetet hatte.

Ich besuchte ihn, aber es gab nicht viel zu sagen: er glaubte von ganzem Herzen — allein schon durch das Lesen des Evangeliums.

Kurze Zeit später begann er Träume zu haben, in denen er Nacht für Nacht zwei weiß gekleidete Menschen sah, die ihm rieten sich zu beeilen, denn seine Tage seien gezählt.

In dem harten Winter 1941 machte er sich eines Tages unter großen Schwierigkeiten auf den Weg zu mir. Sein Kommen überraschte mich. »Was führt Sie hierher, Großvater?« — »Ich bin gekommen, um mich taufen zu lassen.«

Weder das Mädchen noch ich hatten jemals mit

ihm darüber gesprochen. Er war ganz allein zu diesem Entschluß gekommen.

Bei seinem Alter stand ein längerer Taufunterricht außer Frage. Dennoch wollte ich wissen, was in seinem Herzen vorging, und ich fragte ihn: »Warum wollen Sie getauft werden?« — »Weil Jesus es so befohlen hat«, antwortete er ohne zu zögern. Um ihn zu prüfen, fragte ich weiter: »Und warum fühlen Sie sich verpflichtet, die Gebote Jesu zu erfüllen?« Da wurde er wütend: »Dumme Fragerei! Jesus ist Gottes Sohn, und wir alle müssen Ihm gehorchen.«

Ich befragte ihn weiter: »Haben Sie Ihren Angehörigen gesagt, daß Sie sich taufen lassen werden?« (Seine Kinder waren tot und er wurde von seinen Enkeln betreut.) »Ja«, antwortete er. — »Und was sagt Ihre Enkelin dazu?« —»Sie sagte, sie würde mich aus dem Haus werfen.« — »Aber was werden Sie in Ihrem Alter dann machen? Wenn Ihre Enkelin Sie tatsächlich aus dem Haus wirft, werden Sie nicht allein für sich sorgen können.« — »Ich werde dann eben gemeinsam mit Jesus auf der Straße im Schnee stehen, aber Sein Gebot werde ich trotzdem erfüllen.« Der alte Mann hatte seine Prüfung mit großem Erfolg bestanden. Ich traf sogleich alle erforderlichen Vorbereitungen für die Taufzeremonie. Zufällig befand sich zu dieser Zeit gerade eine junge christliche Jüdin bei uns, die bis dahin vor diesem Schritt gezaudert hatte. Jetzt entschloß sie sich ebenfalls zur Taufe, nachdem sie des alten Horshanis Antwort gehört hatte, und ich taufte sie beide.

Dank des Einschreitens einiger Nachbarn warf die Enkelin ihren Großvater an jenem Abend nicht hinaus, aber am folgenden Tag mußte er das Haus verlassen. Er schlief nicht eine einzige Nacht auf der Straße. Gott, der den Juden in der Wüste Manna gegeben hatte, sorgte auch für Horshani.

Ich besorgte ihm eine Bibel mit großen Druckbuchstaben, damit er seine Lektüre fortsetzen könnte. Immer wenn ich ihn besuchte, hatte er die Bibel oder ein Gesangbuch in der Hand. Da er nur noch kurze Entfernungen zurücklegen konnte, war er nicht imstande, unsere Gottesdienste zu besuchen, und deshalb kannte er auch die Melodien unserer Lieder nicht. Aber das kümmerte ihn nicht. Er sang die Lieder einfach zu Melodien, die er von der Synagoge her kannte. Horshani war ein begeisterter Bekenner Seines Herrn, und er erzählte anderen ständig von seinem Glauben. Er lebte noch zwei Jahre. Schließlich nahm ihn seine Enkelin wieder in ihr Haus auf — der Nachbarn wegen — aber sie behandelte ihn schlecht. Er machte sich nichts daraus. Oft erzählte er uns, daß er in seinen Träumen den Himmel sähe.

Eines Abends kam ein Nachbar und berichtete uns, Horshani liege im Sterben. Gemeinsam mit Schwester Olga ging ich sofort zu ihm. In einer Ecke des Zimmers, in dem der Sterbende lag, stand ein Kantor, der von den Angehörigen gerufen worden war, damit er im Namen des Sterbenden *Vidui* aufsagen sollte — eine besondere Formel des Glaubensbekenntnisses für hebräische Christen. Aber Horshanis letzte Worte waren:

»Der Herr Jesus ist gut; ich gehe zum Herrn Jesus.«

Die Regierung Antonescu hatte angeordnet, alle Juden, auch die christlichen, seien auf den mosaischen Friedhöfen beizusetzen — vermutlich um die Toten vor Rassenausschreitungen zu schützen. Aber auf den mosaischen Friedhöfen erlaubte die Regierung keine christlichen Beerdigungen — aus Rücksicht auf die Gefühle der mosaischen Toten. Deshalb durften wir damals weder Horshani noch einen anderen christlichen Juden beerdigen. An ihren Gräbern sangen Kantoren, doch ihre Seelen waren bereits beim Heiland, den die Kantoren nicht kannten.

5

DIE KIRCHE WÄCHST

Der Spieler und der Polizeispitzel
Oscar Wilde schrieb einmal im Gefängnis, daß, wenn Jesus nichts weiter gesagt hätte als »Ihr sind viele Sünden vergeben, darum hat sie mir viel Liebe erzeigt« (Lukas 7, 47) und »Wer unter euch ohne Sünde ist, der werfe den ersten Stein auf sie« (Joh. 8, 7) — es für uns genügt hätte, zu glauben, daß Er Gott ist; denn diese Worte geben so erhabenen Gedanken Ausdruck, daß kein menschlicher Geist sie erdacht haben könnte.

Ein weiterer bemerkenswerter Ausspruch Jesu lautet: »Denn des Menschen Sohn ist gekommen, zu suchen und selig zu machen, was verloren ist.« (Lukas 19, 10).

Wann immer wir einer abstoßenden Sünde begegneten, saßen wir nicht darüber zu Gericht, sondern überlegten uns vielmehr, wie wir die Krankheit heilen könnten. Ein guter Schneider wirft nie einen Stoffrest weg. Und so darf die Gesellschaft Menschen nicht verwerfen, bloß weil sie gestrauchelt sind. Schließlich könnte die Schuld dafür auch bei der Gesellschaft liegen.

Eines Tages kam zu mir eine Christin, ein junges Mädchen, um mir unter Tränen zu berichten, daß ihr Vater, ein passionierter Kartenspieler, das Geld ihrer Mutter gestohlen habe, das diese sich als Schneiderin mühsam zusammengekratzt hatte. Er sei fortgelaufen, um das Geld in irgendeinem

Wirtshaus zu verspielen; in welchem, das wußte sie nicht. Systematisch suchten wir alle Wirtshäuser in unserem Stadtteil ab. Endlich stöberten wir ihn sehr spät in einem Lokal auf, in dem außerdem noch Schmuggler ihr Unwesen trieben. Er war völlig in ein Spiel vertieft. Nachdem er verloren hatte, klopfte ich ihm auf die Schulter und sagte, ich wolle ihn kurz sprechen. Wir gingen in ein Nebenzimmer und setzten uns zu dritt an einen Tisch — der Spieler, das Mädchen und ich. Ich redete freundlich, ich sprach mit Strenge, aber alle Versuche blieben erfolglos. Ich sprach über Menschlichkeit und Religion. In seinem Kopf gab es jedoch nur einen einzigen Gedanken: er wollte weiterspielen, um das verlorene Geld zurückzugewinnen. Vergeblich argumentierte ich, daß bei diesen Spielen der einzige Gewinner doch der Gastwirt sei. Und ich erklärte ihm, daß ich entschlossen sei, das Wirtshaus nicht eher zu verlassen, bis er bereit sei, mit mir zu kommen. Da wurde er unverschämt und begann zu schreien: »Welche Rechte haben Sie, mir etwas vorzuschreiben? Ich bin Jude. Also soll mich doch der Oberrabbiner holen. Ich bin kein Mitglied Ihrer Gemeinde und muß Sie bitten, sich nicht in meine Angelegenheiten zu mischen.« Er schrie so laut, daß es die anderen Kartenspieler hörten und anfingen, mich ebenfalls zu bedrohen.

Ich versetzte: »Wollen Sie den Oberrabbiner sprechen? Ich gehe und hole ihn.«

Seine Tochter und ich hielten das erstbeste Taxi an und fuhren zum Haus des Oberrabbiners, doch er war gerade auswärts. Also fuhren wir zu einem anderen einflußreichen Rabbiner und klingelten dort. Nach langem Warten öffnete ein verschlafener Diener. Ich sagte zu ihm: »Bitte wecken Sie den Rabbiner, da ein großes Unglück über Israel gekommen ist.«

Dies trug sich zu einer Zeit zu, als der Antisemitismus wütete. Der Diener nahm an, ich käme mit einer Nachricht von irgendeinem neuen Gesetz gegen die Juden. Ich versicherte ihm, die Angelegenheit sei äußerst wichtig.

Einige Augenblicke später wurden wir in das Schlafzimmer des Rabbiners geführt. Er saß aufrecht im Bett und wartete mit Bangen darauf zu hören, was geschehen war. Ich erzählte ihm von dem großen Unglück, daß ein Schaf der auserwählten Herde Israel im Begriff sei, sein Geld zu verlieren sowie das heilige Ansehen der jüdischen Rasse im Wirtshaus zu gefährden, und daß dieser Mann verlangt habe, ein Rabbiner solle kommen und ihn holen. »Draußen wartet ein Auto. Bitte kommen Sie mit.«

Der Rabbiner blickte mich an, als sei ich verrückt. »Haben Sie mich bloß deshalb geweckt? Sagen Sie dem Spieler, daß er mich morgen besuchen kann, dann will ich mit ihm reden.« Ich entgegnete: »Es ist nicht Sache des verlorenen Schafes, zu seinem Hirten zu kommen. Der Hirte muß das verlorene Schaf aufsuchen. Die Spielhöllen, Schenken und Bordelle stecken nicht nur voller Rumänen, sondern auch voller Juden. Ich besuche diese Orte, um nach verlorenen Seelen Ausschau zu halten, nie aber begegne ich dort Rabbinern. Und ich treffe dort auch keinen christlichen Geistlichen. Tun Sie Ihre Pflicht als Hirte und kommen Sie mit mir!« Er murmelte ein paar spöttische Worte und drehte sich im Bett auf die andere Seite, um weiterzuschlafen.

Das Mädchen und ich kehrten in das im jüdischen Viertel gelegene Wirtshaus zurück und berichteten den Spielern, von denen viele Juden waren, von diesem Vorfall. Das verschaffte mir Gelegenheit, mit ihnen über den Heiland zu sprechen, der die neunundneunzig Schafe in der Schafhürde zurückließ, um das eine zu suchen, das sich verirrt hatte. Ich flehte sie an, die Kluft zu überbrücken, die eine unachtsame Priesterschaft aller Religionen zwischen die Juden und Jesus gelegt habe. Der Spieler kehrte zu seiner Familie zurück. In allen Wirtshäusern aber sprach man über die Ereignisse in jener Nacht.

Auf meinen Wanderungen in die Welt der Ausgestoßenen lief mir auch Farcash über den Weg. Er war ein ungarischer Jude, dessen Name »Wolf« bedeutet, den er von Berufs wegen auch verdiente, denn er war ein Spitzel, der für seine Arbeit bezahlt wurde. Er machte unter den Juden die Runde und entlockte ihnen dabei, wieviel ausländisches Geld, Gold oder andere Wertgegenstände sie versteckt hatten. Mit diesen Informationen ging er zum Polizeikommissar, mit dem er eine Vereinbarung getroffen hatte. Die Polizei verhaftete sodann den Schuldigen und nötigte ihm durch Drohungen und Folter sein Gold ab. Dann ließ man ihn wieder frei; Farcash und der Polizeibeamte aber teilten sich die Beute.

Farcashs Frau war eine Gläubige. Der Kummer über die Verbrechen ihres Mannes überwältigte sie. Auf ihre Bitte hin sprachen mehrere Brüder mit ihm, doch er hörte sich alles nur an, ohne darauf zu reagieren.

Doch der Samen war nicht verloren. Eines Tages sagte Farcash zu seiner Frau: »Richte mir ein Bad. Ich will mich äußerlich und innerlich reinigen und ein neuer Mensch werden.«

Er nahm das Bad, ging zum Polizeikommissar und sagte: »Ich bin neugeboren. Ich bereue zutiefst das Unrecht, das wir zusammen getan haben, und habe beschlossen, daß ich nichts mehr damit zu schaffen haben will.« Daraufhin ließ ihn der Polizeikommissar in einem Konzentrationslager in Tirgul-Jiu internieren, weil er befürchtete, daß er selbst bloßgestellt werden könnte.

Alle drei Monate besuchte eine Kommission das Lager, um sich mit den Gefangenen zu unterhalten. Auch Farcash wurde vor die Kommission gebracht. Er meldete sich mit einer Bibel in der Hand, berichtete über sein früheres Leben und bekannte seinen neuen Glauben. Ein Polizeiinspektor riß ihm die Bibel aus der Hand und warf sie auf den Boden. Farcash sagte zu ihm: »Sie haben Unglück über sich gebracht, indem Sie sich über dieses Buch lustig machten. Jetzt werden sich alle darin vorkommenden Flüche an Ihnen erfüllen.« Offensichtlich war sein Schicksal jetzt besiegelt. Er hatte jegliche Chance auf eine Entlassung durch dieses Zeugnis verwirkt.

Aber an jenem Abend blickte der Kommandant bei seinem Rundgang durch das Lager zufällig in Farcashs Zelle und sah, wie dieser beim Gebet kniete. Neugierig öffnete er die Tür und fragte, wer er sei. Farcash erzählte ihm seine ganze Geschichte, ohne etwas zu verschweigen. Der Kommandant war davon so beeindruckt, daß er versprach, sich für ihn einzusetzen; kurze Zeit später wurde Farcash auf freien Fuß gesetzt.

Der Polizist, der ihm die Bibel entrissen hatte, mußte später unter den Kommunisten viele Jahre im Gefängnis leiden. Farcash aber wurde getauft. Bald danach machte er sich auf den Weg nach Ungarn, wo er wahrscheinlich von den Nazis umgebracht wurde.

Das Ringen um eine Seele

Frau S. hatte sich für Christus entschieden, aber ihr Mann stellte sich ihrer Bekehrung gewaltsam entgegen. Schließlich zwang er sie, ihn zu einem Rabbiner zu begleiten; dort sollte sie über ihren Irrtum aufgeklärt werden.

Sie sagte mir die Zeit ihrer Verabredung, und ich ging betend vor der Synagoge auf und ab. Ich befürchtete, die gemeinsamen Anstrengungen des Ehemannes und des Rabbiners würden sie in ihrem Entschluß schwankend machen.

Eine Zeitlang gab ich mich dem Gebet hin; schließlich konnte ich es nicht länger aushalten und stürzte in das Arbeitszimmer des Rabbiners. Ich sagte ihm, wer ich sei, und bestand darauf, daß die Unterredung mit der Dame in meiner Gegenwart stattfinden sollte.

Ich bin groß und sportlich gebaut; der Rabbiner war klein und dünn. Er war offensichtlich nervös. Er bot mir einen Stuhl an und wandte sich dann wieder an die Dame: »Das Christentum ist das Gegenteil der großen Offenbarungsbotschaft 'Höre, oh Israel, der Herr, dein Gott, ist ein Gott'. Wenn Gott eins ist, nämlich der Vater, woher sollen dann die anderen Götter, Christus und der Heilige Geist, kommen?«

Ich mischte mich in die Diskussion ein: »Rabbiner, diese Behauptung, daß Gott eins ist, stellt einen Teil der Zahlenmystik dar. Sie widerspricht der Behauptung der Dualisten, daß Gott zwei ist, sowie der Behauptung der Polytheisten, derzufolge es viele Götter gibt. Wenn Gott mit der Zahl eins identisch ist, dann muß Er auch Eigenschaften besitzen, die dieser Zahl eigen sind. Das zeigt, wie nützlich die Mathematik für das Verständnis der göttlichen Wahrheiten ist. Alle Philosophen von Plato und Pythagoras bis hin zu Augustinus und Boethius haben behauptet, daß jemand, der keine mathematischen Kenntnisse besitzt, nicht imstande ist, Göttliches zu verstehen.

Sie beharren auf der Behauptung, daß Gott eins ist, ohne sich darüber klar zu sein, was die Bezeichnung »eins« mit sich bringt. Eine absolute Eins gibt es nicht. »Eins« stellt lediglich eine Synthese von verschiedenen Kräften dar. Der Mensch ist eins, weil er eine Synthese von Körper, Seele und Geist ist. Diese wiederum sind Synthesen von anderen Einheiten. Auch ein Atom ist eine Kombination verschiedener Elementarteilchen.

Sie sprechen über das Einssein Gottes. Der mosaische Glaube beruht jedoch auf einem Mißverständnis dessen, was die Bibel wirklich meint. Für das Wort »eins« kennt die hebräische Sprache zwei Ausdrücke: *iahid,* was soviel wie »absolute Einheit« bedeutet, und *ehad,* für »zusammengesetzte Einheit«. So heißt es beispielsweise in der Schöpfungsgeschichte Kapitel 1: »*vaihi erev vaihi boker, iom ehad* — und es war Abend, und es war Morgen, der erste Tag, ein Tag.«

In der Bibel wird Gott *Ehad* genannt, also eine »zusammengesetzte Einheit«. Maimonides wechselte in seinen dreizehn Glaubensartikeln von *Ehad* zu *Iahid,* ohne dafür in der Bibel eine Rechtfertigung zu finden. In seinem Werk finden wir Gott zum ersten Mal als absolute Einheit dargestellt, was sowohl vom mathematischen als auch vom philosophischen Standpunkt her sinnwidrig ist.

Wir können sagen, daß das Glaubensbekenntnis, das Tausenden von jüdischen Märtyrern im Augenblick ihres Todes von den Lippen kam, richtig übersetzt, hätte lauten müssen: »Höre, oh Israel, Jehova unsere Götter — *Eloheinu* wird hier in der Mehrzahl verwendet — ist Jehova von zusammengesetzter Einheit.' Können Sie das leugnen, Rabbiner?«

Der Rabbiner war ganz und gar erstaunt. Obgleich ein äußerst belesener Mann, war er doch nicht mit der christlichen Apologetik (Verteidung der christlichen Lehren) gegen den mosaischen Glauben vertraut. In diesem Augenblick gewann seine intellektuelle Neugier die Oberhand: »Was Sie da sagen, ist mir neu und äußerst interessant. Bitte fahren Sie fort!« Frau S. blickte triumphierend auf ihren verwirrten Mann.

Ich sprach weiter: »Wenn ich behaupte, daß Gott eins ist, dann behaupte ich gleichzeitig, daß Er teilbar ist, weil die Zahl eins teilbar ist. Gott kann der Vater, der Sohn und der Heilige Geist sein. So sind auch die Worte Jesu, die Er an die Männer und Frauen richtete, die aus den Psalmen zitierten »Götter seid ihr« (Joh. 10. 34) einleuchtend. Alle Kinder Gottes haben Anteil an Seiner göttlichen Natur. Die Zahl eins läßt sich auch malnehmen. Doch im Unterschied zu allen anderen Zahlen bleibt sie, mit sich selbst multipliziert, immer eins. Auch wir Männer und Frauen sind als Götter geschaffen, aber Gott bleibt eins. Ebenso ist die Zahl eins die einzige Zahl, bei der die Quadratwurzel gleich bleibt. Deshalb konnte Jesus als Mensch sagen: 'Wer mich sieht, der sieht den Vater'. (Joh. 14, 9). Und deshalb haben wir auch die Redewendung der frühen Christen beibehalten: 'Jedesmal, wenn du einen Bruder ansiehst, dann siehst du Gott an.'

Gott ist eins genannt worden, weil jede Zahl eine Menge darstellt, die sich auf eins bezieht. Auf diese Weise hängt die gesamte Schöpfung mit Gott zusammen. In jedem Fall aber kann man die Tatsache, daß Gott eins ist, nicht als ein Argument gegen den christlichen Glauben benutzen.«

Im Arbeitszimmer des Rabbiners gab es nur ein einziges Bild — eine Reproduktion des »Abendmahls« von Leonardo da Vinci. Warum ausgerechnet *dieses* Kunstwerk? Diese Frage stellte ich ohne Umschweife dem Rabbiner.

Etwas schüchtern antwortete er: »Ich bewundere Jesus, weil Er ein großer Jude war, genauso wie ich Plato, den großen Griechen, bewundere. Beide waren bedeutende Denker und gute Menschen. Ich glaube außerdem, daß wir Jesus auch zum angestammten Erbe der jüdischen Nation zählen sollten. Hätte man Jesus nach Seiner Religion gefragt, hätte Er geantwortet: 'Mein Glaube ist der mosaische Glaube.' Jesus war Jude — nicht Christ. Ich habe nichts dagegen, daß diese Dame Jesus liebt, aber diese Liebe sollte für sie eine zusätzliche Anregung sein, von ganzem Herzen das zu bleiben, was auch Jesus war, nämlich ein mosaischer Jude.«

Ich erwiderte: »Da Sie Plato erwähnt haben, halte ich es für besser, wenn wir in dem reinen Bereich der Philosophie bleiben. In den heidnischen Religionen konnte die Gottheit nicht anders angebetet werden als nach den Anschauungen, die die Menschen sich über deren Wesen gebildet hatten. Aber auch die christlichen und mosaischen Kulte laufen Gefahr, zur bloßen Götzenanbetung zu degenerieren, wenn wir dem Göttlichen ein Bild zuschreiben, das unseren eigenen Vorstellungen entspringt. Lassen Sie uns also vom Kult zur Philosophie, von Bildern zu den Endwahrheiten kommen!

In der Regel ziehen wir keine Schlüsse aus dem, was wir selbst sagen. Sie erzählen mir, daß Sie Plato bewundern — wahrscheinlich seiner Lehre wegen. Wenn Sie aber diese seine Lehre für richtig halten, warum nehmen Sie sie dann nicht an?

Der Platonismus beinhaltete viele Gedanken des Christentums vor der Zeit Jesu. Plato wies auf die philosophische Notwendigkeit eines *Logos* als Mittler zwischen Gott und den Menschen hin. Er nannte ihn *Nus*. Keine Ursache kann eine Wirkung erzeugen, die nicht damit in Zusammenhang steht. Der unsichtbare Gott konnte nicht einfach die sichtbare Welt erzeugen. Was zuerst von Ihm ausging, war der unsichtbare Gedanke, der das Universum schuf, weil er auf ideale Weise alles in sich einschloß, was als Realität bestehen kann, und weil er im wesentlichen aktiv war.«

Der Rabbiner antwortete: »Die Idee eines *Logos* ist auch für uns annehmbar; sie ist nicht unbedingt christlichen Ursprungs. Wir haben sie von Philon von Alexandrien übernommen. Aber der *Logos* ist nicht Gott. Sie sagen, Er sei vom Vater geboren; wenn Er aber geboren wurde, kann Er vor seiner Geburt nicht existiert haben. Er ist nicht ewig und daher auch nicht Gott. Gott ist nur eins. Vielleicht wird man Jesus einmal als einen der großen Propheten Israels erkennen und schätzen. Vielleicht wird unser Urteil über Ihn überprüft werden. Aber die Dreieinigkeit werden wir nie akzeptieren.«

Ich erklärte ihm unseren Standpunkt: »Das Wort wurde logisch, nicht chronologisch, aus dem

Vater geboren. Er ist ewig. Und das Wort 'Dreieinigkeit' sollte sie nicht schockieren. Wenn wir von der Göttlichkeit sprechen, sind unsere Worte unzulänglich. Die menschliche Sprache ist das Ergebnis des menschlichen Bedürfnisses, sich bei der Arbeit, in der Familie und im gesellschaftlichen Leben zu verständigen. Sogar Christen benutzen das Wort 'Dreieinigkeit' mit einer gewissen Zurückhaltung. So sagte Augustinus: ‚Wenn man anfängt, die Dreieinigkeit zu zählen, dann verläßt man die Wahrheit'. Und Luther, der ständig den Ausdruck 'die Heilige Dreieinigkeit' benutzte, schrieb: 'Die Bezeichnung »Die Heilige Dreieinigkeit« erscheint nirgends in den Schriften, sondern ist von Menschen erfunden worden. Daher hat es einen kalten Klang, und es wäre besser, anstelle von Dreieinigkeit GOTT zu sagen... Es gibt ein Wesen von göttlicher Natur; die innigste Vereinigung von Körper und Seele ist nicht so miteinander vereint, wie Gott in sich vereint ist... Wir glauben nicht nur an einen einzigartigen Gott, sondern an einen Gott von einfachster Einfachheit und von einheitlichster Einheit.

Andererseits hat selbst das Alte Testament die Zahl drei nicht vermeiden können, die das Maß aller Dinge ist. Auch hier lesen wir beispielsweise im Psalm 2 über den Sohn: 'Dienet dem Sohn mit Furcht und küßt seine Füße mit Zittern, daß er nicht zürne und ihr umkommt auf dem Wege'. Oder wir lesen in Jesaja Kapitel 9 von einem Kind, das geboren werden soll und dessen Name Großer Gott sein soll. Es gibt unzählige Stellen, an denen vom Geist Gottes gesprochen wird. Virgil schrieb: 'Das Unpaarige erfreut die Gottheit.' In Gott müssen wir den Ursprung aller Dinge suchen und den Weg, durch den Er wiederempfängt, was Er geschaffen hat sowie seinen Plan, der Heiligung und Vollkommenheit bedeutet. Um Gott mit menschlichen Worten beschreiben zu können, benötigen wir die Bezeichnung 'Dreieinigkeit'.«

Der Rabbiner schnitt mir das Wort ab: »Heiligkeit bedeutet, der Vergangenheit, einem Schatz, der Israel vor mehreren Tausend Jahren anvertraut wurde, treu zu sein. Gott erschien dem Mose in einer Gestalt; alles andere ist menschliche Spekulation.

Gnädige Frau«, fuhr er fort, »ich kann Ihnen nicht empfehlen, den abenteuerlichen Weg der Christen zu gehen. Bleiben Sie auf dem uralten Felsen des mosaischen Glaubens!«

Frau S. und ihr Mann, beides intelligente Menschen, hatten die Diskussion aufmerksam und ohne etwas zu sagen verfolgt. Als sich nun eine Gelegenheit zum Sprechen ergab, führte die Frau eine völlige Wendung des Gesprächs herbei, als sie dem Rabbiner erwiderte: »Sie reden gegen den christlichen Glauben. Sie raten mir, ihn nicht anzunehmen. Rabbiner, möchten Sie, daß das Christentum verschwindet? Sind Sie sich darüber im klaren, was für eine Katastrophe über die Welt hereinbrechen würde, wenn es in ihr nichts anderes als den Hitlerismus, den Kommunismus, den geldgierigen Kapitalismus und schreckliches Leid gäbe? Was bliebe übrig von der Welt, was würde aus dem Judaismus werden ohne die Tausenden von bekehrten Menschen unter den Nichtjuden, die aus Liebe zu Christus Liebe spenden und das verbreiten, was die Juden zu verbreiten versäumen: die jüdische Bibel, die uns von Gott gegebene Offenbarung? Sie wurde uns geschenkt, damit wir sie wiederum anderen Völkern weitergeben können! Es gibt keine Alternative zum Christentum, weil der mosaische Glaube national isoliert ist. Und auch innerhalb der jüdischen Rasse ist dieser Glaube passiv. Der mosaische Glaube kann kein Licht spenden. Mose ist in der Welt doch erst durch Jesus bekannt geworden. Ich frage Sie also noch einmal, Rabbiner: möchten Sie, daß das Christentum verschwindet?«

Der Rabbiner machte eine abwehrende Bewegung und rief: »Gott behüte!«

»Gut«, fuhr die Frau fort, »wenn Sie wollen, daß es fortbesteht, und wenn Sie wollen, daß es als die Religion der vollkommenen Liebe weiter existiert, dann müssen Sie auch zwangsläufig wollen, daß die Juden dazu bekehrt werden. Denn die Kirche Christi bedarf der Juden geradeso wie die Lungen Sauerstoff brauchen. Und wir, die Juden, brauchen Jesus, unseren König. Wie ein von seiner Königin getrennter Bienenschwarm den Orientierungssinn verliert, so haben wir ohne Ihn unseren Orientierungssinn verloren. Ich möchte Christin werden.«

Der Rabbiner wandte sich an ihren Mann: »Lassen Sie ihr ihren Willen! Ich kann nichts weiter tun.«

Beim Fortgehen sagte ich zu dem Rabbiner: »Was Sie und ich über Gott gesagt haben, könnte widersprüchlich erscheinen, aber jede Behauptung über Gott steckt voller Gefahren, weil wir Ihm menschliche Vorstellungen zuschreiben. Wir finden Gott nur auf der *via negationis,* dem Weg der Verneinung, indem wir widerlegen, was die menschliche Vorstellungskraft um Ihn gewoben hat. Wir vertreten gegensätzliche Meinungen, aber wir wollen beide erkennen, daß Gott der Ort ist, an dem sich alle Gegensätze treffen. In Ihm, in Ihm allein, weil Er ewig ist, hört der Unterschied zwischen einer Geraden, einem Dreieck und einem Kreis auf zu bestehen. In der Unendlichkeit sind alle geometrischen Formen gleich und Religionsunterschiede gibt es nicht mehr. Nur die Liebe vereinigt den Liebenden mit der Geliebten. Je mehr die Menschen lieben und sich verstehen, um so mehr erwerben sie von dem Göttlichen Wesen. Wenn wir die Höhen erreichen, wo die Liebe wohnt, erkennen wir, daß der König im Königreich der Liebe, Er, der uns diesen Weg in der erhabensten Weise zeigte und der für die Liebe zu Seinen Geschöpfen den Tod erlitt, Jesus ist.«

Der Rabbiner war die Freundlichkeit selbst, als er uns beim Abschied die Hand gab. Wir gingen fort und ließen ihn allein in seinem Arbeitszimmer zurück, in dem er das Bild des Abendmahls betrachten konnte. Kurz danach wurde die Frau getauft.

Eine verlorene und eine gefundene Seele
Es besuchte mich ein Herr, der sich mit einem rumänischen Namen vorstellte. Er sagte, er stünde kurz vor dem Selbstmord: ich sei der letzte, dessen Rat er suche, ehe er sich das Leben nehmen würde.

Er erzählte mir seine traurige Geschichte: Er war ein Jude, der bereits vor zwanzig Jahren getauft worden war, ohne auch nur einen Funken Glauben zu besitzen. Er wollte damals lediglich dem traurigen Schicksal entfliehen, ein Jude zu sein. Er war der griechisch-orthodoxen Kirche beigetreten, hatte einen rumänischen Namen angenommen und eine Rumänin geheiratet. Bisher hatte er Glück gehabt.

Die antisemitische Regierung, die jetzt an der Macht war, interessierte sich jedoch nicht für die Religion eines Menschen, sondern für seine Rasse. Als man entdeckte, daß unser Freund gebürtiger Jude war, beschlagnahmte man sein Haus und er wurde von der Juristenvereinigung, der er angehörte, ausgeschlossen. Als er auf diese Weise seinen Lebensunterhalt verloren hatte, verließen ihn seine Frau und seine rumänischen Freunde. Den Juden war er ohnehin seit langem ein Fremder gewesen. Jetzt war er verzweifelt und unglücklich.

Ich erzählte ihm, ich hätte einen sehr einflußreichen Freund, den wir sofort zu Rate ziehen könnten. Ich war mir sicher, daß dieser Freund ihm helfen würde. Er bedankte sich herzlich und versicherte mir, er wolle es mir reichlich entlohnen. Seine Enttäuschung war groß, als ich ihm sagte, mein Freund sei Jesus Christus, und Ihm vorschlug, gemeinsam niederzuknien und mit ihm zu reden. »Wie kann denn jemand mit Jesus sprechen? Er ist vor zweitausend Jahren gestorben«. »Glauben Sie denn nicht, daß Er von den Toten auferstanden ist?« — »Nein.« — »Grüßen Sie Ihre Freunde denn nicht bei jedem Osterfest nach griechisch-orthodoxer Sitte mit den Worten 'Christus ist erstanden'?« — »Doch«. — »Wenn Sie aber glauben, Christus sei nicht auferstanden, dann sind Sie ein unehrlicher Mensch, weil Sie alljährlich, wenn Sie in Beantwortung jenes Grußes erklären: 'Ja, er ist wirklich auferstanden', eine schwere Lüge begehen. Sie müssen sich entscheiden: entweder ist Er wahrhaft auferstanden, oder Sie sind ein offenkundiger Lügner. Wenn Sie schon weder dem Evangelium noch der Kirche Glauben schenken, dann glauben Sie wenigstens an das, was Sie selbst so oft erklärt haben. Wählen Sie also: entweder ist Christus auferstanden, oder Sie sind ein gemeiner Lügner und ein ehrenloser Mensch.« — »Christus ist auferstanden« — »Ist Er nach Seiner Auferstehung wieder gestorben?« — »Nein.« — »Dann lebt Er also, und wir können mit Ihm reden.« — »Wie kann Er denn am Leben sein?«

Dreimal drehte sich unsere Debatte im Kreise. Immer wieder wurde er vor die Alternative gestellt, der alle gegenüberstehen, die sich ohne zu glauben zum christlichen Glauben bekennen: entweder glaubt man, daß Christus auferstanden ist, oder man lebt mit einer Lüge. Aber ich konnte ihn nicht dazu bringen, an Jesus Christus als lebendigen Heiland und Ratgeber zu glauben.

Er beging nicht Selbstmord; er tat etwas viel Schlimmeres: Er hatte seine Wehrpflicht als Funker abgeleistet und meldete sich nun freiwillig zur Armee. Obwohl normalerweise keine Juden als Soldaten angenommen wurden, hatte seine Bewerbung Erfolg, weil er jahrelang Mitglied der orthodoxen Kirche gewesen war und weil er außerdem ein gefragter Spezialist war. An der Front zeichnete er sich durch Greueltaten an Juden und Vergewaltigungen jüdischer Mädchen aus. Nach dem Untergang der Naziherrschaft wurde er als Kriegsverbrecher verurteilt.

Dies sollte uns jedoch nicht weiter verwundern. Auch andere Juden nahmen an den in Rumänien begangenen Greueltaten gegen ihre jüdischen Mitbürger teil. Frau Marin, die man nach dem Aufstand der Legionäre, bei dem mehr als hundert Juden umgebracht wurden, zum Tode verurteilte, war ebenfalls eine Jüdin. Jedes Volk hat seine Verräter. Die Juden bilden da keine Ausnahme. Marx war ein antisemitischer Jude, ebenso wie einige kommunistische Juden, die heute führende Positionen in der Sowjetunion einnehmen, wie beispielsweise Dimschytz, ihr stellvertretender Ministerpräsident.

Ein alter christlicher Jude hatte ein zänkisches Weib zur Frau, die christliche Juden von ganzem Herzen haßte. Wenn ihr Mann, der sehr arm war, unsere Zusammenkünfte besuchen wollte, versteckte sie seine einzige Hose. Wenn er fortging, pflegte sie ihm aus dem Fenster nachzurufen: »Hoffentlich brichst du dir ein Bein, du Abtrünniger!« Jedesmal, wenn er einen jüdischen Freund mit nach Hause brachte und sich in dessen Gegenwart zu seinem Herrn bekannte, unterbrach sie ihn mit den Worten: »Glauben Sie meinem Mann ja nicht! Er hat sich verkauft!« Jahrelang mußte sich der alte Mann mit dieser Behandlung abfinden. Inzwischen wuchsen seine Kinder heran. Eines von ihnen war sehr erfolgreich und hatte eine führende Stellung bei einer ausländischen Ölgesellschaft inne. Der Sohn liebte seinen Vater und lud ihn zu einem zweimonatigen Urlaub bei sich ein.

Als ich das hörte, hatte ich eine Idee. Bisher war niemand imstande gewesen, mit seiner Frau zu reden. Mehrere Brüder hatten es versucht, aber sie ergriff jedesmal den nächstbesten Gegenstand und warf damit nach ihnen. Jetzt sah ich eine Gelegenheit, an sie heranzukommen. Ich bat ihren Mann, mich mit der Aufgabe zu betrauen, seinen Monatslohn abzuholen und ihn seiner Frau zu bringen, die wir vorher davon unterrichten würden. Da sie das Geld dringend brauchte, würde sie gezwungen sein, mich zu empfangen.

Am ersten Tag des darauffolgenden Monats erschien ich bei ihr. Sie erwartete, daß ich ihr das Geld an der Tür aushändigen würde. Aber ich hatte keine Eile. Ich sagte, daß ich Durst hätte und bat sie um ein Glas Wasser. Auf diese Weise gelang es mir, einzutreten, und ich ließ mich auf einem Stuhl nieder. Sie wartete darauf, daß ich ihr das

Geld aushändigte. Aber ich fing ein Gespräch über das heiße, trockene Wetter an, das wir damals gerade hatten. Ich bat um ein weiteres Glas Wasser. Dann sagte ich zu ihr, ich hätte von ihrer Abneigung gegenüber christlichen Juden gehört, und erklärte, daß ich ihre Haltung verständlich fände. Ich sei seit mehreren Jahren selbst einer und es sei mir klar, was für einer Ansammlung von Sündern ich mich angeschlossen hätte. Da spitzte sie die Ohren. Ich ließ eine lange Rede über die zahlreichen Heuchler und Abtrünnigen unter ihnen vom Stapel, wie unbeständig sie seien und wie ihre Worte und ihre Taten auseinanderklafften. Jetzt hatten wir eine gemeinsame Grundlage. Ich hatte ein Thema angeschnitten, das in ihrem Herzen Anklang fand.

Auch sie ließ sich über die Sünden der christlichen Juden in ihrem Bekanntenkreis aus. Einmütig verurteilten wir ihre Vergehen. Wir kamen sehr gut miteinander zurecht. Ich gab ihr das Geld. Von nun an hatte ich Zugang zu ihrem Haus, weil sie in mir eine gleichgesinnte Seele erkannt hatte.

Ich besuchte sie daraufhin noch mehrmals. Das erste Mal sprach ich mit ihr nur über die Schlechtigkeit der christlichen Juden. Dasselbe geschah beim zweiten Besuch. Dann fügte ich einmal hinzu, so, als sei es eine nachträgliche Überlegung: »Natürlich sind wir alle Sünder. Haben nicht Sie und ich auch schon gesündigt?« Bei jedem Besuch gab ich ihr ein wenig mehr Gelegenheit, über *unsere* Sünden nachzudenken, und etwas weniger über die Sünden anderer Leute zu reden.

Nach einiger Zeit hatte ich so gute Fortschritte erzielt, daß ich sie dazu überreden konnte, eine unserer Versammlungen zu besuchen. Das brachte sie sehr in Verlegenheit, denn sie kannte ja den Ruf, in dem sie stand. Ich hatte jedoch die Brüder sorgfältig auf ihr Kommen vorbereitet und ihnen gesagt, wie sie sie empfangen sollten. So hatte einer die Aufgabe, ihr ein Gesangbuch zu reichen; ein anderer sollte sich darum kümmern, daß sie einen Fensterplatz bekam. Eine der Schwestern würde sich nach ihrem Rheumatismus erkundigen und ihr erklären, der Platz am Fenster sei nicht gut für sie, weil es dort ziehen würde. Alle jungen Leute waren angewiesen worden, sie ehrerbietig zu grüßen. So kam es, daß sie nach der Versammlung ganz begeistert war. Kurze Zeit später fand ihre Bekehrung statt.

Ihr Mann wußte nichts von alledem. Als er zurückkehrte, bat sie ihn mit Tränen in den Augen um Verzeihung. Zwanzig Jahre lang hatte er geduldig sein Leid ertragen. Als er dies hörte und erfuhr, daß es nun nicht mehr nötig war, Frieden zu halten, schalt er sie tüchtig, wozu er früher nie den Mut gehabt hatte... Das bestürzte sie jedoch nicht; aus ihr wurde eine liebende und gläubige Schwester, die ihren Mann in vielen Dingen überragte.

Gott erwählt Menschen, auf die die Welt keinen großen Wert legt: einfache, gestrauchelte Seelen, die in ihrer Unwissenheit dem Bösen zum Opfer gefallen sind. Unsere Gemeinde bestand hauptsächlich aus einfachen Menschen. Jesus sagte: »Ich preise dich, Vater und Herr Himmels und der Erde, daß du solches den Weisen und Klugen verborgen hast und hast es den Unmündigen offenbart.« (Matth. 11, 25). Warum sollte es wohl so sein? Ich glaube, weil Gott darauf bedacht ist, daß Seine Botschaft nicht entstellt wird — diese Botschaft, die dazu bestimmt ist, in diesen Tagen eine so große Rolle zu spielen.

Intellektuelle sind selten in der Lage, eine Nachricht genauso weiterzugeben, wie sie sie empfangen haben, ohne ihr eine persönliche Note hinzuzufügen; schlichte und unwissende Menschen dagegen geben sie korrekt wider. Obgleich wir nicht viele Intellektuelle in unseren Reihen zählten, bedeutet das aber nicht, daß es gar keine gegeben hätte.

Praktisches Handeln

Unter den Bedingungen, unter denen wir lebten, umfaßte unsere Mission neben unserer eigentlichen Aufgabe, die darin bestand, den Juden das Evangelium zu predigen, ein weites Feld von Aktivitäten.

Als die deutsche Armee Rumänien besetzte, hielten wir es für unsere Pflicht, aus Liebe zu unseren Feinden eine Sonderausgabe des Johannes-Evangeliums drucken zu lassen und sie kostenlos an deutsche Soldaten zu verteilen. Bei dieser Aktion auf den Straßen gestanden die Soldaten unseren Brüdern, daß sie auf alles mögliche in Rumänien vorbereitet worden seien, nur nicht darauf, von Juden das Wort Gottes geschenkt zu bekommen.

Als Bukarest bombardiert wurde, fing ich systematisch in Luftschutzkellern zu predigen an; dadurch erreichte ich Juden und Rumänen gleichzeitig mit dem Wort Gottes.

Als die ersten russischen Luftangriffe stattfanden, befand ich mich mit sechs anderen Brüdern in Haft. Wir wurden gerade vernommen, als die Sirene ertönte. Bewaffnete Wächter brachten uns in den Luftschutzraum, wo sich auch Richter, Rechtsanwälte und andere Leute einfanden. Als die ersten Bomben fielen, machte ich den Vorschlag, »Wir wollen alle niederknien und ich werde ein Gebet sprechen«. Sie knieten alle nieder, auch die Offiziere und Wächter. Sie bekreuzigten sich und ich betete laut. Dann predigte ich über die Notwendigkeit, auf die Begegnung mit Gott vorbereitet zu sein. Ehrfürchtig hörten alle zu.

Als die Entwarnung ertönte, packten uns die Wachen beim Kragen und führten uns zurück in den Gerichtssaal. Und wieder stand ich vor dem Richter, der noch vor einer Viertelstunde auf mein Geheiß niedergekniet war, und beantwortete seine Fragen.

Nach unserer Freilassung rannten wir jedesmal, wenn wir Fliegeralarm hörten, so schnell wir konnten in einen großen Luftschutzkeller und predigten dort. Einmal liefen wir mit Schwester Olga in den Schutzraum eines großen Wohnblocks. Obgleich es verboten war, sich nach dem Ertönen der Sirenen noch auf der Straße aufzuhalten, verspürte ich plötzlich einen Drang, das Gebäude zu verlassen, und wir machten uns zu einem anderen Luftschutzkeller auf. Das Haus, das wir verlassen hatten, wurde von Bomben zerstört und begrub unter seinen Trümmern sehr viele Menschen.

Bei einem anderen Angriff wurde ich zusammen mit einer Schwester unter der Beschuldigung verhaftet, wir hätten unter dem Vorwand, Predigten abzuhalten — Antikriegspropaganda verteilt. Nachdem wir erneut beträchtliche Bestechungsgelder gezahlt hatten, wurden wir wieder auf freien Fuß gesetzt.

Unsere Arbeit war sehr vielseitig. Unter anderem halfen wir unseren Brüdern, die von der griechisch-orthodoxen Kirche als Sektierer bezeichnet wurden. Weil sie Adventisten oder Baptisten waren, sperrte man sie ins Gefängnis, und manchmal erlitten sie furchtbare Qualen. Es gelang uns, den schwedischen Botschafter zu bewegen, sich für sie einzusetzen.

Viel Zeit wurde auch darauf verwendet, den mosaischen und christlichen Juden zu helfen, die zu Schwerarbeit gezwungen wurden, ohne dafür einen Pfennig Lohn zu bekommen. Ab und zu konnten einige in den Nachtstunden wenigstens ihr bloßes Auskommen zusammenkratzen. Bei dieser Arbeit mußte ich auch das Gewissen unserer Brüder beruhigen. Einer hatte eine illegale Werkstatt, in der er Obstkisten herstellte. Den ganzen Tag über arbeitete er ohne jegliche Bezahlung für den Staat, der ihm nicht einmal etwas zu essen gab. Wie sollte er da für seine Kinder sorgen?

Man mußte einige Brüder wirklich bewundern, die unter diesen Umständen ihren bürgerlichen Pflichten nachkamen und nicht gewillt waren, auch nur eine der Vorschriften zu mißachten, die von der faschistischen Regierung auferlegt wurden. Doch ich mußte ihnen erklären, daß gemäß den Heiligen Schriften die Obrigkeit dazu eingesetzt wurde, Böses zu bestrafen und Gutes zu belohnen. Wenn sie aber das genaue Gegenteil tat, dann seien wir von unserer Pflicht, ihr zu gehorchen, entbunden.

Außerdem waren wir sowieso dauernd mit Dingen beschäftigt, auf denen nach dem Gesetz die Todesstrafe stand. So halfen wir beispielsweise zahlreichen Juden aus Ungarn, die Grenze illegal zu überschreiten, oder retteten Kinder aus Gettos.

Gegen Ende des Krieges befand sich unsere kleine Gemeinde in Jassy in Gefahr: Wir befürchteten, die Deutschen würden auf dem Rückzug eine neue Judenverfolgung in die Wege leiten. Die Züge waren gerammelt voll mit Rumänen, die auf der Flucht vor der heranrückenden russischen Armee waren. Juden war das Reisen nicht gestattet. Einer meiner Bekannten, ein hoher Offizier, verhaftete alle Mitglieder der Gemeinde unter einem erfundenen Vorwand. Ein Bruder, der Soldat war, und mit einem Gewehr bewaffnet war, wurde angewiesen, die »Staatsverräter« in einem eigens für sie reservierten Eisenbahnwaggon zu begleiten. Am Bahnhof in Bukarest wurde der Verhaftungsbefehl zerrissen und die Verhafteten wurden meiner Frau übergeben. Viele rumänische Brüder setzten ihr Leben aufs Spiel, um uns bei dieser Gelegenheit zu helfen.

Der babylonische Talmud äußert sich folgendermaßen zum Thema Mut: »Die Worte der Thora (das göttliche Gesetz) werden nur von denen gehalten, die bereit sind, dafür zu sterben. Denn im Buch Numeri steht geschrieben: ‚Dies ist das Gesetz: wenn ein Mensch stirbt...'« (4. Mose 19, 14).

Nahkampf
Jesus lehrte in den Synagogen. Von Seinen Jüngern erwartet Er dasselbe und warnt sie: »In ihren Synagogen werden sie euch geißeln« (Matth. 10, 17). Das setzt voraus, daß wir mit den Leuten reden und unsere Zuhörer durch Predigten verärgern sollen, die ihre Vorurteile und ihren Aberglauben vorsätzlich angreifen.

Genau das taten wir.

Es war an einem Freitagabend: die Juden versammelten sich zeitig in ihren Synagogen, um aus dem Heiligen Buch zu lesen oder um vor Beginn des Gottesdienstes miteinander zu diskutieren. Ich setzte mich neben den Rabbiner und fragte ihn laut, so daß alle in unserer Nähe es auch hören konnten: »Rabbiner, man hat mir gesagt, es gibt ein Buch von einem jüdischen Propheten, der, wenn ich mich recht erinnere, Jesaja heißt. Ist das ein gutes Buch und lesenswert?« — »Was für eine Frage«, antwortete er. »Wenn Sie es nur lesen wollten! Es enthält nichts als reinstes Gold.«

»Rabbiner, ich habe bereits sehr viele Bücher gelesen, von denen ich etwas Wertvolles erwartete, und habe dann feststellen müssen, daß man mich an der Nase herumgeführt hatte. Wird das bei Jesaja nicht auch der Fall sein?«

»Junger Mann, der bloße Gedanke an so etwas ist eine Sünde. Denn in Wirklichkeit war es nicht Jesaja, der das Buch geschrieben hat, sondern Gott selbst. Jesaja war lediglich Seine Feder.«

»Rabbiner, wo finde ich das Buch des Jesaja?«

Er holte es von einem Regal herunter und gab es mir. Ehe ich das Buch aufschlug, ließ ich mir nochmals ausdrücklich versichern, daß es Gottes eigene Worte enthielte.

Dann schlug ich das Kapitel 53 auf und fragte ihn: »Rabbiner, wer ist hier gemeint?« und las laut den Abschnitt über den Leidenden Diener vor. »Diese Beschreibung trifft haargenau auf Jesus zu«, sagte ich. »Er muß der Messias sein.«

Der Rabbiner rief: »Diese Stelle sollen Sie nicht lesen. Lesen Sie statt dessen lieber das Kapitel 11.«

Da wandte ich mich an die Juden: »Liebe Freunde! Ihr habt gehört, wie der Rabbiner bestätigt hat, daß jedes Wort in diesem Buch Gottes eigenes Wort sei. Folglich muß auch diese Beschreibung der Leiden Jesu von Gott eingegeben worden sein.«

Der Rabbiner verließ verärgert die Synagoge und knallte die Tür hinter sich zu. Er glaubte, auch ich würde mich aus Höflichkeit zurückziehen. Doch ich ließ ihn gehen, blieb bei den Juden und erklärte ihnen Jesajas Prophezeiung.

An einem anderen Freitag begleiteten uns mehrere rumänische Brüder in die Synagoge, in der ein berühmter Rabbiner predigte. Nach dem Gottesdienst fragte einer dieser Rumänen laut: »Bitte sagen Sie mir doch, was die Inschrift auf Ihrer Synagoge bedeutet. Ich bin Rumäne und kann es nicht verstehen.« Der Rabbiner antwortete: »Es ist ein Vers aus den Prophezeiungen: ‚Mein Haus soll ein Haus des Gebetes für alle Völker genannt werden.'« Unser Bruder fragte verwirrt: »Wenn Ihre Synagoge aber ein Gebetshaus für alle Völker sein soll, warum haben Sie dann den ganzen Abend über auf Hebräisch gemurmelt — eine Sprache, die nicht einmal die Juden verstehen? Vielleicht verbergen Sie Wahrheiten, an denen Sie auch uns teilhaben lassen sollten.« Auch dieser Rabbiner verließ die Synagoge.

Dann erhob sich ein anderer Rumäne und predigte die Frohbotschaft Jesu. Ich mischte mich unter die orthodoxen Juden, die nicht gut Rumänisch verstanden, und übersetzte die Predigt ins Jiddische. Wir wurden gut aufgenommen, und man hörte uns aufmerksam zu.

Die Bibel sagt uns, daß wir für ein derartiges Verhalten in den Synagogen gegeißelt würden. Das bewahrheitete sich in unserem Fall jedoch nicht. Statt dessen setzten sich einige unserer Feinde unter den Juden zusammen und schmiedeten Pläne, wie sie uns in unserer eigenen Kirche geißeln könnten.

Pastor Solheim kam nach Bukarest, wo die Norwegische Israelmission eine Zweigstelle eröffnete. Wir hatten ein Gebäude übernommen und renoviert, das früher der Anglikanischen Mission gehörte, die ihre Arbeit der Bekehrung der Juden gewidmet hatte. Nun wollten wir die Kirche einweihen. Wir engagierten einen der berühmtesten Pianisten Bukarests und überall in der Stadt luden Plakate die Juden zu unserer Einweihungsfeier ein.

An dem besagten Sonntag morgen war die Kirche, die bis zu fünfhundert Personen fassen konnte, zum Bersten voll von Juden. Es war deutlich zu fühlen, daß manche von ihnen Böses im Schilde führten und sich zu diesem Zweck sogar zusammengeschlossen hatten.

Solheim predigte in seiner gewohnt ruhigen Art, und man hörte ihm aufmerksam zu. Ich packte den Stier bei den Hörnern und erklärte den Juden, was Gott gemeint habe, als Er durch den Mund des Propheten Jesaja verkündete: »Wohin soll man euch noch schlagen?« (Jes. 1, 5). Unsere alten Menschen seien vergast und unsere Kinder in den Öfen verbrannt worden. Das hätte nicht einem von Gott auserwählten Volk zustoßen können, von dem geschrieben steht, daß wer ihm etwas antue, es dem Augapfel Gottes antun würde — es sei denn, daß zwischen ihm und seinem Schöpfer ein ernster Konflikt entstanden wäre.

»Im Gebetbuch der Synagoge wiederholen die Gottesdienstbesucher ununterbrochen, aufgrund unserer Sünden hätten die Leiden unser Volk übermannt. Wendet euch doch endlich ab von der großen Sünde, den Messias zu verleugnen, der zu uns von Gott gesandt wurde, damit wir den Zorn des Herrn von uns abwenden können. Hört auf das, was im Gesetz Mose geschrieben steht: ‚Der Herr (nicht die Nazis) wird unter dich senden Unfrieden, Unruhe und Unglück in allem, was du unternimmst, bis du vertilgt bist und bald untergegangen bist um deines bösen Treibens willen, weil du mich verlassen hast.' (5. Moses 28, 20).

Die Thora sagt uns, daß wir mit Unglück geschlagen werden ‚um unseres bösen Treibens willen' und nicht wegen der Bösartigkeit unserer Verfolger. Sicher ist die Tatsache, daß wir Jesus, die Verkörperung Gottes, verleugnen, das deutlichste Merkmal, daß wir im Irrtum sind.«

Der barmherzige Samariter badete die Wunden des Verletzten in Öl und Wein. Solheims Aufgabe bestand darin, Öl aufzutragen, um die Schmerzen zu lindern. Meine dagegen war es, Wunden mit Alkohol auszuwaschen. Das eine nützt nichts ohne das andere, aber es ist schmerzhaft, offene Wunden mit Wein zu behandeln.

Auf ein verabredetes Zeichen hin brach Geschrei, Pfeifen und allgemeines Durcheinander los, das uns an die Bibelstelle erinnerte, an der beschrieben wird, wie die Ankläger des Stephanus »mit den Zähnen über ihn knirschten« (Apg. 7, 54), als sie sein Bekenntnis vernahmen. Der Tumult war schrecklich. Ein paar Juden rannten auf mich zu, um mich zu schlagen. Doch meine Frau, die geahnt hatte, was sich ereignen würde, hatte eine solide geschlossene Front neben der Kanzel

Stellung beziehen lassen. So konnten sie nicht an mich heran. Pastor Solheim flüsterte mir begeistert zu: »Es ist gut, daß dies passiert und daß das Wort Gottes sie in Bewegung gebracht hat. Es ist weitaus schlimmer, wenn die Zuhörer gleichgültig sind.«

Es war nicht das erste Mal in der Geschichte unserer Mission, daß sich etwas Derartiges ereignete. Zu Lebzeiten von Pastor Adeney hatten junge Juden einmal bei einem Gottesdienst die Fenster eingeschlagen und in der Kirche getanzt. An diese Art von Vorfällen waren wir also gewöhnt und verloren nicht den Kopf. Als unsere Brüder versuchten, die Unruhestifter zu beschwichtigen, stürzten sich diese auf sie. Doch die Brüder waren nicht zum Nachgeben bereit. Eine kräftig gebaute Schwester zog ihren Schuh aus und schlug mit aller Kraft um sich. Im Anschluß daran entfachte sich eine regelrechte Keilerei, die fast zwei Stunden andauerte.

Am Nachmittag wiederholte sich diese Vorstellung und auch an den folgenden Sonntagen ging es so weiter, bis wir uns gezwungen sahen, die Hilfe der Polizei in Anspruch zu nehmen, die dann die Ordnung wiederherstellte.

Während all dieser Vorgänge wurde mir bewußt, weshalb bei der Steinigung des Stephanus durch die Juden jemand auf die Kleidung der Mörder aufpassen mußte. Obwohl sie eifrige Hüter des Gesetzes Mose waren, schreckten sie nicht davor zurück, einem Kollegen die Kleidung zu stehlen, sobald sich eine Gelegenheit dazu bot.

Während der Schlägereien verschwanden so manche Gegenstände, die unseren Angreifern gehörten. Als sie zurückkamen, um danach zu suchen, mußten sie feststellen, daß es vergebens war, weil ihre eigenen Leute die Gegenstände an sich genommen hatten.

Als wir endlich wieder unter uns waren, machte ich den Brüdern Vorwürfe wegen ihrer Gewalttätigkeit und erinnerte sie an Jesu Lehre, daß man die andere Wange hinhalten soll, wenn man geschlagen wird. Ihre Antwort lautete: »Wenn man uns schlägt, mag es noch angehen, aber wenn man unseren Pastor schlagen will, dann muß man ihnen eine Lektion erteilen, die sie nicht so schnell vergessen!«

Die Anwendung von Gewalt ist der Prüfstein, an dem sich erweist, ob ein Mensch in Wahrheit entschlossen ist, für die Gerechtigkeit zu kämpfen. Einmal gab ich jemandem, der unsere Zusammenkunft störte, zwei Klapse. Der heilige Nikolaus hat auch Arius eine Ohrfeige gegeben, und der war nicht böse darüber. Ab und zu muß man um seines Glaubens willen Gewalt anwenden.

So packte ich an einem Sonntag einen Juden, der unsere Zusammenkünfte schon seit langem besucht, aber sich geweigert hatte, bekehrt zu werden, und zwang ihn auf die Knie. »Ich lasse Sie nicht eher aufstehen, bis Sie sich dem Herrn ergeben haben«, sagte ich zu ihm. Er sprach ein Gebet. Seither sind zwanzig Jahre vergangen, und er und seine ganze Familie sind Gläubige.

Was uns während dieser Periode des Nahkampfes Kraft gab, war die Tatsache, daß wir uns damals zur Gewohnheit gemacht hatten, oft zu fasten und ganze Nächte in gemeinschaftlichem Gebet zu verbringen. Beim Gebet findet etwas wie eine Art Echo statt: Wenn man auf einem Klavier einen Ton anschlägt, dann beginnen die entsprechenden Saiten auf allen anderen Klavieren im Zimmer zu vibrieren. Ebenso funktioniert es, wenn wir in unseren inbrünstigen Gebeten einen lauteren Wunsch ausdrücken: überall um uns herum mobilisieren wir dann Engel, die vom gleichen Wunsch erfüllt sind.

Ungewöhnliche Phänomene
Die sogenanten parapsychologischen Erscheinungen wie beispielsweise Telepathie, Hellsehen, Visionen verschiedener Art, Spiritismus und dgl. sind heute Gegenstand wissenschaftlicher Untersuchungen an den Fakultäten mehrerer Universitäten. Zugegebenermaßen gibt es Wege der Wahrnehmung, die nicht über die Sinne erfolgt. Mit welchem Sinnesorgan hat der russische Gelehrte Lomonossow wahrgenommen, daß sein Vater ertrunken war und der Leichnam an eine Insel angeschwemmt wurde, wo man ihn tatsächlich später fand — und das über eine Entfernung von Tausenden von Kilometern hinweg? Die Tatsache, daß es die übersinnliche Wahrnehmung gibt, erklärt, wie es der Seele möglich ist, nach der Trennung vom Körper weiterzuleben. Wenn die Seele nur über die physischen Sinne verfügen kann, dann muß sie nach der Trennung vom Körper in eine Art Aus-

nahmezustand treten — ohne Freude und ohne Schmerz, ohne Wahrnehmung und ohne Möglichkeit des Heranwachsens. Untersuchungen über parapsychologische Erscheinungen haben gezeigt, daß dies nicht der Fall ist, sondern daß die Seele ihre eigenen Informations- und Wahrnehmungsquellen besitzt, denn sie empfindet Freude und Trauer, die nicht durch den Zustand des Körpers bedingt sind. Nach dem Tode ist die Seele imstande, ein unabhängiges Leben zu führen.

Die Christen leben in einer Welt der Wunder. Ich möchte hier einige ungewöhnliche Dinge erzählen, die wir erlebt haben. Ich weiß, daß solchen Menschen, die nicht in der gleichen Zeit leben wie wir, diese Erlebnisse unmöglich erscheinen werden, doch wir sollten an die Worte Hamlets denken: »Es gibt mehr Dinge zwischen Himmel und Erde... von denen sich unsere Schulweisheit nichts träumen läßt.«

In einer Winternacht war ich mit meiner Frau auf dem Nachhauseweg. Die Sterne glänzten ungewöhnlich hell. Ich sagte: »In so einer Nacht, in der die Sterne so strahlten wie jetzt, führte Gott Abraham aus seinem Zelt hinaus und sprach zu ihm: ‚Sieh hinauf zum Himmel und zähle die Sterne! Ich werde deine Nachkommenschaft so zahlreich wie die Sterne am Himmel und wie die Sandkörnchen am Meeresstrand machen!'«

Wir waren beide vom Geist Gottes ergriffen. Stumm vor Staunen liefen wir so schnell wir konnten nach Hause. Die Herrlichkeit des Versprechens, das unserem Vorfahren Abraham gegeben worden war, erschien uns fast unerträglich.

Wir wohnten im Erdgeschoß, und unsere Fenster lagen zur Straße hin. Eines Nachts gegen zwei Uhr wurden wir beide von etwas geweckt. Beide dachten wir, es hätte jemand ans Fenster geklopft und gerufen, und wir flüsterten uns zu: »Es hört sich an wie Anutza.« Das war eine unserer Schwestern in Gott. Doch damals hatten wir Angst, es könnte die Polizei sein. Wir lauschten. Alles war still. Dann schliefen wir wieder ein. Nach einer Weile wurden wir erneut von demselben eigenartigen Gefühl geweckt. Und wieder schliefen wir ein. Dann wurden wir ein drittes Mal wach, und beide hörten wir ganz deutlich die Worte: »Ich liebe euch mit ewiger Liebe.«

Eines Morgens lag ich auf meinem Sofa. Es war nach meinem ersten Gefängnisaufenthalt. Ich litt an Tuberkulose der Lungen und des Rückgrats und mußte viel liegen. Da plötzlich hatte ich das schreckliche Gefühl, eine unsichtbare, böse Macht sei gegenwärtig. In meinem Schrecken rief ich: »Hinaus, hinaus! Und als Zeichen, daß du hier gewesen bist, böser Geist, sollst du die Tür hinter dir zuschlagen!« Die Tür öffnete sich und schloß sich ganz langsam wieder — unberührt von menschlicher Hand. Ich war frei!

Ein anderes Mal ging ich gegen elf Uhr morgens auf einer schmalen Straße in Bukarest, zu einer Zeit also, zu der die Straßen sehr belebt sind. Plötzlich verspürte ich den unwiderstehlichen Drang, meinen Füllfederhalter und Schreibblock in die Hand zu nehmen. Ich lehnte mich gegen einen Pfosten und begann zu schreiben, als ob mir jemand diktieren würde. Mit Staunen sah ich, was ich schrieb. Nach einer halben Stunde hatte ich den Entwurf für ein Buch fertig, das sehr erfolgreich war und drei Auflagen in rumänischer Sprache erlebte. Sein Titel lautet: *Der Spiegel der menschlichen Seele.* Es beschäftigt sich mit der christlichen Psychologie, einem Zweig der Wissenschaft, der mich damals nicht sonderlich interessierte.

Ein Artikel von mir, der eine sehr gute Kritik erhielt, hatte die Überschrift: *Der Hirte auf dem Felsen des Irrtums.* Er hatte einen Traum zum Inhalt. Ich brauchte meinen Traum nur noch niederzuschreiben.

Eines Nachts träumte ich eine vollständige Predigt, die die Zwistigkeiten unter den Christen zum Inhalt hatte. Dieser Traum erwies sich als eine Weissagung, dann kurz darauf wurde unsere Gemeinde aufgrund eines Konflikts gespalten.

Eines Tages hatten sich mehrere Christen verschiedener Konfessionen zusammengefunden. In dem gleichen Zimmer spielte mein damals vierjähriger Sohn. Die Brüder begannen lebhaft über die Beichte zu diskutieren, wobei sie sich gegenseitig heftig widersprachen. Auf dem Höhepunkt des Streitgespräches rief mein Sohn, der immer noch spielte: »Kardia kai psyche mia« (ein altgriechischer Satz aus der Apostelgeschichte, in dem die ersten Christen als »ein Herz und eine Seele« beschrieben werden). Die Brüder unterbrachen ihre Diskussion und fragten mich, was die Worte bedeuten. Ich erklärte es ihnen, und sofort hatte der Streit ein Ende. Dieser Satz war gerade zur richtigen Zeit gekommen.

Ich habe nur eine Erklärung für diesen Vorfall: Ich hatte das Neue Testament auf Griechisch gelesen, und weil mir diese Stelle besonders gefiel, hatte ich sie auch meiner Frau vorgelesen und erläutert. Diese Erklärung lag seitdem im Unterbewußtsein meines Sohnes verborgen, der sich schon von Kindesbeinen an lebhaft für Religion interessierte und der damals mit im Zimmer gewesen sein mußte. Das Erstaunliche aber ist, daß der Junge diese Worte genau im richtigen Moment gebrauchte.

Einmal hatte ich eine Vision. Ich sah mich voller Freude eine Straße entlanggehen. Vor mir ging ein alter Mann, der mit Mühe zwei volle Eimer trug. Eine innere Stimme sagte mir: »Nimm dem alten Mann einen Eimer ab.« Das tat ich auch. Der Eimer war sehr schwer, und meine Freude ließ nach. Da sagte die Stimme: »Nimm auch den anderen Eimer.« Ich nahm ihn. Jetzt schwitzte ich unter meiner Last. Mit meiner geistigen Erhebung war es vorbei, während der alte Mann jetzt überglücklich war.

In Bukarest lebte ein indischer Hypnotiseur, der mit einer Halbjüdin verheiratet war. Er hatte ein jüdisches Mädchen adoptiert — die Tochter seiner Frau aus erster Ehe. Dieses Mädchen war nicht getauft worden. Als das faschistische Regime an die Macht kam, bat er uns, sie zu taufen, weil er das für eine reine Formsache hielt. Als er merkte, daß wir auf einer Bekehrung vor der Taufe bestanden, gab er den Gedanken daran auf. Sowohl er als auch seine Tochter besuchten uns nicht mehr, obwohl das Mädchen sich zu Christus hingezogen fühlte.

So ging die Tochter zu einem griechisch-orthodoxen Priester und fragte ihn: »Was soll ich tun, um gerettet zu werden?« (Das war zur Zeit der Naziherrschaft, als das Taufen von Juden verboten war.) Der Priester antwortete: »Da Sie Jüdin sind, ist das schwierig, aber schicken Sie einen Antrag an das Patriarchat. Möglicherweise wird man es bewilligen.« Das Mädchen schickte keinen Antrag ein, sondern goß sich selbst Wasser über den Kopf mit den Worten: »Im Namen des Vaters, des Sohnes und des Heiligen Geistes taufe ich mich.« Und damit war ihr leichter ums Herz.

Jahre vergingen. An einem Sonntagmorgen vor dem Kirchgang kniete ich nieder, um Gottes Segen für die Predigt zu erbitten, die ich vorbereitet hatte. Dabei hörte ich deutlich eine Stimme sagen: »Die Predigt, die du vorbereitet hast, ist für heute ungeeignet. Du mußt über das Christentum und die Hypnose predigen.« Ich setzte mich mit der Stimme auseinander und erklärte beharrlich, daß ich für ein so anspruchsvolles Thema nicht vorbereitet sei. Es war nur noch eine Viertelstunde bis zum Beginn des Gottesdienstes. Und im übrigen — zu wem sollte ich über dieses Thema sprechen? Ich konnte mir niemanden in unserer Gemeinde vorstellen, der sich dafür interessieren würde. Doch ich gehorchte der Stimme. Auf meinem

Weg zur Kirche sammelte ich hastig ein paar Gedanken darüber. Nach dem Gottesdienst kam eine junge Dame auf mich zu, die ich jedoch nicht erkannte. Es war die inzwischen erwachsene Tochter des Hypnotiseurs. Sie fragte mich: »Woher wußten Sie, daß ich heute herkommen würde, und weshalb haben Sie eine eigens für mich bestimmte Predigt vorbereitet, die ich doch mit der Hypnose aufgewachsen bin?«

Das Mädchen war eine Woche lang krank gewesen und hatte Gott versprochen, unsere Kirche zu besuchen, wenn sie wieder gesund würde. Ich taufte sie. Sie brachte ihre Mutter mit zu unseren Gottesdiensten, und auch diese wurde bekehrt. Später wurde sie eine berühmte christliche Dichterin, die zu Ehren Jesu zwei Gedichtsammlungen veröffentlichte.

Die junge Frau entwickelte sich zu einer mutigen Arbeiterin in Gottes Weinberg. Eines Tages erhielt sie ganz unerwartet die Erlaubnis, im Frauengefängnis in Bukarest das Evangelium zu predigen. Sie sorgte auch dafür, daß den Gefangenen materielle Hilfe zuteil wurde, die schrecklich an Nahrungsmangel litten. Häufig besuchte sie das Gefängnis.

In der Strafanstalt, wohin ich sie oft begleitete, hatte ich eine interessante Begegnung:

Einige Jahre zuvor hatte ich bei einem Spaziergang mit einem jüdischen Bruder auf der Straße das Schild einer Wahrsagerin gesehen, die sich rühmte, alles über die Vergangenheit, Gegenwart und Zukunft eines Menschen aussagen zu können.

Ihrem Namen nach hätte sie Jüdin sein können.

Wir gingen beide in ihr Büro. Sie fragte uns, was wir wollten. Ich erzählte ihr, daß auch ich ein Wahrsager sei und nicht als Kunde, sondern als Kollege zu ihr käme. Sie war hocherfreut und wies ihr Dienstmädchen an, Kaffee zu bringen. Sie verwendete für ihre Wahrsagerei Karten. Ich sagte ihr, daß ich ein Buch benutzen würde — die Bibel. Ich las ihr eine Stelle aus 5. Mose 18, Vers 10 vor: »...daß nicht jemand unter dir gefunden werde,... der Wahrsagerei, Hellseherei, geheime Künste oder Zauberei treibt...« Ich legte ihr die Stelle aus und schloß: »Wenn Sie nicht bekehrt werden, gehen Sie zugrunde. Jetzt habe ich Ihnen wahrgesagt, und es ist eine von Gott verheißene Prophezeiung.«

Zwei Tage später las ich in der Zeitung, daß die Wahrsagerin und ihre Schwester von dem Dienstmädchen um ihres Geldes willen ermordet worden waren. Jahre später begegnete ich diesem Mädchen im Gefängnis wieder. Sie wurde bekehrt und wurde eine unserer Schwestern.

Eine blinde mosaische Jüdin heiratete einen ebenfalls blinden Rumänen, ohne daß sich beide jemals gesehen hätten. Doch dann stellte sich eine andere Frau zwischen sie. Der Blinde verließ seine Ehefrau und gründete mit ihrer Rivalin einen Hausstand. Die blinde Frau — arm und verzweifelt wie sie war — beschloß, sich das Leben zu nehmen. Sie verschaffte sich einen großen Vorrat an Schlaftabletten. An einem Nachmittag löste sie sie in einem Glas Wasser auf, doch — so berichtete sie uns später — als sie gerade im Begriff war, das Glas zu leeren, sah sie ganz deutlich Jesus im Zimmer. Er sagte: »Was du tust, ist schlecht. Ich werde dir einen viel besseren Weg zeigen.« — »Was für einen«, fragte sie. »Das Leben ist an mir vorübergegangen. Ich habe nichts mehr zu erhoffen.« Jesus antwortete: »Tu was ich dir sage, und du wirst glücklich werden. Geh zu der anderen Frau und sage ihr, sie soll mit deinem Mann bei dir wohnen, und sei du ihr Dienstmädchen. Diene ihnen mit deiner ganzen Liebe, ohne einen Funken Eifersucht, und ich werde dich glücklich machen!«

Sie befolgte diesen Rat, und die beiden zogen bei ihr ein. Sie hegte und pflegte das Paar auf alle nur erdenkliche Weise.

Nach der Vision war ihr Interesse an Jesus geweckt. Sie wurde bekehrt, und ich taufte sie. (Hier ist die Anmerkung interessant, daß ich Juden taufte — was damals von Rechts wegen verboten war — und das noch dazu im Hause eines bekehrten Antisemiten.) Die Frau besorgte sich eine Bibel in Blindenschrift und fand Trost im Heiland, so daß aller Kummer aus ihrer Seele schwand. Später zerstritt sich ihr Mann mit der anderen Frau, und ihr Leben normalisierte sich wieder. Alles ging gut, bis ein Arzt, der unserer Gemeinde angehörte, sie zu behandeln begann in der Hoffnung, ihr das Augenlicht zurückgeben zu können. Sobald sie ein bißchen sehen konnte, zogen weltliche Dinge sie derart in ihren Bann, daß die Vision und Erlösung, deren sie teilhaft gewesen war, in Vergessenheit gerieten.

Ein Mann, der eine hohe Stellung unter dem kommunistischen Regime in Rumänien innehatte, verlor diesen Posten, als man ihn fälschlich denunzierte. In seiner Verzweiflung stieß er sich ein Messer in den Bauch, fiel um und blieb in einer Blutlache liegen. Einer unserer Brüder, der ihm gegenüberwohnte, saß gerade beim Essen, als ihn plötzlich ein unerklärlicher Drang zwang, die Mahlzeit zu unterbrechen und in die Wohnung dieses Mannes zu eilen. In Sekundenschnelle begriff er, was sich zugetragen hatte, und rief: »Wollen Sie dem Teufel in die Hände fallen?« Während er dem Verletzten half, erzählte er ihm vom Heiland. Der Mann wurde gerettet. Was aber hatte unseren Bruder veranlaßt, in die Wohnung des Selbstmörders zu gehen? Diese Frage und die Warnung vor Satan veranlaßten den Kommunisten zum Nachdenken. Heute ist er ein Bruder im Glauben und legt in Israel Zeugnis für Jesus ab.

Wir akzeptieren solche Erlebnisse als Bestandteil eines normalen christlichen Lebens. Sowohl meine Frau als auch mein Sohn haben Jesus in unserem Haus gesehen. Mein Sohn erblickte Ihn, als er etwa fünf oder sechs Jahre alt war. Erst viel später erzählte er uns zufällig davon. Er war damals nicht erstaunt gewesen, Jesus zu sehen, und hielt es nicht für nötig, jemandem davon zu berichten.

So wie ein Besucher aus fernen Landen dem Menschen, den er liebt, ein Geschenk mitbringt, habe ich versucht, meinen Lesern einen schwachen Eindruck von unseren Begegnungen mit der unsichtbaren Welt zu vermitteln, ohne diese Erlebnisse nun unbedingt auf eine höhere Ebene stellen zu wollen. Gott wirkt auf verschiedene Art im Menschen. Er hat Seine Liebe auf alle Geschöpfe und Ereignisse ausgedehnt, selbst auf die gewöhnlichsten, und so wird Er in jedem einfachen Bettler und in jeder schönen Blume sichtbar. Wenn wir Ihn überall sehen, dann sehen wir Gott aufrichtig. Aber ich möchte ganz sicherlich nicht behaupten, daß Erfahrungen mit derartigen ungewöhnlichen Erscheinungen für das christliche Leben notwendig sind.

6

GESPRÄCHE MIT ZIONISTEN UND ANDEREN JUDEN

Die Sünden der Juden
Während des Krieges hatte das Internationale Rote Kreuz die Einwanderung von Juden nach Palästina organisiert. Als sich die Frage erhob, ob man eine Gruppe christlicher Juden dorthin schicken sollte, stellte sich ein führendes Mitglied der zionistischen Bewegung diesem Schritt heftig entgegen: »Wir wollen keine Renegaten. Wir werden sie ins Meer werfen.«

Wir spürten diese Art von Feindseligkeit auch in Gesprächen mit anderen führenden Zionisten. Wir konnten ihren Standpunkt verstehen, doch auch wir hatten unser Nationalgefühl.

In den Evangelien wird Galiläa als das Vaterland Jesu und Nazareth als Seine Stadt bezeichnet. Jesus betrachtete sich nicht als Weltbürger wie die Stoiker, sondern als Jude, und Er liebte Sein Volk. Es gibt eine Art Nationalismus, der ein Bestandteil des Christentums ist: der Wunsch, zum größtmöglichen geistigen, wirtschaftlichen, politischen und kulturellen Nutzen des eigenen Volkes zusammenzuarbeiten. Wenn man sein eigenes Volk nicht liebt, wie kann man dann Ausländer lieben?

Die christlichen Juden haben, ein jeder in seinem Beruf, ihre Verpflichtungen ihrem Volk gegenüber erfüllt, und sie tun es auch in Israel, indem sie ihre Rolle bei der Entwicklung und Verteidigung des Landes voll wahrnehmen.

Die christlichen Juden haben ihrem Volk auf eine ganz besondere Art gedient, indem sie sich dem Antisemitismus entgegenstellten, und zwar auf eine Weise, deren andere Juden unfähig waren.

Während der faschistischen Herrschaft fuhr ich einmal mit dem Zug von Galatz ab. Alle anderen Mitreisenden in meinem Abteil waren jüdische Geschäftsleute. Ich sprach mit ihnen über Jesus, doch sie waren ziemlich gleichgültig. In Ploesti kam ein untersetzter Faschist in unser Abteil. Er schien fast zu riechen, daß wir Juden waren. Kaum hatte er Platz genommen, als er auch schon anfing, beleidigend zu werden und uns mit 'Beschnittener', 'Seitengelockter' und ähnlichen Bezeichnungen anredete.

Die anderen nahmen das schweigend hin. Ich ließ ihm Zeit, sich zu beruhigen, öffnete dann meine Bibel und zeigte ihm eine Reihe von Stellen, die bewiesen, daß Jesus ein Jude war. Ich sagte ihm, daß die Beschneidung Jesu im Evangelium erwähnt wird. Die Christen glauben, das Lied Salomos sei ein prophetisches Buch über Jesus. In diesem Buch steht geschrieben: »Denn mein Haupt ist voll Tau und meine Locken voll Nachttropfen« (Lied Salomos 5, 2). Folglich muß auch Jesus Seitenlocken getragen haben. »Wenn Sie sich über die Juden lustig machen, dann machen Sie sich auch über Jesus lustig«, sagte ich zu dem Faschisten.

Ich fuhr fort: »Ich nehme an, daß Sie, wie jeder Christ, auf die Wiederkunft Christi warten. Als

Er das erste Mal kam, kam Er als Jude mit Seitenlocken nach Palästina. Sollte Er sich entschließen, ein zweites Mal als Jude mit Seitenlocken nach Rumänien zu kommen, würden Sie Ihn verspotten und schlagen. Was für ein Christ sind Sie eigentlich?« Er entschuldigte sich und gestand, daß bis jetzt noch nie jemand mit ihm über diese Dinge gesprochen habe.

Auch auf diese Weise dienen wir unserem Volk.

Doch wir erkannten, daß wir noch eine weitere Pflicht haben: es genügt nicht, den Antisemiten lediglich ihre Sünden zu zeigen. Auch die Juden haben ihre nationalen Schwächen, die ihnen klargemacht werden müssen.

Wir konnten der Darstellung der jüdischen Geschichte von Dubnow und Grätz nicht zustimmen. Nach Ansicht dieser Schriftsteller sind die Juden bei all ihren Konflikten mit anderen Völkern und zu allen Zeiten der Geschichte im Recht gewesen. Ihnen zufolge sind wir immer schon die unschuldigen Opfer gewesen, und andere Leute hassen uns ohne Grund.

Historiker neigen oft dazu, in genau derselben Weise über andere Völker zu schreiben, und das ist nicht richtig. Ich verschwende keine Zeit mit Leuten, die behaupten, daß die Neger, die Weißen die Amerikaner oder die Russen immer recht haben. Jede gesellschaftliche Gruppe hat ihre Sünden. Auch wir Juden haben unsere Sünde, und die jüdische Sünde hat vielerlei Gesichtspunkte.

In wirtschaftlicher Hinsicht ziehen wir großen Nutzen aus den Ländern, in denen wir leben, indem wir uns einen größeren Anteil des Reichtums eines Landes aneignen, als uns zahlenmäßig zusteht. Das ist ein allgemeines Merkmal und soll nicht heißen, daß alle Juden Ausbeuter sind. Viele sind furchtbar arm und manche leben sogar in Elendsvierteln. Die meisten Juden führen ein ehrliches und kreatives Leben.

Für unseren Anteil am Nationaleinkommen gibt es eine Erklärung: Die Juden leben vorwiegend in den Städten und erfreuen sich deshalb des hohen Lebensstandards, der dort herrscht. Und zweitens waren sie im Mittelalter von den Handwerkerzünften ausgeschlossen. Infolgedessen widmeten sich sehr viele Juden dem Geschäfts- und Bankwesen. Bis auf den heutigen Tag spielen sie im kommerziellen und finanziellen Leben vieler Länder eine wichtige Rolle und häufen großen Reichtum an.

Ein nichtjüdischer Ausbeuter, sei er nun Rumäne, Deutscher oder Franzose, geht genauso vor wie ein Jude. »Der Antisemitismus ist der Sozialismus der Dummen«, sagte Engels einmal, »denn er greift nur die jüdischen Ausbeuter an und läßt die anderen ungeschoren.« Das stimmt, aber es gibt sehr viele Dumme. Wenn der Ausbeuter einer anderen Rasse angehört, wird aus dem sozialen Problem ein nationales.

Nicht alle Juden sind unschuldig an dem gegen sie gerichteten Haß. Es gibt da noch etwas, das die Feindseligkeit anderer erweckt: Im Vergleich zu anderen Rassen erfreuen sich die Juden einer großen intellektuellen Überlegenheit. Wie ich bereits erwähnt habe, sind über sechzig Prozent der Nobelpreisträger Juden gewesen, und die Nuklearwissenschaft, dieser große wissenschaftliche Erfolg des Zwanzigsten Jahrhunderts, befindet sich größtenteils in jüdischer Hand. Ein Jude namens Sternfeld war der erste Vorsitzende des Komitees für Russische Kosmonautische Koordination. Juden haben Schlüsselpositionen im politischen, wirtschaftlichen und kulturellen Leben.

Wenn all das zur Errichtung des Königreiches Gottes benutzt würde, einem Königreich der Gerechtigkeit, des Friedens und der Freude auf Erden — und das ist ja die besondere Aufgabe des jüdischen Volkes — dann würde der Alptraum, in dem die Menschheit heute lebt, ein Ende haben. Wie der Apostel Paulus sagte: »Denn wenn ihre Verwerfung der Welt Versöhnung ist, was wird ihre Annahme anderes sein als Leben aus den Toten?« (Röm. 11, 15).

Die anderen Völker meinen, die Juden könnten sehr viel für sie tun, was sie jedoch ungetan lassen.

Ein Mitglied einer antisemitischen Organisation war zu zwanzig Jahren Gefängnis verurteilt worden. Wir begegneten uns in einer Gefängniszelle. Der Mann war verzweifelt. Er ergriff meine Hand und sagte: »Tut etwas für die Welt, ihr Juden! Nur ihr allein könnt es!«

Was nützt ein Messer, das nicht schneidet, eine Feder, die nicht schreibt, oder eine Uhr, die nicht die Zeit ansagt? Was nützt eine jüdische Rasse, die nicht gewissenhaft, systematisch und gründlich ihre Rolle als auserwähltes Volk erfüllt, das den anderen Völkern Licht bringen und ihre Schritte zu Gott lenken soll?

Jesus sprach zu den Juden: »Ihr seid das Salz der Erde; wenn nun das Salz kraftlos wird, womit soll man's salzen? Es ist zu nichts hinfort nütze, denn daß man es hinausschütte und lasse es die Leute zertreten.« (Matt. 5, 13). Der Antisemitismus hat uns mehr als genug von diesem tragischen Schicksal beschert. Unverzeihliche Verbrechen sind gegen uns begangen worden. Aber sind wir alle völlig unschuldig? Ich möchte es von mir selbst nicht behaupten.

Diskussion in einer Gefängniszelle

Als ich mich in Einzelhaft befand, erfuhr ich mit Hilfe unseres Nachrichtensystems, das aus Klopfen eines Kodes an die Wände bestand, von einem neuen Häftling etwas über die Schaffung des neuen Staates Israel, und große Freude ergriff mich. Später sprach ich in einer Gemeinschaftszelle mit einem Angehörigen der extremen Rechten der zionistischen Bewegung. Er war mir lange Zeit aus dem Weg gegangen, weil, so drückte er sich aus, wir beide harte Nüsse seien, und er eine Begegnung für sinnlos hielt. Doch eine Erklärung war nötig, und so bewerkstelligte Gott unser Zusammentreffen in einer Gefängniszelle. Er war eine starke Persönlichkeit und hinterließ bei seinen Mitmenschen einen tiefen Eindruck. Weder Folter noch Entbehrung aller Bequemlichkeiten in seinem hohen Alter veranlaßten ihn zum Selbstmitleid, sondern dienten ihm als Gelegenheit, all seine Kräfte aufzubieten, um den Kampf fortzusetzen.

Ich hatte in der Zelle über die Kreuzigung Jesu gepredigt, worauf eine Diskussion folgte, in der er offen seine Meinung zum Ausdruck brachte.

»Ihr beständiges Verweilen beim Leiden Jesu ist ein Zeichen von Masochismus, und Ihre fortwährende Verherrlichung der Jungfrauengeburt erregt nur Gelüste. Ein normaler Mensch denkt nicht ständig an die Jungfräulichkeit eines Mädchens. Es zeigt, wie Ihr Unterbewußtsein arbeitet. Das Christentum ist eine Religion von Neurotikern. Es ist zwar noch imstande, die religiösen Bedürfnisse einiger seiner Bekehrten zu befriedigen; der Judaismus jedoch ist die Religion des Lebens, des normalen Lebens in seiner ganzen Fülle; es hat nichts mit einem gekreuzigten Heiland zu tun. Unsere Sünden sind durch das Opfer Isaaks gesühnt worden, das Abraham bringen wollte und das aber nicht ausgeführt wurde.«

Ich fragte ihn: »Wenn das Christentum eine falsche Religion ist und das jüdische als das von Gott auserwählte Volk recht hat, wie erklären Sie dann die tiefe Kluft zwischen Gott und dem jüdischen Volk? Warum werden wir von Gott bestraft und unter alle Völker zerstreut?«

Er antwortete: »Wir werden nicht von Gott bestraft. Die Zerstreuung ist unsere Mission. Das Getto bereitet uns auf die Erfüllung unseres alten Glaubens vor, daß der Tag kommen wird, an dem Israel sich über alle Länder verbreiten wird. Damit dieses Ideal erfüllt wird, sind wir über die ganze

Welt verstreut; doch unter einem Fluch leben wir nicht.«

Ich machte ihn darauf aufmerksam, daß das im Widerspruch zum jüdischen Gebetbuch steht, das wiederholt behauptet: »Um unserer Sünden willen werden wir aus unserem Land vertrieben.« Es steht außerdem im Widerspruch zu dem, was im Alten Testament geschrieben steht: »Wenn du aber nicht gehorchen wirst der Stimme des Herrn, deines Gottes,...so daß ihr herausgerissen werdet aus dem Lande, in das du jetzt ziehst, es einzunehmen. Denn der Herr wird dich zerstreuen unter alle Völker von einem Ende der Erde bis ans andere.« (Deut. 5. Mose 28, 15, 63, 64).

Er beharrte jedoch auf seinem Standpunkt: »In der Diaspora ist uns Gott ebenso nahe wie Er es am Fuße des Berges Sinai war. Die Rabbiner, die das Gebetbuch geschrieben haben, gestehen, daß sie schuldig sind, weil sie unterwürfig sind. Und die von Mose ausgesprochenen Flüche sind ein Fleck auf einem sonst großartigen Charakter.«

»War es Mose, der diese Flüche aussprach«, fragte ich. »Er behauptete doch, daß Gott es war.«

Der Zionist antwortete kategorisch: »Es waren lediglich die Worte von Mose, und wir sind unschuldig. Wir sind die Lieblingskinder Jehovas und wir erfüllen die Mission, mit der Er uns betraut hat. Sie aber sind in die Reihen der Antisemiten getreten.«

Ich hielt es für das Beste, diese Stichelei zu ignorieren, und fuhr fort: »Mir scheint, Sie wollen sagen, daß es die Mission Israels ist, das Gesetz

Mose, dem Sie selbst nur teilweise zustimmen, und den Glauben an den Gott Israels zu verbreiten. Ganz sicher existiert diese Mission noch. Aber Sie müssen halb blind sein, wenn Sie nicht sehen können, daß sie nur durch Jesu Wirklichkeit wird. Wo immer in der Welt ein Nichtjude zum Go[tt] Israels betet und die göttliche Autorität der jü[disc]hen Bibel und der jüdischen Propheten anerkennt, geschieht das dank der von Jesus gegründeten Kirche und keineswegs dank eines mosaischen Juden. Wenn die mosaischen Juden keine andere Sünde begangen hätten — und in diesem Falle würden sie die Engel im Himmel überragen — so haben sie doch zumindest die Sünde begangen, ihre Mission nicht erfüllt, sondern nur darüber geredet und sie anderen überlassen zu haben. Ihre Schuld wird dadurch noch größer.«

Mein Gegner wandte sich plötzlich vom Thema der göttlichen Mission ab und widersprach dem, was er bereits gesagt hatte, indem er spöttisch erklärte: »Sie werden nicht mehr lange über uns klagen können. Unser Ziel als Zionisten ist, zurückzukehren in das Land, das uns gehörte und von dem ein großer Teil immer noch zu Unrecht von den Arabern besetzt ist. Dann werden wir euch alle in Frieden lassen. Die christlichen Juden werden vor die Wahl gestellt werden, entweder Juden oder Christen zu sein. Wenn sie das erstere wählen, müssen sie sich uns anschließen; wählen sie das letztere, dann müssen sie bei ihren Religionsbrüdern bleiben.«

»Einige von uns wollen mit Ihnen gehen«, versicherte ich ihm, »obwohl ich zugebe, daß das Schwierigkeiten bereiten wird, denn wir wollen mitgehen und dennoch unsere christliche Überzeugung beibehalten.«

»Wir wollen uns nicht in Ihre Privatangelegenheiten mischen«, erklärte er. »Schließlich können Sie glauben oder nicht glauben, ganz wie Sie wünschen.«

»Genau da werden sich Schwierigkeiten auftun-«, sagte ich. »Ihr christlicher Glaube wird sich in ihnen nicht zurückhalten lassen und er wird sich auch nicht mit der Sicherstellung ihres eigenen ewigen Heils begnügen. Der Glaube offenbart sich in wahrem Denken und in einer Unparteilichkeit, die es Ihnen sicherlich erschweren wird. Nehmen wir beispielsweise das von Ihnen erwähnte Problem mit den Arabern. Die Araber sind bereits jahrhundertelang in Palästina; es wäre falsch zu sagen, sie hätten sich unrechtmäßig des Landes bemächtigt. Ebensogut könnte man darauf bestehen, die Amerikaner aus den Vereinigten Staaten zu vertreiben, damit das Land den Indianern zurückgegeben werden könnte. Wenn die hebräischen Christen nach Palästina gingen, würde ihre Meinung von der Ihren abweichen. Für sie wären die Araber Brüder. Wir sind Gegner des Chauvinismus. Ganz Jerusalem und Israel gehören rechtmäßig den Juden, aber es muß das Äußerste getan werden, damit die Araber sich bei uns zu Hause fühlen.«

Er rief: »Wenn Sie das tun, wird man streng gegen Sie vorgehen. Die christlichen Länder haben sich uns gegenüber nicht christlich verhalten, und wir werden niemandem gestatten, ausgerechnet unseren Feinden in Palästina gegenüber mit christlicher Liebe zu experimentieren, wo unsere nationalen Interessen auf dem Spiel stehen.«

Ich konnte nicht zulassen, daß er die gesamte Christenheit verdammte. »Viele Christen haben sich Juden gegenüber wahrhaft christlich verhalten; alle Pietisten, die skandinavischen Lutheraner und sehr viele amerikanische Protestanten und Katholiken, Laien wie Geistliche. Auch einige Angehörige der griechisch-orthodoxen Kirche. Sie sind schnell dabei, die schlechten Eigenschaften der Christen zu bemerken, aber Sie schließen Ihre Augen vor ihren guten Eigenschaften. Wo den Christen der Geist des Glaubens fehlt, wo ihr Christentum eine reine Formalität ist, da mögen sie Hand in Hand mit dem Antisemitismus gehen. Aber es hat zweifellos immer schon unzählige gläubige Christen gegeben, die Sie geliebt haben. Jedenfalls vertritt Ihr Chauvinismus ganz und gar nicht die jüdische Meinung. Die meisten Angehörigen unseres Volkes würden eher einer Politik der Liebe und der Verständigung zustimmen. Der wahre Zionismus ist in ethischer Hinsicht christlich, denn er kämpft für die jüdische Sache und empfindet gleichzeitig freundschaftliche Gefühle für die Araber.«

Ein bekannter Antisemit, der bis dahin schweigend zugehört hatte, unterbrach uns: »Herr Wurmbrand, Sie, der Sie sowohl Jude als auch Christ sind, könnten uns Rumänen am besten erklären, ob es eine jüdische Verschwörung gegen die Nichtjuden, die von einer geheimen jüdischen Regierung mit Namen Kahal geleitet wird, gibt oder nicht?«

Ich erwiderte: »Es gibt keine von den Juden angestiftete Verschwörung. Nichtjuden tun sowohl Gutes als auch Böses, wenn sie ihren wahren Instinkten folgen, ohne vorherige Absprache. Die Juden verhalten sich genauso, ohne daß es einen Kahal gibt. Zwischen den jüdischen Parteien und Glaubensrichtungen gibt es ungeheure Unterschiede. Kommunistische Juden bringen zionistische Juden ins Gefängnis. Sie haben jetzt eine wunderbare Gelegenheit, sich davon zu überzeugen. Dennoch sind die Juden vereint, doch nicht aufgrund eines Kahals, sondern aufgrund ihrer nationalen Eigenschaften, und das trifft auch auf andere Nationen zu. Diese besonderen jüdischen Eigenschaften erbringen mitunter positive Folgen von enormem Wert und mitunter negative, wie ihre Einstellung zu Christus. Diese letztere Haltung betrachten wir als einen wahren Fluch für die Völker der Erde, die sich dieser Haltung zwar bewußt sind, sie jedoch nicht verstehen, weil sie die einzig mögliche Lösung der Weltkrise verzögert, nämlich die Errichtung des Königreichs Gottes, das sich auf Gerechtigkeit und Freude gründet und dessen Oberhaupt nur Christus sein kann. Dieser Fluch muß durch die Bekehrung der Juden zum Glauben an Jesus in einen Segen verwandelt werden, weil sie dazu berufen sind, bei der Errichtung Seines Königreichs Gottes Hauptwerkzeug zu sein. Auch der Antisemitismus ist ein Fluch, weil er die Bekehrung der Juden verhindert.«

Der Antisemit erwiderte: »Sie werden die Feindseligkeiten gegen die Juden nie ausmerzen. Denn die Juden sind unfähig, sich anzupassen; in jedem Land bleiben sie ein Fremdkörper. Jeder Organismus aber hat einen natürlichen Hang, Fremdkörper auszuscheiden.«

Ich machte ein Zugeständnis: »Die Juden unterscheiden sich ziemlich von anderen Völkern. Das beweist ihre einzigartige Geschichte. Sie können nicht assimiliert werden. Aber in Seinem Gleichnis vom Barmherzigen Samariter hat uns Jesus gelehrt, daß wir nicht etwa die Menschen anderer Nationen absorbieren, sondern uns ihnen gegenüber gerecht und freundlich verhalten sollen, ganz gleich wer sie sind. Für den Antisemitismus gibt es keine Rechtfertigung.«

Der Antisemit, der die Wiederaufnahme meines Gespräches mit dem Zionisten verhindern wollte, bestand auf seiner Überzeugung: »Ein Volk muß sich zur Wehr setzen. Die Juden sind nicht nur unfähig, sich anzupassen, sondern sie möchten uns auch noch gerne ihrer eigenen Mentalität anpassen. Sie untergraben unsere nationalen Institutionen.«

Ich antwortete: »Was das betrifft, so haben Sie bereits Ihre Niederlage erlitten; Sie alle leben in einem Zustand des perfekten Judaismus. Wenn Sie sich des judaischen Einflusses entledigen wollen, dann müssen Sie auf das Christentum, den Kapitalismus und den Kommunismus verzichten;

Sie müssen die Singer-Nähmaschinen, Waxmanns Streptomyzin, einen wesentlichen Teil des Reiches der Mikrophysik, Einsteins Relativitätstheorie, kurzum alles, was den Menschen des zwanzigsten Jahrhunderts kennzeichnet, aufgeben und zu dem primitiven Zustand eines Hirtenstammes zurückkehren. Es ist schließlich eine Tatsache, daß der Mensch über die Natur herrscht, und daß augenblicklich die weiße Rasse die fortgeschrittenste ist. Es ist eine weitere Tatsache, daß die jüdische Mentalität im Guten wie im Bösen vorherrschend ist. Die Juden haben ein unübertroffenes Geschick, anderen ihre Ideen aufzudrängen, und in dieser Beziehung sind sie unschlagbar, obwohl das nicht immer vorteilhaft für sie ist. Doch gereicht es ihnen auch nicht jedesmal zur Schande. Leute wie Sie versuchen, die Juden loszuwerden und verehren gleichzeitig Jesus, der selbst als Angehöriger unserer Rasse geboren wurde.«

Ich wandte mich an den Zionisten und fügte hinzu: »Auch wir christlichen Juden besitzen diese Eigenschaft der Unbesiegbarkeit. Wir sind die wahren Träger judaischer Werte.«

Er antwortete: »Sie sind Ketzer des jüdischen Glaubens. Als Protestant sind Sie außerdem ein Ketzer des christlichen Glaubens. Zweifacher Ketzer! Wir können Freunde sein, aber es ist unmöglich, unsere Prinzipien miteinander in Einklang zu bringen. Ihre Worte verbergen wirklich glühenden Haß auf alles, was uns teuer ist, genau wie die Rote Flagge dem Haß als Deckung dient. Marx hat ein antisemitisches Buch geschrieben

'*Die jüdische Frage*'. Auch die Kommunistische Internationale hat ihre These über das Judenproblem in dem Buch von Heller mit dem Titel '*Das Ende des Judaismus*' veröffentlicht. Wir werden überall gehaßt, und zwar ganz entschieden.«

Um Menschen zu helfen, die sehr gelitten haben und die so weit sind, daß sie Feindseligkeit in Menschen sehen, die gar nicht ihre Feinde sind, sind bloße Worte machtlos.

Aus diesem Grunde beschloß ich, das Thema zu wechseln, und sagte: »In einem Buch, das Sie 1934 veröffentlichten, haben Sie geschrieben, daß die jüdische Einwanderung in den dem jüdischen Volk zur Verfügung gestellten Teil Palästinas einen kritischen Punkt erreichen würde, wenn Palästina keine Juden mehr aufnehmen könne. Eine überwältigende Mehrheit von Juden wird zwangsläufig über die anderen Völker verstreut bleiben, und Sie müssen aufhören, sich der Vorstellung hinzugeben, nur von Feinden umringt zu sein. Eine neue Anpassung wird erforderlich sein, doch Ihre antichristliche Haltung wird diese Anpassung erschweren. Im übrigen geht das Abfallen vom mosaischen Glauben in Palästina rascher vonstatten als in der Diaspora. Nur ein kleiner Prozentsatz der Juden in Palästina besucht die Synagogen oder hält die jüdischen Traditionen. Wie stellen Sie sich dazu?«

Er erwiderte: »Wir sind wieder in unserem eigenen Land. Endlich werden wir imstande sein, die teuren und tödlichen Kleider der auserwählten Rasse abzustreifen. Wir werden wie alle anderen

Völker sein.«

»Sie widersprechen sich«, ermahnte ich ihn. »Vor einigen Minuten noch sprachen Sie von der heiligen Mission Israels, des Lieblingskindes Jehovas.«

Er lachte. »Jetzt, da wir in Palästina sind, werden wir unsere Mission zu Ende führen, indem wir Apostel in fremde Länder entsenden. Aber auf materieller Ebene werden wir wie die anderen Völker leben. Wir werden unsere eigene Armee haben, die uns Siege bringen wird. Wir werden Traktoren haben und sie werden unser Messias sein.«

Da machte ich ihn aufmerksam: »Und eines Tages werden wir sterben und lassen unsere Folterknechte und unsere Opfer hinter uns. Denn in den Ländern, in denen wir gelebt haben, sind wir nicht nur umgebracht worden, sondern wir haben selbst auch gemordet. Denken Sie an die Millionen Menschen, die von Trotzki, von Bela Kun, von Tibor Szamuely, von Rakosi, von Ana Pauker umgebracht worden sind — alles Juden, die in kommunistischen Ländern herrschten. Auch unsere Traktoren werden wir hinter uns lassen und wir werden vor dem Gericht Gottes stehen. Wir werden alles, was wir getan haben, verantworten müssen, und noch mehr für das, was wir unterlassen haben, weil wir nicht gehorsame Träger des Lichts gewesen sind. Der Judaismus hat wie ein Leuchtfeuer gestrahlt. Die Erlösung kam und kommt immer noch von den Juden, wie es Jesus gesagt hat. Aber sie kommt nur vom Judaismus, der in Jesus Fleisch geworden war. Der alle Völker vereinende Geist kommt nicht von den Juden, die anderen Nationen den Zutritt zum Tempel verwehrten, sondern von Jesus. Die Auffassung von der höchsten Gerechtigkeit kommt ebenfalls nicht von den Juden, deren grundlegende Offenbarung das Alte Testament ist (ein sehr wertvolles Buch, das jedoch Gebote enthält, unschuldige Menschen völlig zu vernichten). Sie kommt von Jesus. Jesus hat als erster von einem gerechten und unparteiischen Gott gepredigt, der sich in der Liebe zu jedem Volk, das ihn sucht, offenbart.«

Der Zionist begnügte sich mit der Antwort: »Wir sind bereit, den anderen Völkern das Christentum zu schenken, und wir werden sehen, wie sie es in die Tat umsetzen. Sollen sie doch ertragen, ins Gesicht geschlagen zu werden und die andere Wange hinzuhalten! Wir haben uns lange genug mit Schlägen abgefunden. Wir wollen die Religion der Sanftmut nicht mehr.«

Im Gefängnis können ernsthafte Diskussionen nicht lange dauern. Der Antisemit benutzte diesen Moment, um einen Witz zu machen: »Wir werden das Christentum von Ihnen geschenkt bekommen, mit Ausnahme des Gebots über den Ehebruch. Jüdinnen sind sehr schön. Wir sind zwar gegen die Juden, aber nicht gegen Jüdinnen!«

In der unreinen Atmosphäre, die ein solcher Witz erzeugt, atmet der Geist nicht mehr. Ich hielt Frieden. Was unsere schwachen Worte nicht bewirken können, das kann Gott. Er wird Seine Friedenspläne verwirklichen, selbst den des Friedens zwischen Juden und Arabern. Er hat das

Wunder vollbracht, den Juden den Sieg im Sechs-Tage-Krieg zu schenken. Wir erhoffen sogar ein noch größeres Wunder: den dauerhaften Frieden zwischen Israel und den Arabern mit einem jüdischen Jerusalem, das der islamischen Welt als Leuchtturm dient. Am Fuße des Kreuzes Jesu können Juden und Araber Freunde werden.

»Ich halte an unserer alten Religion fest«
Ich sprach mit einem anderen Oberhaupt der Zionisten und fragte ihn: »Es ist mir klar, daß Sie gezwungen sind, uns anzugreifen. Aber warum tun Sie das auf eine so vulgäre Art?«
Er antwortete: »Wir wählen unsere Methode je nach dem Geschmack der Öffentlichkeit. Ein akademischer Stil wäre nicht sehr überzeugend.«
»Vergessen wir das«, erwiderte ich. »Im Brief des Paulus an die Römer wird die christliche Kirche mit einem Zweig verglichen, den man auf den Olivenbaum des Judaismus gepfropft hat. Sind Sie sich bewußt, was das bedeutet? Eine Organisation, die mehr als tausend Millionen Menschen umfaßt und die in der Geschichte eine ungeheure Rolle spielt, wird in dem heiligen Buch eben dieser Religion als das rechtmäßige Eigentum der Juden beschrieben. Wir sind doch wohl nicht so stark, reich und selbstsicher, daß wir auf eine Position dieser Art verzichten können? Im heiligen Buch von tausend Millionen Menschen wird Jesus der Ruhm des Volkes Israel genannt (Luk. 2, 32). Können wir, die wir so verachtet werden, es uns leisten, auf diesen Ruhm zu verzichten?«

Er erwiderte: »Wir lehnen das ab; wir weigern uns, mit Jesus und dem Christentum irgendetwas zu tun zu haben.«

Ich frage ihn: »In wessen Namen lehnen Sie das ab? Wen vertreten Sie? Spricht denn nicht die intellektuelle Elite im Namen der Nation? Im zwanzigsten Jahrhundert hat nämlich die intellektuelle Elite des jüdischen Volkes fast ausnahmslos Jesus unterstützt.«

Ich zitierte aus *'Wie ich die Welt sehe'* von Albert Einstein, worin er sagte, daß, wenn wir den Judaismus von den Propheten und das Christentum, wie Jesus es gepredigt hat, von all seinen späteren Zusätzen, vor allem von der Macht der Priester säubern würden, wir eine Lehre hätten, die in der Lage wäre, die Menschheit von all ihren sozialen Krankheiten zu heilen. »Es ist die Pflicht aller guten Menschen«, sagte Einstein, »ernsthaft danach zu streben, diese wahrhaft menschliche Lehre, soweit es in ihren Kräften steht, in ihr Milieu einzuführen.«

Ich fuhr fort: »Die Synagoge hat sich geweigert, Henry Bergson zu beerdigen, weil er öffentlich bekannt hatte, ein Jünger Jesu zu sein. Der große jüdische Dichter Franz Werfel schrieb zum Lob der heiligen Bernadette. Der berühmte jüdische Romanschriftsteller Scholem Asch war Christ. Nils Bohr und Piccard sind christliche Juden, und es gibt derer noch viele andere. Emil Ludwig verfaßte *'Des Menschen Sohn'*, ein Buch voller Bewunderung für dieses Thema. Dasselbe gilt auch für Max Brod, ganz zu schweigen von Martin Buber, der Jesus seinen älteren Bruder nannte.

Diese Leute sind doch immerhin stellvertretende Führer der jüdischen Rasse. Zum ersten Mal in der Geschichte hat sich die intellektuelle Führungsspitze des Judaismus auf die Seite Jesu gestellt. Auf diese Weise wird eine biblische Prophezeiung erfüllt, ebenso wie die der Rückkehr der Juden nach Palästina; und die Tatsache, daß die Juden in so vielen Ländern führende Positionen einnehmen, erfüllt weitere biblische Prophezeiungen.«

Der Zionistenführer lachte: »Die von Ihnen erwähnten Personen wurden ausnahmslos erst im hohen Alter zum Christentum bekehrt, wenn die Leute dazu neigen, an Arterienverkalkung zu leiden. Ich zerbreche mir den Kopf nicht über Religion, aber wenn wir schon eine haben müssen, dann halte ich an unserer alten Religion fest.«

Es war unmöglich, ihn zur Vernunft zu bringen. Er wußte nicht, daß die alte und dem Abraham vertraute Religion Erlösung durch den Glauben bedeutete, genau das, was die Christen predigen; und daß die neue Religion in Wirklichkeit die mosaische ist, in der die Erlösung die Frucht des Gehorsams gegenüber Geboten ist, die erst vierhundert Jahre nach dem Tod Abrahams niedergeschrieben wurden.

Ein weiterer Punkt, der uns von den Zionisten unterschied, war, daß ihnen die nationale Frage von höchster Wichtigkeit war. Sicherlich standen auch wir ihr nicht verständnislos gegenüber, doch maßen wir ihr geringere Bedeutung bei.

Doch in einem sind wir mit den Zionisten einer Meinung: Israel gehört unsere Liebe. Die Anrechte der Juden auf Palästina sind unwiderlegbar. Gott, der Schöpfer des Universums, hat ihnen dieses Land gegeben.

Was die Araber betrifft, so ist es einfach Unsinn, wenn sie vor den Juden Angst haben. Was können schon drei Millionen Juden gegen dreihundert Millionen Araber ausrichten? Die Araber sollten eher von der intellektuellen und finanziellen Überlegenheit ihrer neuen Nachbarn profitieren und lernen. Ich würde außerdem erwarten, daß sich der Vatikan und der Weltkirchenrat klar auf die Seite Israels stellen.

Wir machten unseren Standpunkt deutlich.

Die Juden erfreuen sich intellektueller und materieller Vorteile, die die Araber nicht besitzen. Es ist an den Juden, Verständnis, Liebenswürdigkeit, Nachsicht und Hilfsbereitschaft für die arabische Welt zu zeigen. Wenn man ihnen Liebe entgegenbringt, können Schwierigkeiten überwunden werden.

Wie wirkungsvoll wäre es, die verarmten Ägypter mit Brot, Medikamenten und Worten des Friedens zu bombardieren! Auch christliche Nationen könnten auf diese Art vorgehen. Greift man das jüdische Volk an, muß es sich mit militärischen Waffen verteidigen. Doch die grundlegende Herzenshaltung muß Liebe sein. Jeder wahre Jude liebt die Araber. Sie verdienen Liebe wie jeder andere Mensch auch.

Allen Menschen das Gleiche
Der Lehrsatz, an dem die Zionisten besonders schwer zu kauen hatten, war das Gebot, daß man seine Feinde lieben soll.

Hätte je ein Zionist das getan, was wir taten? Nachdem Rumänien sein Bündnis mit dem nazistischen Deutschland gebrochen hatte, wurde angeordnet, daß jeder, der Angehörige der deutschen Wehrmacht versteckte, sich der Todesstrafe aussetze, da alle Deutschen als Kriegsgefangene ausgeliefert werden sollten. Eine Reihe von Mädchen, die in der deutschen Wehrmacht dienten, die sogenannten *Blitzmädchen*, baten uns um Obdach, um sie vor der Deportation nach Rußland zu retten. Selbstverständlich versteckten wir sie.

Irgend jemand zeigte uns an, und die Polizei umstellte das Haus. Ein Polizeikommissar trat ein und fragte mich: »Beherbergen Sie deutsche Mädchen?« Ich antwortete: »Wissen Sie, was für eine Staatsangehörigkeit ich besitze?« Er sagte: »Richard Wurmbrand? Sie sind natürlich Deutscher.« Ich zeigte ihm meinen Personalausweis, der während des faschistischen Regimes ausgestellt worden war und der bestätigte, daß ich jüdischer Abstammung war. »Ich bin Jude«, erklärte ich. »Meine halbe Familie ist von den Nazis umgebracht worden. Glauben Sie tatsächlich, daß ich deutsche Mädchen beherbergen würde?«

Der Kommissar entschuldigte sich: »Das Ganze ist offensichtlich ein Irrtum«, gestand er und zog sich zurück. Die Mädchen waren in einem Nebenzimmer. Wir machten keinen Unterschied, wie auch Gott keinen Unterschied macht, wenn Er auf Gutes und Böses gleichermaßen die Sonne scheinen und den Regen fallen läßt.

Auch bei anderen Gelegenheiten setzten wir uns mit Erfolg für Deutsche ein, denen die Deportation drohte, bloß weil sie Deutsche waren. Es war ein ähnliches Verbrechen wie die Verfolgung von Menschen, nur weil sie Juden waren.

Mit der Zeit wurde diese Tätigkeit weit bekannt. Die Zionisten konnten uns das ebensowenig verzeihen, wie sie Jesus nicht verzeihen konnten, daß Er den Römern und Samaritern, ja selbst den Zöllnern, die Landesverräter waren, Seine Liebe gleichermaßen schenkte. Es wurde Ihm sogar unterstellt, Er stünde auf ihrer Seite, weil die Menschen nicht erkannten, daß die Liebe, die Er Sündern schenkte, nicht bedeutete, daß Er ihre Verfehlungen übersah, sondern daß sie ihren Geist heilen würde. Ebenso hießen wir nicht den Nazismus gut, sondern wir heilten einige Nazis durch Taten der Liebe.

Unsere Stellung als christliche Juden hat schon immer in der Klemme gesteckt; bei unserem Versuch, alle für den Glauben zu gewinnen und allen Menschen alles zu sein, waren wir fast wie Schauspieler, die in verschiedenen Theaterstücken völlig unterschiedliche Rollen darzustellen suchten.

Um mich zu beschämen, bezeichnete mich einmal jemand als einen großen Schauspieler. Ich faßte das als Kompliment auf. Mir ist unverständlich, wie man ein guter Missionar sein kann, wenn man nicht eine gewisse künstlerische Ader und die

Fähigkeit besitzt, verschiedene Rollen zu spielen.

Eines Tages verließ ich das Haus, um meiner Pflicht als Menschenfischer nachzukommen. Der erste, mit dem ich sprach, war ein bekannter Antisemit. »Ich will nichts von Jesus hören, weil Er ein dreckiger Jude war«, wies er mich ab. Ich antwortete: »Woher wissen Sie, daß Jesus ein dreckiger Jude war? Er ist der Sohn Gottes, und Er gehört nicht einer einzelnen Nation an. Als Er die Händler aus dem Tempel vertrieb, zeigte Er Seine Verachtung für eine Eigenschaft, die auch Sie an den Juden verdammen, die Jagd nach dem Geld. Die schärfsten ablehnenden Worte, die je über Juden geschrieben worden sind, stehen im Neuen Testament. Ihr Platz ist an der Seite Jesu und nicht bei denen, die Ihn zum Tode verurteilten.«

Ich verabschiedete mich von ihm und traf einen Juden, der mir erzählte, er glaube nicht an Jesus, weil Er nur der Heiland der Nichtjuden sei. Ich fragte ihn: »Woher haben Sie denn das? Jesus war Jude. Das Neue Testament beginnt mit den Worten: 'Jesus Christus, der Sohn Davids, der Sohn Abrahams', führt Seine vollständige Ahnenreihe auf und beweist damit, daß Er jüdischer Abstammung ist. In den Schriften wird Jesus 'der Ruhm Seines Volkes Israel' genannt. Er liebte Sein Volk leidenschaftlich und sagte zu einer Samariterin: 'Das Heil kommt von den Juden' (Joh. 4, 22). Das Christentum ist im wesentlichen ein ungeheures Vorhaben, die Welt zu judaisieren, denn es ist angeordnet worden, daß Menschen aller Rassen 'im Herzen Juden' werden sollen. Selbst nachdem

Jesus gekreuzigt worden war, nannten die Apostel Jerusalem weiterhin die Heilige Stadt, und der Apostel Paulus schreibt, daß die Juden von Gott noch immer um ihrer Vorväter willen geliebt und daß sie in Zukunft eine große Rolle spielen werden. Die Auserwählten des Himmels werden aus 144000 Menschen aus den zwölf Stämmen Israels allein bestehen.«

Kurz danach lief ich einem Bruder in die Arme, der seinem Glauben tiefes Vertrauen entgegenbrachte, jedoch nicht durch gute Taten glänzte. Da ich seine Lebensart kannte, sagte ich zu ihm: »So ist auch der Glaube, wenn er nicht Werke hat, tot in sich selber.« (Jak. 2, 17). Denn die Menschen werden danach beurteilt werden, was sie tun.

Anschließend besuchte ich einen Gläubigen, der sich wegen einer begangenen Sünde am Rande der Verzweiflung befand. Er konnte sich selbst nie verzeihen und zweifelte daran, ob er gerettet sei. Ich erklärte ihm, daß der Mensch sogar ohne gute Taten als glaubenstreu angesehen wird, weil Gott in unsere Herzen und nicht auf unsere Taten sieht; das war tatsächlich das Gegenteil dessen, was ich soeben dem letzten Mann, den ich getroffen hatte, gesagt hatte.

Nach diesen vier Gesprächen ließ ich mich auf einer Parkbank nieder. Mir drehte sich alles im Kopf. Ich fragte mich, welche der vier Ansichten, die ich vertreten hatte, ich selbst glaubte. Ich fand die Antwort darin, daß die unterschiedliche Art und Weise, mit der man zu Menschen spricht, nichts anderes als ein Köder ist, mit dessen Hilfe man sie zu Ihm lockt, der weit über unseren Vorurteilen und Gedanken steht. Wenn man jedoch von einer menschlichen Kategorie zu einer anderen wandert, ist die Anwendung verschiedener Argumente und verschiedener Seelenarzneien erforderlich. Der bekehrte Antisemit und der bekehrte Jude werden sich in derselben christlichen Liebe begegnen, doch ist Arbeit dieser Art sehr aufreibend.

Gegen Klausner

Josef Klausner, ein Professor an der Universität Jerusalem, hat ein Buch mit dem Titel *Jesus von Nazareth* geschrieben, das in viele Sprachen übersetzt worden ist.

Jedesmal, wenn ich mit einem jüdischen Intellektuellen über den Heiland sprach, beschloß er sein Argument mit den Worten: »Das Jesusproblem ist von Klausner erklärt wurden.« Im allgemeinen hatte sich der betreffende gebildete Jude nicht die Mühe gemacht, Klausner zu lesen, hatte jedoch das ungeöffnete Buch in seinem Bücherregal stehen — und das genügte. So brauchte er sich über Jesus nicht mehr den Kopf zu zerbrechen.

Aus diesem Grund hielt ich es für nötig, eine Antwort auf Klausners Buch zu veröffentlichen, die ich ›*Die Juden und Jesus von Nazareth Anti-Klausner*‹ nannte.

Klausner zog einen unlauteren Vorteil aus seinem berühmten Namen, mit dem er zuversichtlich sein konnte, daß seine Behauptungen vom Durchschnittsjuden akzeptiert würden. Das ermöglichte ihm, Erklärungen abzugeben, die völlig unwahr waren jedoch nie überprüft würden.

Er schreibt beispielsweise, daß bei Paulus kein authentischer, historischer Beweis für Jesu Leben und Wirken zu finden sei.

Jeder mit den Schriften vertraute Student hätte den Professor in diesem Punkt korrigieren können.

Bei Paulus finden wir sehr viele Einzelheiten über das Leben Jesu. Zum Beispiel sagt er, Jesus sei verraten worden, Er sei von den Juden umgebracht worden, und der Ort Seiner Kreuzigung sei unmittelbar außerhalb Jerusalems gewesen. Paulus berichtet uns auch über Jesu geistige Haltung. Er sagt, Christus »hat die Gemeinde geliebt und sich selbst für sie hingegeben« (Eph. 5, 25). Er beschreibt Jesu Demut, Seine Sanftmut und Seine Macht. Vor allem aber erinnert er uns ständig an eine »biographische Einzelheit«, die Klausner unerwähnt gelassen hat, daß nämlich Jesus von den Toten auferstanden ist.

Ohne jegliche historische Grundlage macht sich Klausner tatsächlich daran, irgendeine Behauptung aufzustellen, die ihm gerade paßt. Er sagt, daß Jesus in Nazareth geboren wurde. Woher nimmt er das? Die Erwähnung Bethlehems, das in den Evangelien als Geburtsort Jesu bezeichnet wird, wäre ziemlich ungeschickt, denn das ist Davids Stadt, und diesen Ort hatten die Propheten als den Geburtsort des Messias vorausgesagt.

Er behauptete, die Geschichte von Salome sei eine Legende. Professor Klausner hat einfach beschlossen, daß dem so ist — und Argumente sind überflüssig.

»Johannes der Täufer hielt sich für Elia.« Die Evangelien berichten aber, daß Johannes auf die Frage: »bist du Elia« geantwortet hat: »der bin ich nicht.« (Joh. 1, 21). Professor Klausner besitzt eine Informationsquelle, die für andere Leute nicht verfügbar ist. Er fährt fort, es sei offensichtlich, daß Johannes der Täufer nichts von Jesus gewußt und Ihn nicht als den Messias akzeptiert habe. Die Evangelien, die einzigen historischen Quellen, erklären, Jesus und Johannes seien verwandt gewesen, und letzterer habe Jesus als den Messias ausgerufen. Niemand weiß, woher Klausner seine Informationen hat. Das einzige Argument, das Klausner jedesmal benutzt, wenn er eine Behauptung vorlegt, für die es keinen Beweis gibt, lautet: »Es ist offensichtlich, daß das so ist.«

Er entschuldigt Judas Iskariot und erklärt ihn zum gebildeten Juden mit einem klaren Verstand. Der Bericht vom Verrat an Jesus durch einen Trick ist nur eine Legende.

Ebenso wie alle abstoßenden Einzelheiten über Judas beiseite geschoben werden, werden auch alle Jesus zugeschriebenen liebenswerten Eigenschaften als Legende abgetan. Klausner lehnt es ab, zu glauben, daß Jesus am Kreuz von Seinen Folterknechten gesagt hat: »Vater, vergib ihnen, denn sie wissen nicht, was sie tun« (Luk. 23, 34). Sein Argument lautet ganz einfach, daß Jesus unter solchen furchtbaren Umständen diese Worte nicht gesagt haben konnte. Ich selbst habe Männer und Frauen, Jünger Jesu, gekannt, die dieselben Worte unter grausamen Folterungen gesprochen haben und die darüberhinaus die erstbeste Gelegenheit ergriffen, ihren Folterknechten Gutes zu tun. Doch Professor Klausner hat ganz einfach beschlossen, daß es Liebe dieser Art nicht gibt.

Die Evangeliengeschichte von der Auferstehung Jesu tut er hurtig ab und erklärt, es sei offensichtlich (ein fabelhafter Ausdruck, der den Autor von der Notwendigkeit der Beweisführung befreit), daß Josef von Arimatäa den Leichnam aus dem Grab entfernt habe.

Er meint, »eine Auferstehung ist unverständlich«. Es gibt sehr vieles, das unverständlich ist. So unverständlich es auch erscheinen mag: es gibt tatsächlich einen gelehrten Professor, der, anstatt mit der Analyse von Tatsachen und Dokumenten anzufangen, aufgrund gewisser Vorurteile bezüglich dessen, was Gott tun kann oder nicht, vorgeht.

Nachdem er Hunderte von Seiten geschrieben hatte, ohne einen Beitrag zum Problem von Jesu Leben zu liefern, diskutiert Klausner die Unterschiede zwischen dem Judaismus und der Lehre Jesu. In diesem Zusammenhang erklärt er, daß ein Volk nicht mit Hilfe eines abstrakten Glaubens und einer universellen menschlichen Ethik fortbestehen könne. Es bedürfe einer praktischen Gestalt der Religion, deren Formen in der Lage seien, religiösen Ideen Ausdruck zu verleihen, und die imstande seien, das tägliche Leben mit der Heiligkeit der Religion zu durchdringen. »Jesus hat uns keine neuen Wege für unser nationales Leben gezeigt.« Mit der Annahme der Lehre Jesu »würden das nationale Leben und der Nationalstaat völlig verschwinden«. »Seine Lehre enthält keine Elemente, die den Staat erhalten und die Gemeinschaft steuern können.« — »Jesus ist gekommen, um die Kultur abzuschaffen.«

Wie soll man darauf zweitausend Jahre nach dem Kommen Jesu antworten? Offenbar hat Professor Klausner noch nie etwas von christlicher Kultur gehört und weiß nichts von den noch immer bestehenden Nationalstaaten, die dank des Christentums gegründet und erhalten wurden. Wie kann er denn die Tatsache erklären, daß alle Völker Europas und Amerikas sowie sehr viele afrikanische Völker unabhängige Nationalstaaten haben, ungeachtet der Tatsache, daß sie das Christentum angenommen haben, das laut Klausner doch Staat, Volk und Kultur zerstört?

Ich könnte weiterfragen: »Was haben denn die Feinde Jesu, Kaiphas, Hannas und die anderen mit dem jüdischen Staat gemacht?« Sie beseitigten mit Erfolg die große Gefahr, die Jesus darstellte, unter dem Vorwand, das sei notwendig, wenn der jüdische Nationalstaat erhalten werden sollte. Es waren dieselben Männer, die den jüdischen Staat ins Unglück trieben. Die Geschichte hat den Beweis geliefert, daß das Christentum Staaten gründet und erhält, wohingegen das Pharisäertum einen Staat zerstört. Wie ist es möglich, diese offensichtlichen historischen Beweise zu übergehen?

Klausner sagt, der Judaismus könne die Bezeichnung »Sohn Gottes« oder einfach »Gott« für den Messias nicht akzeptieren, obgleich der Gedanke selbst jüdischer Herkunft ist. Wenn aber der Gedanke des Sohnes Gottes jüdisch ist, dann liegt es klar auf der Hand, daß nur diejenigen ihn ablehnen können, die auf das Erbe ihres Volkes verzichtet haben. Laut Klausner, der jegliche Form der Logik mißachtet, sind es die Renegaten, die den jüdischen Gedanken akzeptiert haben.

Die Lehre Jesu, diejenigen zu lieben, die uns Unrecht tun, gefällt Klausner nicht. Er sagt, die menschliche Gesellschaft würde nicht fortbestehen, wenn jedes Unrecht ungestraft bliebe. Doch warum verschwand der jüdische Nationalstaat vor zweitausend Jahren? Die Juden erhoben sich gegen die Ungerechtigkeit des Römischen Reiches. Die Folge war, daß der jüdische Staat von der Bildfläche verschwand. Man hätte erwarten können, der Professor würde aus diesem und aus ungezählten ähnlichen Ereignissen schließen, daß die menschliche Gesellschaft nicht weiterbestehen kann, wenn wir Böses mit Bösem vergelten und wenn wir uns gegen Ungerechtigkeit erheben. Seit Tausenden von Jahren gehen Staaten unter; blutrünstige Kriege werden ausgetragen, Millionen und aber Millionen sind umgebracht worden, weil eine Seite sich weigerte, die Ungerechtigkeiten der anderen zu ertragen, und nicht Böses mit Liebe vergelten konnte. Das ist eine historische Tatsache. Es gibt schwerwiegende Probleme, wann Gewalt gerechtfertigt ist, doch die Grundhaltung sollte Liebe sein.

Wenn Jesus »liebe deine Feinde« lehrt, dann meint er nicht wortwörtlich die Nichtanwendung von Gewalt, ganz gleich, was auch immer um uns herum geschieht. Er selbst hat heftige Worte und auch die Peitsche gebraucht. Noch ist die Welt nicht für Gewaltlosigkeit reif. Bedauerlicherweise muß man mitunter Feinde des eigenen Volkes vernichten. Doch nichts kann mich dazu zwingen, sie zu hassen. Gott sieht nicht unsere von den Umständen diktierten Taten an. Der Wunsch zu töten muß hier getilgt werden. Hier darf nur die Liebe regieren. Und am Ende wird sie auch über äußere Umstände triumphieren.

Es ist nicht falsch, wenn ein Volk Liebe gegenüber denjenigen übt, die ihm Unrecht tun. Professor Klausners Vorwurf gegen Jesus ist ungerecht. In der Regel verschwinden Völker nicht von der Bildfläche, weil sie Liebe geübt haben.

Klausner faßt seine Haltung fein ordentlich zusammen, indem er erklärt, der Judaismus sei in seiner Gesamtheit von dieser Welt. Aus diesem Grunde hätten die Juden Ihn verschmäht, dessen Königreich nicht von dieser Welt sei, sondern dem Bereich der reinsten Wahrheit angehöre. »Er kann nicht der Messias des jüdischen Volkes sein.«

Wenn man beurteilen will, ob jemand der Messias ist oder nicht, wäre es wohl wissenschaftlich korrekt, zuerst einmal klar zu definieren, was dieses Wort bedeutet, welche Methoden zur Erkennung des wahren Messias zur Verfügung stehen und schließlich zu untersuchen, ob die in Frage kommende Person diese Bedingungen erfüllt.

Klausner hat keine Studien dieser Art durchgeführt. Ich habe es in meinem Buch für ihn getan und dabei betont, daß durch Jesus alle Prophezeiungen über den Messias, der die Sünden der Menschheit durch Sein Leiden sühnt, und auch weitere biblische Prophezeiungen erfüllt worden sind.

Von diesen Prophezeiungen gibt es sehr viele, und sie sind das Thema eines großen Bestandes an Literatur. Ohne sie im einzelnen zu behandeln, wäre es vielleicht doch sinnvoll, zumindest eine dieser Voraussagen zu erwähnen, die nur eine einzige Auslegung zuläßt, da sie mathematisch fundiert ist.

Der Prophet Daniel, der etwa sechshundert Jahre vor Christus lebte, sagte mit erstaunlicher Genauigkeit das Jahr voraus, in dem der Messias umgebracht werden würde: es war das Jahr, in dem Jesus gekreuzigt wurde.

Wer sich unvoreingenommen mit dieser Prophezeiung beschäftigt, wird erkennen, daß das Warten auf einen anderen Messias zwecklos ist. Der Talmud erklärt: »Die für das Kommen des Messias festgesetzte Zeit ist verstrichen, doch der Messias ist nicht gekommen.« Da der Talmud Jesus als Messias abgelehnt hatte, blieb ihm keine andere Lösung, als Gott zum Lügner zu erklären, weil Er Sein Versprechen nicht gehalten hat und die vorausgesagte Zeit für das Kommen des Messias verstreichen ließ, ohne Sein Wort zu halten.

Sehen wir uns doch einmal den Bibeltext an: »Siebzig (Jahr-) Wochen sind verhängt über dein

Volk und über deine heilige Stadt«, erklärte der Erzengel Gabriel dem Daniel etwa 600 v. Chr., »dann wird dem Frevel ein Ende gemacht und die Sünde abgetan und die Schuld gesühnt, und es wird ewige Gerechtigkeit gebracht und Gesicht und Weissagung erfüllt und das Allerheiligste gesalbt werden. So wisse nun und gib acht: von der Zeit an, als das Wort erging, Jerusalem werde wieder aufgebaut werden, bis ein Gesalbter, ein Fürst, kommt, sind es sieben Wochen und 62 Wochen lang wird es wieder aufgebaut sein mit Plätzen und Gräben, wiewohl in kummervoller Zeit. Und nach den 62 Wochen, wird ein Gesalbter ausgerottet werden und nicht mehr sein...« (Dan. 9, 24—26).

Das ergäbe insgesamt 69 (Jahr-) Wochen, oder anders gesagt: neunundsechzig mal sieben, also vierhundertdreiundachtzig Jahre angefangen von dem Zeitpunkt, da der Befehl zum Wiederaufbau Jerusalems erteilt wurde, bis zum Tode des Messias.

Und nun wollen wir die tatsächlichen Ereignisse prüfen:

König Xerxes (Artaxerxes) von Persien begann seine Herrschaft im Jahre 465 v. Chr. Im Kapitel 2 des Buches Nehemia lesen wir, daß er im zwanzigsten Jahr seiner Herrschaft den Wiederaufbau Jerusalems erlaubte. Mit anderen Worten: es waren neunzehn Jahre vergangen, die wir abziehen müssen. Folglich wurde der Befehl zum Wiederaufbau Jerusalems im Jahre 446 v. Chr. gegeben.

Gemäß der Prophezeiung würde der Messias

vierhundertdreiundachtzig Jahre nach diesem Ereignis getötet werden. Um der Genauigkeit willen sollten wir daran denken, daß Daniel das Jahr nach dem altjüdischen Kalender berechnet hat, das aus dreihundertsechzig Tagen bestand, im Gegensatz zu unserem Kalenderjahr, das dreihundertfünfundsechzig und einen viertel Tag hat.

Das bedeutet, daß wir das jüdische Kalenderjahr auf unsere gegenwärtige Zeitrechnung umwandeln müssen:

483 Jahre mal 360 Tage (entsprechend dem hebräischen Kalender) ergeben 173.880 Tage.

173.880 Tage geteilt durch 365 1/4 (unser heutiges Kalenderjahr) ergeben 476 Jahre.

Das bedeutet, daß bis zum Tode des Messias vom Jahre 446 v. Chr. vierhundertsechsundsiebzig Jahre verstreichen würden. Mit anderen Worten: dieses Ereignis würde nach unserem Kalender in das Jahr 30 n. Chr. fallen.

Und die Kreuzigung Jesu fand in genau diesem Jahr statt.

Es ist eine wohlerwiesene Tatsache, daß im sechsten Jahrhundert n. Chr., als man die Trennung zwischen vor- und nachchristlicher Zeit vornahm, ein mathematischer Fehler bei der Berechnung gemacht worden ist. Die Geburt Christi wurde auf ein Datum festgesetzt, das vier Jahre nach Seiner tatsächlichen Geburt liegt. Das Jahr 30 n. Chr. ist nach unseren modernen Berechnungen in Wirklichkeit das vierunddreißigste Lebensjahr Jesu. Und in Seinem vierunddreißigsten Lebensjahr, im Jahre 30 der christlichen Zeitrechnung, wurde Jesus, genau wie Daniel es vorhergesagt hatte, gekreuzigt.

Es dauerte nicht lange, bis Gottes Rache zuschlug. Daniel hatte geweissagt, nach dieser unvergleichlichen Missetat »kommt das Ende durch eine Flut, und bis zum Ende wird es Krieg geben und Verwüstung, die längst beschlossen ist.« (Dan. 9, 27).

Wir wissen, daß wenig später Titus' Armee Palästina verheerte, daß das Land völlig verwüstet, der Tempel niedergebrannt und keine Opfer mehr dargebracht wurden.

Rashi, einer der führenden Bibelkommentatoren, hat erkannt, daß Titus eben diese Prophezeiungen erfüllte. In diesem Fall muß aber der Messias ein Mann sein, der umgebracht wurde, ehe Titus seinen großen Triumph genoß. Dieser Mann ist Jesus; es kann kein anderer sein.

Professor Klausner war einer der vielen Intellektuellen der jüdischen Führung, der irregeführt wurde. Es ist erstaunlich, daß eine Rasse von solcher Intelligenz und Zivilisation ein Buch akzeptieren kann, das ein so niedriges Niveau besitzt. Im letzten Kapitel seines Buches fällt Klausner in die Tiefen der Lächerlichkeit ab mit der Bemerkung, »Jesus wurde Christ«. Und das wird von einem Universitätsprofessor geschrieben! Er hätte ebensogut sagen können: Mohammed wurde Mohammedaner.

Ist Jesus Gott?

Es gibt sehr viele Juden, die bereit sind, den christlichen Sittenkodex anzunehmen, die christliche Lehre von der Göttlichkeit Jesu jedoch ablehnen.

Eines Tages befand ich mich im Büro eines Intellektuellen, der diese Haltung vertrat. Ich fragte ihn: »Sind Sie wirklich in der Lage, den christlichen Sittenkodex in Ihrem Leben Wirklichkeit werden zu lassen? Sie sagen doch, Sie akzeptierten diesen Kodex, und haben ihn sogar ‚großartig' genannt.«

Er begann zu lachen. Es ist bedrückend, wie selten es gelingt, eine wirklich ernsthafte Diskussion mit jemandem anzufangen. Er sagte: »Ja, aber man kann nicht verlangen, daß er in die Praxis umgesetzt wird.«

Ich erwiderte: »Meines Erachtens ist es ebenso lächerlich, der Menschheit einen undurchführbaren Sittenkodex zu geben, wie wenn ein Schuhmacher schöne Schuhe fertigt, die man nicht tragen kann. Es mag den Anschein haben, als könne man den christlichen Moralkodex nicht verwirklichen, doch das ist nicht für jeden so. Es müssen nur die Bedingungen für dessen Einhaltung erfüllt werden. Jeder Geschäftsmann weiß, daß das Einkommen die Ausgaben decken muß. Die christliche Moral bringt gewisse Ausgaben mit sich: zu lieben, zu dienen und zu helfen. Woher aber bezieht man die Kraft dafür? Aus seinem Glauben, eine Schatzkammer voller von Gott offenbarter Wahrheiten.«

»Nein, nein«, war seine Antwort. »Die christlichen Dogmen sind absurd. Wie könnte ich auch glauben, daß ein jüdischer Zimmermann, der Holz kaufte, Leim kochte, seine Waren verkaufte und den täglichen Geschäften eines gewöhnlichen Mannes nachging, Gott sein könnte? Die einzige Form des Christentums, der sich die Juden auch je nur nähern könnten, wäre das Unitariertum. Jesus mag ein großer Lehrer und ein großer Prophet sein, aber niemals Gott.«

Ich erklärte ihm: »Diese Möglichkeit gibt es nicht. Jesus hat göttliche Rechte übernommen und die Anbetung akzeptiert, die nur Gott gehört. Wenn Er nicht Gott ist, dann kann Er auch kein großer Lehrer gewesen sein, sondern lediglich ein Hochstapler oder ein verrückter Fanatiker. Aber Sie würden es nicht wagen, Ihn für einen solchen zu halten. So bleibt die einzige Alternative, Ihn als Gott zu akzeptieren.«

»Wir treiben doch nur Wortspiele«, unterbrach er mich. »In alter Zeit wurden sehr viele Leute für Götter gehalten und waren daher himmlische Gestalten. Herkules, Romulus und die Kaiser Julius und Augustus wurden als Götter betrachtet. Selbst der wahnsinnige Caligula wurde in den Stand der Gottheit erhoben. Der Philosoph Epicur wurde ebenfalls für einen Gott gehalten. Selbst unter den frühen Christenvätern gab es einige, die behaupteten, Christen würden Götter werden. In der menschlichen Sprache ist das Wort ‚Gott' nicht nur dem Schöpfer vorbehalten. In diesem Sinne könnten wir vielleicht Jesus als göttlich bezeichnen, geradeso wie wir Plato göttlich nennen oder über Beethovens göttliche Musik sprechen. Aber mehr nicht!«

In der Diskussion mit einem Juden ist der Standpunkt eines Protestanten weitaus günstiger als die eines Angehörigen der griechisch-orthodoxen oder der römisch-katholischen Kirche. Protestanten erfreuen sich ihrer Gedankenfreiheit und brauchen nie zu befürchten, in einem unbedachten Augenblick eine Behauptung aufzustellen, die von Katholiken als ketzerisch angesehen würde.

Meine Antwort lautete: »Sobald wir etwas oder jemanden als göttlich bezeichnen, bewegen wir uns in einer Sphäre, in der Worte ihre Macht verloren haben. Auf welche Art ist Jesus göttlich? Und auf welche Art ist der Himmlische Vater göttlich? Die Franzosen haben recht, wenn sie sagen: ‚*Un Dieu défini est un Dieu fini*‘ (Ein definierter Gott ist ein erledigter Gott). Laotse hat gesagt: Jeder *Dao* (Gott), der benannt wird, ist nicht der wahre *Dao.* Wenn ich Jesus Gott nenne, dann meine ich damit, daß Er nicht mit anderen Menschen verglichen werden kann. Sein Wesen ist ein Wunder: man kann Ihn nicht mit genetischen Gesetzmäßigkeiten, Umweltgesetzen und so weiter erklären. In Ihm besitzen wir eine gelungene Kombination aller vier Menschentypen: Sanguiniker, Choleriker, Phlegmatiker und Melancholiker. Das Leben Jesu ist nur dann erklärlich, wenn man davon ausgeht, daß Er aus einer höheren Sphäre als der menschlichen kommt.

Er wuchs in der Werkstatt eines Zimmermanns auf, hatte keinerlei Zugang zu der Weisheit anderer Völker und Rassen, und doch gab Er der Welt im Alter von dreißig Jahren einen einmaligen Sittenkodex. Seinem Tod an der Seite zweier Verbrecher folgte eine wundersame Verbreitung Seiner Religion. Die beste Erklärung für diese Tatsachen ist, daß Jesus göttlich ist.

Wir können nicht auf der Grundlage von Sympathie oder Antipathie urteilen, sondern lediglich auf der Grundlage von Beweisen. Lassen Sie Ihren Verstand wie ein unparteiisches Gericht walten, das sein Urteil auf der Grundlage der ihm vorgelegten Beweise verkündet. So gibt es fünf äußerst überzeugende Argumente für die Göttlichkeit Jesu:

Erstens — Er hat den Tod besiegt, was kein anderer Mensch bisher getan hat.

Zweitens — Er hat physikalische Gesetze aufgehoben, die der Mensch nicht durchbrechen kann (die Auferweckung von Toten, die Heilung von Aussätzigen, die wundersame Vermehrung von Broten und Fischen und dergleichen mehr).

Drittens — Er besiegte den Judaismus, nach dessen Willen Er ein Unbekannter bleiben sollte. Menschen, die man fälschlicherweise für den Messias hielt, wie Bar Kochba und Sabetai Zvi, und die von den Juden akzeptiert wurden, sind der übrigen Welt unbekannt, wohingegen Jesus, der von uns verschmäht wurde, von aber Millionen Menschen angebetet wird.

Viertens — Er besiegte das Römische Reich.

Julianus, der Abtrünnige, der große Verfolger der Christenheit, starb mit folgenden Worten auf den Lippen: ‚Du hast gesiegt, o Galiläer. Der Stärkste siegt: Wenn Jesus Könige besiegt hat, dann ist Er der König der Könige'.

Fünftens — durch den scheinbaren Wahnsinn des Kreuzes hat Er die menschliche Weisheit besiegt. Philosophische Systeme werden der Reihe nach zerstört. Wer erinnert sich denn noch an den antichristlichen Philosophen Celsus oder an den Kult der Vernunft, der von der Französischen Revolution eingeführt wurde? Aber die Worte des Zimmermanns, der gleichzeitig Mensch und Gott ist — ‚Himmel und Erde werden vergehen, aber meine Worte werden nicht vergehen' (Matth. 24, 35) — haben noch immer Gültigkeit. Vom rein menschlichen Standpunkt her waren die Möglichkeiten gleich Null, daß Jesu Worte in Erfüllung gehen würden, und es bestand auch nicht die Aussicht, daß Seine Prophezeiung sich bewahrheiten würde, daß Sein Evangelium bis ans Ende der Erde verbreitet werden würde.

Es gibt keine Möglichkeit, daß Jesus nur ein Mensch gewesen sein könnte, und aus diesem Grund akzeptieren wir, daß Er Gott in menschlicher Gestalt ist.

Es ist wichtig, das zu wissen. Medizinische Ratschläge, die von einem Arzthelfer erteilt werden, sind ziemlich bedeutungslos und nicht entscheidend. Der Rat eines bekannten Arztes hingegen gehört einer ganz anderen Kategorie an. So kann man ein christliches Leben führen, wenn man weiß, daß diese Gesetze nicht von einem anderen Menschen kommen, der genauso fehlbar ist wie man selbst, sondern von Gott. Das ist es, was den Menschen ermöglicht, Gottes Gebote einzuhalten.«

Der intellektuelle Jude hatte darauf keine Antwort. Er wurde nachdenklich. Ich war es müde, das letzte Wort zu haben; es ist klüger, das seinem Gegner zu überlassen. Denn es ist schwierig, jemanden für den Glauben zu gewinnen, den man in einer Diskussion geschlagen hat, weil man dadurch seinen Stolz verletzen wird. In diesem Fall hatte ich das letzte Wort und ich gewann ihn nicht.

7

UNSERE EINSTELLUNG ZUM KOMMUNISMUS

Der Kommunismus als ein Teil von Gottes Plan
Der Wechsel zu einem anderen politischen Regime in Rumänien stellte uns vor neue Probleme. Der Marxismus war uns bis dahin praktisch unbekannt. Jetzt wurden alle jungen Leute in seinem Geiste erzogen, und sehr viele marxistische und atheistische Bücher gelangten zur Veröffentlichung. Die Juden spielten bei der Verbreitung der kommunistischen Ideologie in unserem Lande eine bedeutende Rolle. Wir begegneten dieser Tatsache auf Schritt und Tritt und sahen uns gezwungen, eine neue Strategie anzuwenden.
So veröffentlichten wir eine Reihe von Broschüren, die sich mit den Problemen der Beziehung zwischen dem protestantischen Christentum und dem Marxismus befaßten: »*Gespräche zwischen einem jungen Sozialisten und einem Gläubigen*«, »*Jesus und der Sozialismus*« (eine Antwort auf das Buch *Die Ursprünge des Christentums* von dem sozialistischen Theoretiker Karl Kautsky), »*Dialektischer Materialismus und biblischer Glaube*« (eine Antwort auf Engels Buch *Anti-Dühring*) und »*Karl Marx und der Glaube*«. Wir bemühten uns, diese Flugschriften für die kommunistische Leserschaft ansprechend zu gestalten. Auf der ersten Seite von »*Karl Marx und der Glaube*« befand sich ein Bild von Marx, und auf der folgenden Seite

eine Darstellung Jesus, der arbeitende Proletarier. Es folgten weitere Bilder, wie Jesus bei der Vertreibung der Kapitalisten aus dem Tempel sowie ein Bericht über das Opfer Jesu.

Die atheistische Offensive machte uns überhaupt keine Angst; eine ganze Reihe anderer Leute gelangte jedoch zu der Überzeugung, daß das Christentum in unserem Land erledigt sei. In der Vergangenheit ist das Christentum bereits viele Male für tot erklärt worden. In *»Die Geschichte der Päpste«* beschreibt Ranke die Verbreitung der Ketzerei in Italien im fünfzehnten und sechzehnten Jahrhundert; damals hatte man ebenfalls geglaubt, das Christentum sei am Ende seiner Kraft.

Auch der Gedanke, daß eine kleine Gruppe echter Christen im Vergleich mit dem atheistischen Riesen Goliath so schwach war, erschreckte uns nicht.

Ich selbst hielt an der biblischen Idee fest, daß die Macht Gottes nur in der Schwachheit ihre Erfüllung findet. Das heilige Buch des Taoismus, der Tao-te-king, erklärt mit Recht: »Alle Geschöpfe und Pflanzen sind bei ihrer Entstehung zerbrechlich und schwach, doch bei ihrem Niedergang sind sie stark und mächtig. Das Starke und Mächtige wird zerstört und das Schwache und Zerbrechliche beginnt zu leben. Aus diesem Grunde ist ein starkes Heer nicht siegreich, sondern wird zerstört wie ein starker Baum. Das Starke und Mächtige hat nicht die gleichen Vorteile wie das Schwache und Zerbrechliche.«

So war es auch gerade unsere Schwäche, die uns

im Kampf mit dem allmächtigen Marxismus, der auch von vielen Juden verfochten wurde, eine ungeheure Stärke verlieh.

Wenn der Kommunismus in Gottes Welt existiert, dann sicherlich um ein Vakuum in Gottes Ökonomie zu füllen. Der Kapitalismus macht den Menschen zum Individualisten. Die Betonung auf der persönlichen Erlösung und der persönlichen Weihe spiegelt das Gewissen des Menschen unter den vom Kapitalismus geschaffenen sozialen Bedingungen wider. Aufhetzung der sozialistischen Ordnung allein schon verursachte einen bedeutenden Denkwandel sehr vieler Christen. Sie waren in der Lage, den Kommunisten ruhig ins Auge zu sehen, indem sie ganz einfach aufzeigten, daß alles Schöne und Anziehende im Kommunismus vom Christentum abgeleitet worden sei.

Die Kirche der ersten christlichen Juden in Jerusalem, die nach den Anweisungen Jesu an Seine Apostel organisiert war, war eine Kirche, in der alle ihr Eigentum teilten. In der Apostelgeschichte lesen wir über die ersten Christen: »Die Menge aber der Gläubigen war ein Herz und eine Seele; und auch nicht einer sagte von seinen Gütern, daß sie sein wären, sondern es war ihnen alles gemeinsam... Es war auch keiner unter ihnen, der Mangel hatte — denn wie viel ihrer waren, die da Äcker oder Häuser hatten, die verkauften sie, brachten das Geld des verkauften Gutes und legten es zu der Apostel Füßen; und man gab einem jeglichen, je nachdem einer in Not war.« (Apg. 4, 32—35).

Das war eine andere Art von Kommunismus

— eine die aus der Liebe wuchs! Es wäre besser, dafür nicht die gleiche Bezeichnung zu benutzen, so sehr unterschied sich das damals von dem, was wir heute als Kommunismus erleben.

Es war uns möglich, mit vielen Kommunisten zu einem gegenseitigen Einvernehmen zu gelangen, weil wir nicht nur die persönliche Rettung der Seele durch Jesu Blut predigten — was unsere Hauptaufgabe blieb — sondern weil wir auch an sozialen Problemen interessiert waren.

Wir glauben, daß es die Pflicht jedes Christen ist, alles zu tun, um sicherzustellen, daß Männer und Frauen von den christlichen Geboten nicht abweichen müssen; sie dürfen nicht dazu gezwungen werden, zu kriechen, zu schmeicheln, zu stehlen, in Kriegen zu töten oder andere Menschen auszubeuten, um sich materieller Sicherheit zu erfreuen.

Wir betrachten die Heiligung nicht als eine rein persönliche Angelegenheit; sie ist auch eine soziale Berufung. Nicht nur ich, sondern der gesellschaftliche Körper muß verherrlicht werden durch die Errichtung des Königreichs Gottes auf Erden; mit anderen Worten ein Königreich, in dem Gerechtigkeit, Friede und Freude regieren. Wir müssen für gerechte Gesetze und Institutionen kämpfen, genauso wie die ersten Christen eine ideale soziale Institution schufen, nämlich die Kirche. Auch sie wies diese Eigenschaften auf. Wir sehnen uns nach einer sozialen Gerechtigkeit, die der Liebe entspringt und von dem Wunsch durchdrungen ist, es Gott gleichzutun, der auf alle Menschen gleichermaßen die Sonne scheinen und den Regen fallen läßt.

Die einzigartigen Werke katholischer und orthodoxer Heiliger genügen, um gewöhnliche Leute wie uns verzweifeln zu lassen. Als Petrus versuchte, selbst auf dem Wasser zu wandeln, ging er unter. Wir wollen gemeinsam mit anderen den Weg beschreiten, der zu Jesus führt.

Jesus machte ganzen Städten zum Vorwurf, daß sie sich nicht bekehrt hatten (Matth. 11, 21—23); oder anders gesagt: Er erwartet, daß die Bekehrung ein soziales Phänomen ist und eine Vielzahl von Menschen umfaßt.

Im Gleichnis vom Verlorenen Sohn legt Christus dem Vater folgende Worte in den Mund: »Laßt uns essen und fröhlich sein.« Ohne Nahrung gibt es keine Freude. Wir müssen sicherstellen, daß jeder zu essen hat. Wir müssen bestrebt sein, nicht nur eine Prostituierte oder einen Alkoholiker zu bekehren, sondern müssen die Prostitution, die Trunksucht, die Gefängnisse, die Ausbeutung des Menschen durch den Menschen, den Krieg ausrotten, und das alles kann nur geschehen, wenn der Christ seine Schlachten sowohl im gesellschaftlichen als auch auf persönlichem Gebiet austrägt. Das Böse hat große Fortschritte gemacht; ein langer Faden erstreckt sich von Kain, der seinen Bruder mit einem Stock tötete, bis zu den Gaskammern von Auschwitz, den Weltkriegen und den kommunistischen Todeslagern. Die teuflischen Mächte haben ihren Angriff vom einzelnen auf eine Offensive auf großer sozialer Front verlagert. Die Mächte des Guten müssen dasselbe tun.

Früher konnte Paulus von derselben Kanzel wie seine Feinde predigen. Heutzutage haben wir zwar eine Kanzel, aber unsere Feinde sind im Besitz der Schulen, der Presse, großer Verlagshäuser, des Films, des Rundfunks und Fernsehens. Auch wir haben ein Anrecht auf all diese Dinge und wenn wir sie erreichen wollen, müssen wir die Erfüllung der Prophezeiung Daniels anstreben: »Aber das Reich und die Macht und die Gewalt über die Königreiche unter dem ganzen Himmel wird dem Volk der Heiligen des Höchsten gegeben werden« (Dan. 7, 27).

Der Apostel Judas schreibt über die allgemeine Erlösung — und etwas Derartiges gibt es auch — nicht nur die persönliche Erlösung. Jakob prophezeite von Jesus, daß »die Völker sich um Ihn versammeln werden« (1. Mose 49, 10) — nach der hebräischen Version). Die Völker — nicht hier und da nur eine Einzelperson.

Heute sind die Bedingungen, die für die Errichtung des Königreichs Gottes auf Erden nötig sind, gegeben; als die materiellen Verhältnisse noch so schlecht waren, war das nicht möglich. Die Fortschritte der modernen Technik haben es ermöglicht, daß alle Menschen Nahrung und Kleidung haben könnten. Die moderne Medizin, von den Fesseln befreit, die sie noch immer einengen, könnte uns physisch gesunde Männer und Frauen schenken. Geeignete Erziehung und die Psychologie könnten uns dazu verhelfen, geistig gesunde

Menschen zu schaffen. Die modernen Kommunikationsmittel könnten garantieren, daß eine Handvoll vom Geist Gottes erfüllter Persönlichkeiten imstande wäre, einen entscheidenden Einfluß zum Wohle der gesamten Menschheit auszuüben. Modernes wissenschaftliches Denken könnte jeden altertümlichen Aberglauben beseitigen, den man zu Unrecht der Religion unterschiebt — und die Religion könnte dann in all ihrer Reinheit und Herrlichkeit erstrahlen. Durch gegenseitiges Einvernehmen unter den Völkern könnte die Menschheit starke internationale und interkonfessionelle Impulse empfangen. Bald wird es nur noch zwei Religionen geben — die Religion der Liebe und die des zeremoniellen Formalismus.

Die Machtübernahme des Kommunismus hat für Tausende von Christen Gefängnis, Folter und Tod bedeutet, doch sie hat auch unserem Denken enorm geholfen: die Kommunisten denken auf globaler Ebene und im Hinblick auf zukünftige Generationen. Die Kinder Gottes haben fälschlicherweise einen begrenzten Horizont: oft denken sie engstirnig und sehen nur einen Schritt voraus. Wurden die Oberhäupter der Kirche im Neuen Testament umsonst »Presbyter« genannt — das heißt Menschen, die weit in die Zukunft blicken?

Auch die christlichen Juden haben gelernt, auf universaler Ebene zu denken und ein entferntes Ziel anzustreben. Das Römische Reich warf die Christen den wilden Tieren vor, aber es lehrte sie auch, in der Größenordnung eines Kaiserreiches zu denken. Und deshalb wurde das Christentum

Reichsreligion und nicht die Religion einiger weniger. Der Kommunismus hat für uns dieselbe Rolle gespielt.

Auf der Erde wachsen Pflanzen, die zur Heilung von Menschen angewandt werden. Die Bibel sagt uns, daß das Himmlische Jerusalem Blätter hat, die der Heilung ganzer Völker dienen (Off. 22, 2). Die christlichen Juden kennen das Geheimnis, wie man hier diese Heilmittel findet.

Dennoch bleibt die Evangelisierung des einzelnen immer noch die dringlichste Aufgabe. Nur Heilige können die Gesellschaft heilen. Ein soziales Evangelium, das sündigen Menschen gepredigt wird, ist Betrug. Wiedergeborene Menschen jedoch sollten ihr neues Leben in die Gesellschaft hineintragen.

Christliche Revolutionierung

Die kommunistische Revolutionierung machte uns Christen keine Angst. Schließlich sind wir ja selbst die Nachkommen einer revolutionären Bewegung. Vor vierhundert Jahren schrieb Calvin in seinem Kommentar zum Buch Daniels: »Die Fürsten dieser Welt verzichten auf all ihre Macht, wenn sie sich gegen Gott erheben, und sie sind unwürdig, zu der Menschheit gerechnet zu werden. Wenn sie es wagen, Gott Seiner Rechte zu berauben, sollten wir ihnen eher ins Gesicht spucken, als ihnen gehorchen... Wenn sie sich gegen Gott erheben, müssen sie gedemütigt und als so wertlos wie ein Paar abgetragener Schuhe betrachtet werden.« Vor ihm hatten sich der heilige

Johannes Chrysostomus und der heilige Ambrosius tapfer gegen die Kaiser gestellt.

Wir machen den Kommunisten nicht ihren Revolutionierung zum Vorwurf, sondern die Tatsache, daß dieser nicht weit genug gegangen ist.

Die Bibel ist weitaus revolutionärer als die Schriften von Karl Marx und Lenin. Auf der allerersten Seite der Bibel steht geschrieben, daß Gott zu den eben von Ihm erschaffenen Menschen sagt: »Herrschet über die Fische im Meer und über die Vögel unter dem Himmel und über das Vieh und über alles Getier, das auf Erden kriecht.« (1. Moses 1, 28). Nehmt folgendes zur Kenntnis: der Mensch soll die Herrschaft über die gesamte Natur haben, aber nicht über einen anderen Menschen.

Des weiteren sagt uns die Bibel, daß Gott nur ein Menschenpaar schuf: die englischen Rebellen zur Zeit der Bauernrevolte zeigten ein vorzügliches Verständnis für diese Tatsache, als sie in einem ihrer revolutionären Lieder die Frage stellten: »Als Adam ackerte und Eva am Spinnrad saß, wer war denn da der feine Herr?«

Gott hat »alle Völker von einem Blute« geschaffen, erklärt die Bibel (Apg. 17, 26) und stellt damit den Wert aller Adels- und Rangtitel — einschließlich der in den sozialistischen Ländern, wie Parteizugehörigkeit oder Abstammung von der Arbeiterklasse sowie alle Rassentheorien in Frage.

Die erste Verstaatlichung von Grundbesitz, die die Ausbeutung der Bauern durch die reichen Landbesitzer zu Zeiten einer Hungersnot verhindern sollte, wurde von Josef eingeführt, als dieser ein hoher Staatsbeamter in Ägypten war.

In der Präambel zu den Zehn Geboten rühmt sich Gott nicht der Schöpfung von Himmel und Erde, sondern einer ganz anderen Sache: »Ich bin der Herr, dein Gott, der ich dich aus Ägyptenland, aus der Knechtschaft, geführt habe.« (2. Mose 20, 2). Uns sind keine anderen Götter gestattet neben diesem Gott, der es sich zur Aufgabe macht, die Menschheit von aller Art von Knechtschaft zu befreien.

Welche Revolution hat die Welt durchgemacht, als der Sabbat als Institution eingeführt wurde! In den heidnischen Ländern waren die Sklaven Bestandteil der Produktionsmaschinerie; die Bibel führte den Grundsatz ein, daß der Mensch ausruhen solle und daß er seinem Diener Gelegenheit geben solle, dasselbe zu tun. In den sozialistischen Ländern ist aber die Erfüllung der Staatspläne wichtiger als die Sonntagsruhe. Das vierte Gebot, den Sabbat zu halten, ist aber ein revolutionärer Befehl (Gebot).

»Die Fremdlinge sollst du nicht bedrängen und bedrücken« (2. Mose 22, 20) belehrt die Bibel die Menschen in einem Zeitalter, in dem es zu Diskriminierungen führt, wenn man in Amerika schwarz, in Afrika weiß und in Europa ein Jude ist.

Gott befahl Mose, die Armen nicht ungerecht zu behandeln (3. Mose 19, 15). Wenn die kapitalistischen Länder dieses Prinzip überall respektieren würden, hätten sie von der kommunistischen Bedrohung nichts zu befürchten.

Wir müssen bedenken, daß das Heilige Buch der

Apostel und der ersten Christen das Alte Testament war und nicht das Neue, das erst mehrere Jahrzehnte später geschrieben wurde. Wenn Jesus nicht beabsichtigt hätte, Seinen Jüngern revolutionäre Schulung zukommen zu lassen, welchen Sinn hätte es dann gehabt, sie ein Buch lesen zu lassen, das hauptsächlich ein Epos des revolutionären Kampfes darstellt?

So ließ der Herr den Kindern Israels einen Retter erstehen, den Benjamiten Ehud, der den Tyrannen Eglon tötete (Richter 3). Jael wurde als »vor allen Frauen gepriesen« bezeichnet, weil sie den Unterdrücker Sisera erschlug, indem sie seine Schläfe mit einem Hering (Zeltpflock) durchbohrte (Richter 5, 24); genau dieselben Worte wurden später für die Mutter unseres Herrn verwendet. Jael war, was man heute ein tapfere Partisanin in der Befreiungsarmee eines unterdrückten Landes nennen würde. Andere biblische Gestalten wie Gideon und Jephthah waren ebenfalls revolutionäre Kämpfer.

Die Bibel macht sich lustig über die absolute Monarchie in Jothams Parabel, in der Tyrannen mit Dornbüschen verglichen werden; nützliche Bäume dagegen, wie der Ölbaum, der Feigenbaum und der Weinstock weigerten sich, diese verhaßte Rolle zu spielen. Als die Juden einen König wählen wollten, beschimpfte Samuel in seiner Rede ebenfalls die absolute Monarchie. Im Zweiten Buch der Könige lesen wir von der blutigen Revolution, die Jehu gegen die Tyrannei der Ahab-Dynastie entfachte. Die Bibel berichtet uns, daß diese Revolution auf den ausdrücklichen Wunsch Gottes ausgeführt wurde. Jehu erschlug die beiden unrechtmäßigen Könige, und Königin Isebel wurde aus dem Fenster geworfen. Er vernichtete die Söhne der Tyrannen und jene, die die Tyrannei unterstützten, und er erschlug erbarmungslos alle Priester, die ihre Macht als einen Entschuldigungsgrund zur Plünderei ausgenutzt hatten. Nicht einer durfte entkommen. Und nach all dem sagte der Herr zu Jehu: »Weil du willig gewesen bist, zu tun, was mir gefallen hat, und am Hause Ahab alles getan hast, was in meinem Herzen war,...« (2. Könige 10, 30).

Später sollte Jesus verkünden: »Es werden nicht alle, die zu mir sagen: Herr, Herr! in das Himmelreich kommen, sondern die den Willen tun meines Vaters im Himmel« (Matth. 7, 21). Und der Wille Gottes ist nach dem Buch der Könige in der Geschichte des revolutionären Jehus die völlige Vernichtung der Tyrannei.

Was für Revolutionslieder sind in der Bibel enthalten! Was ist die Internationale verglichen mit Psalm 109, der gegen den Menschen gerichtet ist, der »den elenden und armen Mann verfolgte, ihn, der bis zum Tode verzagt war«?

Der von den Propheten Israels ständig wiederholte Ruf nach sozialer Gerechtigkeit ist gut bekannt; auch im Neuen Testament gibt es zahlreiche revolutionäre Stellen. Die Mutter unseres Herrn erstellt ein soziales Programm mit den Worten: »Er stößet die Gewaltigen vom Thron und erhebt die Niedrigen. Die Hungrigen füllet er mit Gütern und läßt die Reichen leer.« (Luk. 1, 52—53).

»Weh euch Reichen!« sagte Jesus, »denn ihr habt euren Trost dahin! Weh euch, die ihr hier satt seid! denn euch wird hungern!« (Lukas 6, 24—25). »Es ist leichter, daß ein Kamel durch ein Nadelöhr gehe, als daß ein Reicher ins Reich Gottes komme« (Matth. 19, 24).

»Wer nicht arbeitet, soll auch nicht essen« — dieses Grundprinzip der Gesetzgebung in sozialistischen Staaten ist fast Wort für Wort vom Apostel Paulus abgeschrieben worden (2. Thess. 3, 10).

Christen wissen, daß Gott ein auserwähltes Volk hat — die Juden — und eine erwählte Gruppe — die Kirche. Aber wie vielen ist bekannt, daß Er auch eine auserwählte soziale Klasse hat? Der Apostel Jakobus schrieb über ein Thema, das seinen zeitgenössischen Lesern sehr geläufig war: »Hat nicht Gott erwählt die Armen auf dieser Welt?« (Jakobus 2, 5), und Er züchtigt die Reichen erbarmungslos.

»Das Christentum formte sich als eine Religion für die Armen, für die Ausgebeuteten und Unterdrückten, für die Sklaven und freigelassenen Leibeigenen«, schreibt der sowjetische Historiker Amusin in seinem Buch über die Schriftrollen vom Toten Meer.

Innerhalb der christlichen Gemeinschaft hat es schon immer solche gegeben, die zu der ursprünglichen Lehre zurückkehren wollten; aber die meisten sind von Einzelheiten, Streitigkeiten über die Taufe, das Zungenreden, die Einhaltung des Sabbats usw. hypnotisiert worden — Gepflogenheiten, die wohl von der frühen Kirche ausgeübt wurden, jedoch nicht das Wichtigste sind. Doch warum sollten wir eigentlich nicht zur Revolutionierung der ersten Kirche und zum Kampf, ein Leben nach den Grundsätzen sozialer Gerechtigkeit zu führen, zurückkehren? Als Gott eine Sprache wählte, um Seine Offenbarungen in der Bibel zum Ausdruck zu bringen, entschied Er sich für die hebräische Sprache, die möglicherweise die einzige ist, in der das Verb »haben« nicht existiert. Auf diese Weise wollte Er zeigen, daß der Begriff des Eigentums, etwas zu besitzen, dem Volk Gottes völlig fremd ist und auch fremd sein muß. Jesu Worte, daß der Gläubige, der nach Vollkommenheit strebt, »alles verkaufen muß, was er besitzt« und »alles aufzugeben gezwungen ist« und »Haus und Familie verlassen« muß, wird immer Gültigkeit haben.

Dem Ausspruch Proudhons »Eigentum ist Diebstahl« kann jeder gläubige Christ beipflichten; denn so wie Gott die Dinge geordnet hat, sollen wir kein Eigentum besitzen. Alles Gute muß in der Gemeinschaft genossen werden; persönlicher Besitz ist ein Greuel. Lediglich die Verwaltung durch den einzelnen ist zulässig. Obgleich Privateigentum wirtschaftlich gesehen die beste Methode zur Vermehrung von Reichtum ist, sollte dieser dann nicht für egoistische Zwecke, sondern zur Verherrlichung Gottes und zum Wohle unserer Mitmenschen gebraucht werden.

Die katholische Kirche hat eben diese Ideologie heute übernommen, wenngleich sie sie nicht in die Tat umsetzt. Sie erklärt, daß der Mensch, der vollkommen sein will, auf Privateigentum verzichten und nur in der Gemeinschaft Dinge besitzen soll, zum Beispiel im Rahmen eines Mönchsordens.

Heute, an der Schwelle einer neuen geschichtlichen Epoche, stellen sich die Juden, die an Jesus glauben und getreulich Seiner Lehre folgen, von ganzem Herzen auf die Seite der Ausgebeuteten und Unterdrückten. Doch kennen wir niemanden, der mehr unterdrückt und mehr ausgebeutet wird als die Bürger der sozialistischen Staaten, die im Namen der Armen sprechen.

Wir sind entschiedene Gegner der kommunistischen Diktatur und des Terrors. Wir verabscheuen den kommunistischen Atheismus. Doch, wie ein Christ »für die Juden ein Jude und für die Griechen ein Grieche« sein soll, so müssen wir im Umgang mit den Kommunisten auch Kommunisten sein, wenn wir sie für Christus gewinnen wollen. Es ist genauso unmöglich, sie zu gewinnen, wenn wir eine antikommunistische Haltung annehmen, wie wenn wir versuchten, Juden zu gewinnen, und dabei eine antisemitische Haltung zeigen. Obwohl wir gegen den Kommunismus sind, müssen wir dem einzelnen Kommunisten mit Sympathie begegnen, wie der heilige Paulus, der die griechische Götzenverehrung verachtete, den Griechen gegenüber Worte des Lobes gebraucht hat, um sie zu bekehren.

Die sozialistischen Schriften boten uns immer sehr viele christliche Argumente. Immer wenn ich einen Kommunisten treffe, der sich über die Bibel als reaktionäres Buch lustig macht, kontere ich ihm mit einem Zitat von Marx: »Als Luther die Bibel übersetzte, gab er dem Volk eine mächtige Waffe gegen Fürsten, Adel und Geistliche in die Hand.«

Immer wenn ein Kommunist die Bibel als absurd bezeichnet, zitiere ich aus Engels Werk *Bruno Bauer und das primitive Christentum*: »Eine Religion, die das Römische Weltreich erobert und achtzehn Jahrhunderte lang die Mehrheit der zivilisierten Menschheit regiert hat, kann nicht einfach damit abgetan werden, daß man erklärt, sie bestehe aus einer Reihe von Ungereimtheiten, die von Betrügern ersonnen wurden.« In seinem Buch *Die Offenbarung* lobt Engels das Urchristentum als »eine große revolutionäre Bewegung«. Nebenbei gesagt war es Engels, der geschrieben hat: »Wir leben in Gott. Man kann das besser verstehen, wenn man auf dem Meer fährt.«

Selbst die Apostel setzten es als selbstverständlich voraus, daß die Menschenmenge sich von Jesus entfernen müßte, um Nahrung zu finden; Jesus aber zeigte, daß sie Nahrung in Hülle und Fülle haben konnten, wenn sie bei Ihm blieben.

Keiner braucht Jesus zu verlassen, um ein Revolutionär zu sein. Wenn man bei Ihm bleibt, kann man ein sehr viel besserer Revolutionär sein. Ohne Jesus sind Revolutionen destruktiv und kosten viel Blut. Eine Revolution mit Jesus ist konstruktiv und ändert die sozialen Verhältnisse auf friedlichem Wege, nachdem sie die Herzen geheiligt hat.

Wir waren bei den großen kommunistischen Massenversammlungen stets zugegen und verteilten dort unsere Traktate. Diese begannen mit den soeben beschriebenen Themen; dadurch fanden wir Kontakt zur kommunistischen Seele und predigten über den gekreuzigten Christus.

Konflikte mit dem Kommunismus
Wir machten uns jedoch keine falschen Hoffnungen; wir wußten, daß wir uns von den Kommunisten grundlegend unterschieden.

Die Kommunisten sind totalitär; sie gestatten nicht die kleinste Abweichung von der Parteilinie. Warum sollten sie dann uns, die wir ebenso totalitär sind und wünschen, daß alle Menschen völlig Gott gehören, ungeschoren davonkommen lassen?

Durch Anwendung der Methoden, die Jesus und Seine Apostel benutzten, waren wir imstande, einige Kommunisten für Christus zu gewinnen, doch führte das nur zu erhöhter Opposition der Partei gegen uns. Sie wollte kein Verständnis, keine Loyalität und Liebe, sie wollten lediglich, daß wir uns mit ihren Plänen identifizierten und uns zu willigen Werkzeugen machen ließen. Doch unsere Liebe zu ihnen gestattete uns nicht Opportunisten zu sein, ihnen zu schmeicheln und ihre willigen Sklaven zu sein. Aus Liebe zu ihnen mußten wir ihnen ihre Verbrechen zeigen. Sie mieden uns, weil wir das Problem der Sünde und den

Wahnsinn des Kreuzes als die einzige Lösung dieses Problems präsentierten.

Es gibt Sünden, die aufgrund sozialer Verhältnisse verursacht werden, und die nur auf sozialer Ebene beseitigt werden können, wie es zum Beispiel die Sünden der Sklaverei und der Polygamie waren. Doch hier gibt es eine Grenze. Lenin schreibt: »Wir können das Gesetz abschaffen, das dem Kapitalisten die Ausbeutung des Arbeiters und dem Grundbesitzer die Ausbeutung des Bauern gestattet, aber kein Mensch auf der Welt kann einen Schlauen daran hindern, einen einfachen Mann auszubeuten oder die Ausbeutung des Schwachen durch den Starken verhüten.«

Die Kommunisten könnten zwar durch Änderung der sozialen Verhältnisse die Grenze des Menschenmöglichen erreichen, doch die Herzen der Menschen können sie nicht ändern. Das kann nur Jesus. Er kann uns die Wiedergeburt schenken. Ohne Anwendung von Zwang verwandelte Er so schlaue Männer wie Matthäus und Zachäus und einen Terroristen wie Saulus von Tarsus in gute und gerechte Menschen. Nur das Kreuz Jesu kann diese Wunder vollbringen.

Bei den Kommunisten wird wie bei allen anderen Leuten der Versuch, ein wirklich moralisch einwandfreies Leben zu führen und auch den Geist emporschwingen zu lassen, durch die Sünde zunichte gemacht; sie drückt mit ihrer ungeheuren Last die Seele nieder. Sie haben Ungerechtigkeiten begangen, sie haben Menschen zum Weinen gebracht, sie haben Blut vergießen lassen, sie sind ihren eigenen Idealen untreu geworden und haben gegen ihre eigene moralische Richtschnur verstoßen. Das verursacht bei ihnen Schuldgefühle und das Bedürfnis, gerettet zu werden. Aber je stärker dieses Verlangen unterdrückt wird, um so mehr verwirrt sich ihr Geisteszustand, was zu allen möglichen morbiden und bösen Komplexen führt.

Und dann machen es die Kommunisten wie alle anderen Menschen auch: sie versuchen, ihre Schuld auf andere zu schieben, und suchen einen Sündenbock. Adam gab Eva die Schuld, und Eva wiederum der Schlange. Die Kommunisten finden ihren Sündenbock in der Bourgeoisie, bei den Grundbesitzern, den Sozialdemokraten, den Trotzkisten, im Klerus, bei den Sektierern und in den Reihen der eigenen Partei. Sie kämpfen gegen alles und jeden.

Keiner kann auf die Dauer mit der geistigen Einstellung »Ich bin nichts wert« leben. Außerdem ist das Schuldgefühl gegenüber allen Argumenten taub. Es nützt nichts, der schlechten Herkunft oder körperlichen Schwäche die Schuld für unsere Sünden zuzuschieben; wir können auch nicht die soziale Umwelt dafür verantwortlich machen. Auch Satan können wir für unsere Sünden keine Schuld geben, denn das hieße zuzugeben, daß wir auf ihn gehört haben. Keine Form von Wahnsinn kann mit Argumenten geheilt werden, und schon gar nicht der von der Schuld verursachte Wahnsinn. Es gibt Geistesgestörte, die glauben, sie hätten im Kopf eine tickende Uhr. Es ist unmöglich, sie davon zu überzeugen, daß dem nicht so ist. In derartigen Fällen verabreichen die Ärzte dem Patienten eine Narkose, machen einen kleinen Einschnitt in seinen Schädel, bandagieren ihn, und zeigen ihm beim Aufwachen mit Blut befleckte Teile einer Uhr, die, so informieren die Ärzte den Operierten, aus seinem Kopf entfernt worden seien. Mit dem Wahnsinn eines schlechten Gewissens liegt der Fall genauso. Das Herzinnere läßt sich nicht davon überzeugen, daß eine Sünde das Ergebnis atavistischer oder sozialer Ursachen sei. Wir fühlen uns für unsere eigenen schlechten Taten verantwortlich. Dafür gibt es nur ein Heilmittel, das wiederum eine andere Form des Wahnsinns ist — der Wahnsinn des Kreuzes. »Ja, du bist schuldig, du bist voller Schuld, du bist der einzig Schuldige«, sagt uns der große Heilkundige Jesus. »Du brauchst einen Sündenbock. Du mußt deine Sünde auf einen anderen übertragen. Versuche nicht, sie auf einen Gleichwertigen abzuwälzen, denn er wird sie dir zurückgeben — und sie wird schwerer sein denn je zuvor. Übertrage sie auf mich! Ich vertrete den Schöpfer. Wie Er trage ich die Verantwortung für die gesamte Schöpfung und für alles, was in ihr geschieht. Es ist recht, daß ich eure Sünden auf mich nehme. Ich habe eure Sünden am Kreuz gesühnt.« Die befreiende Wirkung dieses Sühneopfers Jesu auf die Seele, die Ihm vertraut, ist enorm.

Doch es gibt auch Kranke, deren Krankheit zu ihrem eigentlichen Lebensinhalt geworden ist. Die Blinden, die vom Betteln leben, sind über den

Gedanken an eine Heilung entsetzt, weil sie dann zur Arbeit gezwungen wären. Das heilende Kreuz Jesu verursacht die gleiche Panik. In dieser mißlichen Lage befinden sich die Kommunisten: für sie sind die Sünde und ganz besonders der Haß zum Lebensinhalt geworden. Was würden sie ohne beides tun? Wir predigten vom gekreuzigten Herrn und wußten, daß man uns hassen würde.

Die Kommunisten sind Atheisten; wir haben uns Gott verpflichtet. Der Konflikt war unvermeidlich. Wir wußten, daß aber Tausende von Christen in der Sowjetunion gelitten hatten. Und wir bereiteten uns auf das gleiche Schicksal vor.

Es gab noch einen weiteren Anlaß zu Meinungsverschiedenheiten: Nach dem Krieg ging es um die große Frage, welche Stadt die Hauptstadt der Vereinten Welt der Zukunft werden sollte — Moskau oder Washington? Die Welt spaltete sich in zwei Lager, in ein revolutionäres und ein antirevolutionäres, und es bildeten sich zwei Blöcke. Wir gaben ganz offen unserer Überzeugung Ausdruck, daß die Bemühungen Moskaus und Washingtons gleichermaßen vergebens seien, da die Hauptstadt der zukünftigen vereinten Welt unter der Schirmherrschaft Jesu Jerusalem sein würde — das Er die Stadt des großen Königs nannte. »Denn von Zion wird Weisung ausgehen und des Herrn Wort von Jerusalem«, sagt der Prophet Jesaja (2, 3).

Manche glauben, das Heil werde vom Kommunismus kommen; andere glauben, es werde von der amerikanischen Demokratie verwirklicht. Wir glauben, das was Jesus sagt: »Das Heil kommt von den Juden« (Joh. 4, 22), und die Juden werden ihre Heilsrolle erfüllen, wenn sie sich wieder Jesus zuwenden.

Noah prophezeite, daß Japhet (von dem die indoeuropäische Rasse abstammt) »in den Zelten Sems wohnen wird« (von dem die Juden abstammen). Mit anderen Worten: die indoeuropäische Rasse wird — nach den Worten des Propheten vor mehreren tausend Jahren (1. Moses 9, 27) — unter den von den Juden geschaffenen vorläufigen Gesellschaftssystemen leben. Und später sagte Mose zu Israel: »Ein Haus wirst du bauen; aber du wirst nicht darin wohnen... Einen Weinberg wirst du pflanzen, aber du wirst seine Früchte nicht genießen.« (5. Moses 28, Verse 30, 39).

Wir wollen sehen, wie sich diese bemerkenswerten Prophezeiungen bewahrheitet haben!

Das Haus des Christentums wurde von Sem, also von den Juden erbaut. Im Urchristentum wurde alles von den Juden abgeleitet. Von den Juden stammt »und aus welchem Christus herkommt nach dem Fleisch, der da ist Gott über alles, gelobt in Ewigkeit« schrieb der Apostel Paulus (Röm. 9, 5). Die Bibel ist jüdisch. Luther leugnete die Gültigkeit der ökumenischen Konzile mit dem Argument, sie seien nicht von den Juden eingesetzt. »Gottes Wort war nur ihnen anvertraut«, sagte er. Die Apostel waren Juden. Die Psalmen, die in den Kirchen gesungen werden, wurden von David geschrieben. Viele Jahrhunderte lang hat ganz Europa in dem Zelt Sems gelebt. Der von der christlichen Zivilisation ausgeübte beherrschende Einfluß umfaßt in seinem Wirkungskreis die ganze Welt. Nur die Juden bleiben außerhalb der Behausung, die sie selbst errichtet haben. Alle Rassen haben von den guten Weintrauben genossen, die Jesu Weinstock getragen hat; einzig und allein die Juden haben sie nicht gekostet.

Im fünfzehnten und sechzehnten Jahrhundert erschütterten die Renaissance, der Fluß des Goldes aus der Neuen Welt und Konflikte innerhalb der Kirche das Gebäude des Christentums. Da baute Israel in großer Eile ein neues Haus: das des Kapitalismus. In seinem Buch *Das Judentum und der Kapitalismus* beschrieb Werner Sombart die entscheidende Rolle, die die Juden bei der Schaffung des Kapitalismus gespielt haben und noch immer spielen. Japhets Nachkommen, die Indoeuropäer, sind im Einflußbereich des Kapitalismus alle in dieses neue »Zelt Sems« eingezogen.

Als der Kapitalismus sich siegreich etabliert hatte, erklärte ihm ein Jude, Karl Marx, den Krieg. Die Juden haben zwar aus dem Kapitalismus Nutzen gezogen, doch der Judaismus findet in ihm keinen Frieden. Unzählige junge Juden begaben sich auf einen Kreuzzug, um ein neues System zu schaffen: den Kommunismus. Die Rolle der Juden beim Bau dieses neuen Hauses, in dem Japhet leben sollte, ist wohlbekannt. Sehr viele Anführer der Russischen Revolution waren Juden: Trotzki, Sinowjev, Kamenew und andere. In Ungarn wurde der Kommunismus von Bela Kun und Tibor Szamuely, und später von Rakosi und Gerö angeführt. Auch in Rumänien spielten die Juden bei der Einführung des Kommunismus eine wichtige Rolle. Eine ganze Reihe von Völkern aller Rassen leben unter diesem neuen sozialistischen System, bei dessen Errichtung die Juden so entscheidend mitgewirkt haben, wenn auch nicht ausschließlich. Viele Offiziere der kommunistischen Geheimpolizei waren Juden — doch lange nicht so viele, wie die Antisemiten gern behaupten. Es gab auch viele gebürtige Rumänen, die ihre Landsleute folterten. Doch die Juden sind auch am aktivsten gegen die sowjetische Regierung tätig. Aufs neue haben sie ein Haus gebaut, in dem sie nicht leben können. Rußlands antikommunistische Freiheitskämpfer Daniel, Litwinow und Levitin-Krasnov sind Juden. Nachdem sie zuerst so beträchtlich zur Errichtung des kommunistischen Regimes in Rumänien beigetragen hatten, verließen sehr viele Juden das Land, um sich in Israel anzusiedeln.

Die Juden sind schon immer das erwählte Volk Gottes gewesen, betraut mit der Aufgabe, im Laufe der Geschichte Seine Pläne auszuführen, indem sie Gesellschaftssysteme schufen, die Schritt für Schritt die materiellen, kulturellen und intellektuellen Voraussetzungen für Gottes Königreich auf Erden vorbereiteten.

Nun sind sie mit einer neuen Aufgabe bedacht worden: wenn sie einmal als ein Volk zu Jesus, ihrem König, zurückgekehrt sind, werden sie beim Bau eines vierten Hauses eine entscheidende Rolle spielen — bei der Errichtung des Königreichs

Gottes, in dem der »Ewige Jude« endlich Ruhe finden wird. Dieses Königreich mit seinem Mittelpunkt in Jerusalem wird sowohl den Kapitalismus als auch den Kommunismus ablehnen oder könnte sogar eine Verkörperung der nützlichen Eigenschaften aller vergangenen Gesellschaftssysteme darstellen.

Die Antisemiten machen den Juden ein großes Kompliment, wenn sie behaupten, daß dieses zahlenmäßig so unbedeutende Volk so viel Einfluß auf der ganzen Welt ausübe und die Wurzel allen Übels sei.

Es gab eine Zeit, da waren die Niagarafälle für die Vereinigten Staaten und Kanada ein Ärgernis, weil sie mehrere tausend Hektar fruchtbaren Bodens verwüsteten. Kluge Männer erkannten jedoch, daß, wenn der Niagara eine so große Zerstörung anrichten konnte, er auch fähig sein müßte, viel Gutes zu bewirken, wenn er einmal nutzbar gemacht worden wäre und zum Antrieb von Turbinen und ähnlichem gebraucht werden könnte. Heute ist dieser große Wasserfall eine wichtige Energiequelle für beide Länder. Die Juden richten sehr viel Böses an, behaupten die Antisemiten. Das bedeutet aber, daß sie eine Energiequelle sind und auch sehr viel Gutes bewirken können. Doch um das zu erreichen, müssen sie mit der Quelle alles Guten, mit Christus, vereint sein. Daher die ungeheure Wichtigkeit der christlichen Missionierung der Juden. Bisher erschien eine Missionierung dieser Art eine Utopie zu sein; jetzt aber haben wir eine neue Phase der Geschichte erreicht, in der die Juden die ihnen gebührende Anerkennung finden.

Unsere Arbeitsmethoden brachten uns in Konflikt mit den kommunistischen Behörden. Im Jahre 1948 steckten sie mich ins Gefängnis.

NACHWORT

Als ich aus dem Gefängnis entlassen wurde, erklärten meine Feinde innerhalb der Kirche — diejenigen, die mit dem Kommunisten kollaboriert hatten — daß ich ein Ketzer sei. Das erweckte die Neugier der Leute, und sehr viele Menschen waren gespannt darauf, mich predigen zu hören und meine Bücher zu lesen. Die Türen der alten lutherischen Kirchen wurden mir geöffnet, und ich predigte von Kanzeln, auf denen noch nie ein Jude gestanden hatte. Und es hatte auch noch nie ein Jude in den griechisch-orthodoxen Kathedralen und an anderen Stätten gepredigt, wohin ich nun Einladungen erhielt. Die große Mehrheit meiner Zuhörerschaft waren Nichtjuden. Doch für jeden, der sich der Verkündigung des Evangeliums bei den Juden gewidmet hat, ist es äußerst wichtig, auch Nichtjuden für Christus zu gewinnen; denn jeder, ungeachtet seiner Rasse, der von einem Juden zu Jesus bekehrt worden ist, wird selbst zum Missionar für die Juden. Diese indirekte Methode ist genauso wichtig wie die direkte.

Da sich ihr letzter Angriff als erfolglos erwiesen hatte, griffen meine Feinde nun zu verschiedenen Taktiken und verbreiteten das Gerücht, ich sei geistesgestört. Doch sie sprachen ohne jegliche Zeichen von Sympathie über mein Leiden und machten somit ihre Beweggründe von Anfang an unglaubwürdig.

Ich war seit langem daran gewöhnt, alles mögliche über mich zu hören. Man hatte mich ein Genie genannt, einen Idioten, »Jesus Christus«, den »Teufel«, einen sehr gebildeten Mann, einen Ignoranten, einen Heiligen, eine widerliche Person, einen Menschen von beispielhafter Ehrlichkeit, einen Dieb, einen Nazi, einen Kommunisten, einen Anarchisten oder einen Jesuiten. Aber die zugleich liebenswürdigste und verächtlichste Beschuldigung war, daß sie mich jetzt einen Verrückten nannten. In dem Glauben, sie würden den Wert meiner Botschaft untergraben, indem sie mich für geisteskrank erklärten, enthüllten meine Feinde ihre eigene Unwissenheit.

Zum ersten besteht zwischen Wahnsinn und Genialität eine gewisse Verwandtschaft. Seneca hat geschrieben: »Es gibt keinen großen Intellekt, der nicht auch einen Hauch von Wahnsinn besitzt.«

Die christlichen Juden hatten es sich zur Aufgabe gemacht, eine Straße zum Judaismus und zur Menschheit zu bauen. Wie konnten sie diese Aufgabe durchführen ohne einen Hauch von Wahnsinn? Manche Leute machten mir meine Verrücktheit zum Vorwurf, ich aber fragte mit den Worten Nietzsches: »Wo ist der Wahnsinn, mit dem Sie geimpft werden sollten?«

Die christlichen Juden haben eine großartige Berufung: man erwartet von ihnen, daß sie groß sind, daß sie das Format Christi erlangen, daß sie Größeres vollbringen als Er (Joh. 14, 12) und daß sie die Festung Israel erobern, die Er nicht zu erobern vermochte. Wenn sie diese Größe erreichen, werden sie auch das Schicksal aller Großen teilen, eine deren Eigenschaften die Geistesgestörtheit ist. In dem prophetischen Psalm 69 hören wir von der Geistesgestörtheit des Messias. Paulus gestand, daß er ein Narr sei. Ohne eine Spur von Wahnsinn wäre er kein großer Apostel gewesen. Nervenstörungen treten bei Leuten mit einer besonderen Berufung häufiger auf, als bei gewöhnlichen Menschen. Es überraschte uns ganz und gar nicht, als ein junger Ingenieur, einer der glanzvollsten unserer Brüder, plötzlich einen schweren Nervenzusammenbruch erlitt und ins Krankenhaus mußte. Das minderte in keiner Weise den Wert seiner Überzeugung.

Das Vorurteil ist weitverbreitet, daß ein gesunder Verstand nicht nur biologisch, sondern auch gesellschaftlich wertvoll sei. Doch die Geschichte ist nicht von normalen Menschen geformt worden. Hätten Calvin und Luther die Reformation einleiten können, wenn sie normal gewesen wären? Unser Ziel ist es, eine Revolution innerhalb der Christenheit in die Wege zu leiten, und zwar innerhalb des Judaismus und auf der Welt. Wehe dem Menschen, an den eine Berufung dieser Art ergeht und der sich vor dem Wahnsinn fürchtet!

Einer meiner Feinde sagte einmal zu mir: »Im Christentum muß alles von Anfang an beginnen.« Als ich antwortete: »Fangen wir also an«, zog er sich ängstlich zurück und nannte mich zu meiner großen Freude einen Verrückten. Wenn der Wahnsinn ein bestimmtes Stadium erreicht hat, wird der Intellekt empfindsamer und klarer, so daß er Gegensätze besser wahrnimmt. Das macht den Verstand komplizierter, reicher und mehr seiner selbst bewußt. Erasmus von Rotterdam hat nicht von ungefähr sein Buch *Zum Lob der Narrheit* geschrieben. Ich dankte Gott, daß ich im Gefängnis viele Jahre lang unter Bedingungen zugebracht habe, die sehr wohl Wahnsinn erzeugen können. Mein Intellekt hatte in vielerlei Hinsicht neue Eigenschaften gewonnen, die ich nun im Dienste Jesu zur Anwendung bringen konnte.

Übrigens steht der Wahnsinn der Liebe nahe. Normale Leute zanken sich mit ihren Männern oder Frauen und müssen sich irgendwie mit ihnen abfinden. Romeo und Julia waren ein bißchen geistesgestört, und die Mystiker ebenfalls. Ich nenne die Dinge gern bei ihrem richtigen Namen. Für diejenigen, die über das Leben der großen Mystiker gelesen haben, ist es kein Geheimnis, daß das mystische Leben zu einem großen Teil von unbefriedigten sexuellen Wünschen genährt wird. Gesegnet sei der Mensch, der diese Wünsche in die geistige Welt hineinsublimieren kann! Auch in dieser Hinsicht waren mir meine Gefängnisjahre von großer Hilfe. Ich hatte ein mystisches Erlebnis, das gewöhnliche Leute mit einem normalen Sexualleben und anormalem Familienleben mit Konflikten und Familienstreitigkeiten nie gehabt haben könnten und auch nie verstanden haben würden. Sie hätten es rundweg als Verrücktheit oder Farce abgetan. Mein Erlebnis war jedoch sehr wertvoll; denn wenn ein christlich-jüdischer Pfarrer unsere enorme Aufgabe erfüllen soll, müßte er — wie die lebendigen Wesen der Offenbarung

— vier Köpfe haben: den Kopf eines Mystikers, den eines zum wissenschaftlichen Denken fähigen Menschen, den Kopf eines Strategen mit Organisationstalent sowie den Kopf eines Revolutionärs.

Wie könnte auch ein normaler, moderner Geistlicher, dessen Hauptlektüre anscheinend aus Dale Carnegies *Wie man Freunde gewinnt und Menschen beeinflußt* besteht, und nicht aus der Quelle der Evangelisten *Die Kunst, im Sichkreuzigenlassen eine Bedeutung zu finden* — wie könnte ein solcher Geistlicher die Tragödie des Lebens sublimieren, mit Pathos erfüllt sein und sich einen Weg durch die unendlichen Reiche der Metaphysik bahnen?

Ich akzeptierte die Bezeichnung »verrückt«. Hat Gott nicht die Weisheit der Welt töricht gemacht? Um Christi willen will ich ein Narr sein und kein friedfertiges, gewöhnliches, banales, routinemäßiges Mitglied der Gesellschaft.

Ich kann auf Jahre 24 Streit zurückblicken. Ich habe viele Schläge empfangen, aber ich habe auch meinen Teil dazu geliefert. Die Christen müssen das Salz der Erde sein und auch der Senf. Sie müssen brennen. Der Feind muß merken, daß er einem Soldaten Jesu gegenübersteht, der gut bewaffnet ist.

Ich habe unaussprechliche Freude und tiefen Kummer erlebt. Eins aber war ich nie: gelangweilt. Auf dem Pfad, den Jesus für uns bereitet hat, gibt es Leben in Hülle und Fülle.

Dank der Gnade Gottes habe ich Brüder vieler Nationen kennengelernt, die sich völlig dem Gott

Israels geschenkt haben. Ich habe einmal gelesen, daß Gott sie so ausgerüstet habe, um die Juden neidisch zu machen. Ich beneidete sie und versuchte, wie sie zu sein: ein treuer Verfechter der Sache Jehovas und Seines erwählten Sohnes Jesus. In meinen früheren Tagen war ich ein eifriger Diener Satans gewesen; jetzt wollte ich Gott in derselben Weise dienen.

Ich tat es in einer Zeit großer geistlicher Gleichgültigkeit. Die Menschen essen, trinken, heiraten und bauen Häuser, ohne die Prophezeiungen zu kennen und ohne sich bewußt zu sein, was in Israel und in der Welt geschieht; daß sich die Menschheit nämlich dem Ende aller Zeiten nähert und die Uhr fünf Minuten vor zwölf anzeigt.

Die Menschheit muß entweder bekehrt oder bei einer Atomkatastrophe vernichtet werden. Wir sind darum bemüht, die Welt zu bekehren. Wir wollen das jüdische Volk zu Christus bringen; denn erst dann wird es in der Kirche neues Leben geben und erst dann werden die Christen so sein, wie sie zu Beginn des zweiten Jahrhunderts von dem athenischen Redner Aristides beschrieben wurden:

»Die Christen kennen Gott und vertrauen Ihm. Sie verzeihen denen, die sie unterdrücken und machen sie zu ihren Freunden. Sie sind gut zu ihren Feinden. Ihre Frauen halten die Ehe rein; ihre Töchter sind keusch. Sie lieben einander. Sie verweigern den Witwen die Hilfe nicht. Wenn sie einen Fremden sehen, empfangen sie ihn in ihren Häusern und freuen sich an ihm, wie an einem

Bruder. Wenn einer von ihnen arm ist oder etwas braucht, dann fasten sie zwei oder drei Tage lang, um seine Bedürfnisse zu befriedigen. Sie gehorchen gewissenhaft den ihnen von ihrem Messias gegebenen Geboten. Jeden Morgen und zu jeder Stunde loben sie Gott und danken Ihm für Seine Güte. Sie sind die Quelle alles Schönen in der Welt. Sie sprechen nicht öffentlich über ihre guten Taten, sondern geben acht, daß sie von niemandem dabei beobachtet werden. Sie sind wahrhaftig ein neues Volk, und es ist etwas Göttliches in ihnen.«

Die negativen Eigenschaften der heutigen christlichen Juden entmutigen uns nicht. Sie sind weder das Ergebnis ihres Judaismus noch ihres Christentums, sondern die Folge des starken Drucks, den die Welt auf sie ausübt. Diese Verhältnisse werden sich ändern, wenn ganz Israel erlöst ist. Doch selbst heute ist der christliche Jude, der ein wahrer Jude und ein wahrer Christ ist und der keinen Anspruch darauf erhebt, Rumäne oder Deutscher, Lutheraner oder Katholik zu sein, ein großer Segen für die Nation. Viele Christen, Geistliche ebenso wie Laien, haben dem Christentum gegenüber eine völlig neue Haltung eingenommen, und es waren die christlichen Juden, die die ersten Anstöße in dieser Richtung gaben.

Noch haben wir jedoch nur die ersten Schritte getan. Die uns folgen wollen, werden auf eine ganz andere Art tätig werden müssen. Wir konnten lediglich so arbeiten, daß wir hier und da eine Seele gewannen. Wir werden strategisch denken und auf nationaler Ebene arbeiten müssen. Ja, wir werden auf universale Perspektiven umzudenken haben, da sich neue Faktoren ergeben haben.

Jeden Tag nimmt der Teufel Zehntausende von Menschen mit sich in die Hölle. Wenn wir uns damit begnügen, nur einen von diesen Zehntausenden zu retten, dann zermalmen wir nicht den Kopf der Schlange, sondern kitzeln sie nur ein bißchen am Bauch.

Wir müssen die religiöse Haltung in unserem Volk und auf der ganzen Welt ändern. Das ist zweifellos eine schwierige Aufgabe. Doch bei Gott und denen, die an Ihn glauben, ist alles möglich.

Jesus ist nicht der Erlöser, den die Juden suchen. Er will uns von unseren Sünden retten. Wir aber möchten unsere Sünde behalten, weil sie uns Vergnügen bereitet, und wir wollen lediglich vor den katastrophalen Folgen der Sünde gerettet werden. Wir möchten, daß Er zu uns über unsere wirtschaftlichen und politischen Probleme spricht, und daß Er Israel vor der Unterdrückung durch andere rettet und es in die Lage versetzt, über sie zu triumphieren.

Er aber spricht zu uns über Lilien, Vögel und ein ewiges Königreich der Gerechtigkeit und des Lichtes für alle Menschen. Doch weder Gott noch das Universum sind so, wie wir es gerne hätten. Nicht die Wirklichkeit muß sich in das verwandeln, was wir wollen, sondern wir müssen uns der Wirklichkeit anpassen. Das wahre Gebet lautet »Dein Wille geschehe« und nicht »Herr, laß meinen Willen geschehen«. Israel wird seine heilige Berufung, für die es erwählt wurde, erfüllen, wenn es Christus so, wie Er ist, akzeptiert und Ihm unser Vertrauen schenken, selbst wenn wir Ihn nicht verstehen. Wir müssen Christus aufnehmen; und zusammen mit Ihm werden wir alle Seine Jünger aus aller Herren Länder in Liebe umfangen mit all ihren Fehlern und Schwächen. Ein unvollkommener Diamant ist schließlich wertvoller als ein fehlerloses Sandkorn.

Unsere nichtjüdischen Brüder haben uns immer mit ihrer Liebe umgeben. Ohne ihre Hilfe wäre unsere Missionsarbeit unter den Juden nicht möglich gewesen.

Wenn die Juden nach Gott hungern, werden sie nicht mehr an der Tatsache Anstoß nehmen, daß die Christen in einem irdenen Gefäß den geistigen Schatz besitzen, den sie von Israel empfangen haben, daß sie Sünden haben. Der Talmud erklärt: »Derjenige, der an einem Glas Bier bläst, um den Schaum zu entfernen, hat keinen Durst. Und wenn jemand fragt: ,Was soll ich zu meinem Brot essen?' sollt ihr ihm das Brot wegnehmen, weil er keinen Hunger hat.« Auch wir erhielten geistige Nahrung durch das Bekenntnis des schwächsten Christen.

Was also sollen wir tun, um Israel zu erobern?

Erstens dürfen wir vor der Größe unserer Aufgabe nicht erschrecken. Jesus sagte: »Fürchte dich nicht, du kleine Herde; denn es ist eures Vaters Wohlgefallen, euch das Reich zu geben« (Luk. 12, 32). Wir werden unser Ziel nicht dadurch erreichen, daß wir die Begeisterung unserer Überzeugung analysieren, sondern dadurch, daß wir Ihn kennenlernen, an den wir glauben und von dem wir predigen: Gott.

Wem hat Israel seine wunderbare Geschichte zu verdanken? Irgendeiner wirksamen Propaganda etwa? Nein — nur der Tatsache, daß ohne Wissen anderer einer unserer Vorfahren im Kampf einen Engel besiegte und ihm einen ewigen Segen entrang.

Schritt für Schritt hat die Entdeckung neuer Energiequellen durch den Menschen — Dampf, Elektrizität, Atomkraft — die Welt verändert. Aber es gibt immer noch eine unbekannte Kraftquelle: die Kraft, die wir von den guten Engeln erben und von den Propheten und Heiligen, die dieses Leben verlassen haben, ohne daß ihr Sehnen erfüllt worden wäre, oder ohne daß sie Zeuge dessen sein können, was wir heute erleben — die Zeit von Jesu Wiederkehr. Diese Kraft ist heute noch im Verborgenen vorhanden und kann wieder wirksam werden. In einer Nacht erschlug ein Engel 180 000 Assyrer. Einen Engel an seiner Seite zu haben, ist wertvoller als die Unterstützung einer großen Zahl berühmter und bedeutender Leute.

Um die christlichen Juden mit den Engeln zu vereinen, verbrachte ich Jahre im Gefängnis, von den Brüdern isoliert. Dieser Weg steckt voller Geheimnisse, doch es ist der Weg, den wir gehen müssen. Wenn die Zeit gekommen ist, werden wir in überragende Majestät gehüllt sein, und Israel wird Christus gehören.

Wann wird das geschehen? Das hängt davon ab, wie schnell sich jeder von uns auf diesen Weg begibt.

Es wird verlangt, daß jeder von uns sein Leben der Wahrheit widmet, die in Christus ist, und dann wird dieses Wunder stattfinden. Hier jedoch zwei praktische Ratschläge: erstens — konzentriert eure missionarischen Bemühungen auf die wichtigsten Persönlichkeiten im jüdischen Volk; zweitens — schließt in das Missionsprogramm eurer Kirche das eine Drittel der Juden ein, das in der kommunistischen Welt lebt und schwerer Verfolgung ausgesetzt ist.

Was würde man von jemandem halten, der einer Familie einen seelsorgerischen Besuch abstattet, in der ein Mitglied todkrank ist, und der sich nur mit den Gesunden unterhält, ohne sich überhaupt nach dem Bettlägerigen zu erkundigen? Zwei Drittel der Juden leben in der freien Welt oder in ihrem eigenen Land, wo sie zwar vor Schwierigkeiten stehen, aber sich doch der Unabhängigkeit erfreuen. Wie kann denn eine Mission für die Juden dem Problem ihrer Brüder in der Sowjetunion, die man terrorisiert, die getrennt von der übrigen Bevölkerung leben müssen und verspottet und geschlagen werden, denen man aber nicht erlaubt, ihre spezifisch jüdischen Werte zu pflegen, ihre Sprache, ihre Kunst und Religion — wie kann eine solche Mission diesem Problem nicht den Vorrang einräumen?

Wie wird das enden? Es besteht keine große Aussicht, daß man ihnen allen gestatten wird, nach Israel umzusiedeln. Und selbst wenn man es ihnen erlaubte: — wie könnte Israel innerhalb kurzer Zeit über drei Millionen Einwanderer aufnehmen? Und wie könnte man drei Millionen Männer und Frauen, die zwar zweifellos den Kommunismus hassen, jedoch nur marxistisch indoktriniert worden sind, wieder judaisieren? Sie kennen keine andere Lehre als die des grimmigen Atheismus, die man ihnen eingetrichtert hat. Augenblicklich jedenfalls leben diese Juden in der UdSSR, und zwar für immer.

Jeder vernünftige Mensch wird sagen, daß nicht die geringste Chance besteht, diese Menschen davon zu überzeugen, orthodoxe Juden zu werden. Wer wird ihnen dann diese Religion nahebringen? Selbst für die Juden in der freien Welt gibt es keine orthodoxe Mission. Der orthodoxe Judaismus ist auf eine Missionsarbeit unter illegalen Bedingungen völlig unvorbereitet. Außerdem hätte eine solche Mission nicht die geringste Aussicht auf Erfolg. Sollte der liberale Judaismus ein solches Abenteuer wagen? Was wird er denn verbreiten? Die Zweifel des Modernismus? Die Kritik an der Bibel?

Die marxistische Indoktrination hat bereits Zweifel genug in die Herzen der christlichen Juden gesät. Sie brauchen wirklich keine zusätzlichen Zweifel mehr.

Was kann die sowjetischen Juden als Juden erhalten? Was kann sie zu nützlichen und gesunden Mitgliedern ihres Volkes machen und ihre Seelen für die Ewigkeit retten? — Das alles weiß nur

Jesus, der König der Juden.

Für die Kirche Christi ist es eine vorrangige Aufgabe, den Kindern Abrahams im kommunistischen Lager das Evangelium zu verkünden. Nach fünfzig Jahren Kommunismus in Rußland haben sie nicht die geringste Ahnung von ihrer Religion. Mit den Worten *Talmud* und *Kabbala* können sie nichts anfangen. Sie haben auch nicht die geringste Vorstellung vom Alten Testament. Sie wissen, »Wir sind Juden und werden deswegen verfolgt. Dies entfacht in uns das Verlangen, Juden zu bleiben. Die Kommunisten bekämpfen immer nur das, was bei den Menschen am wertvollsten ist. Sie bekämpfen den Judaismus. Er muß eine sehr kostbare Perle sein.«

»Jesus to the communist World« (»Jesus für die kommunistische Welt«) in den USA und ähnliche Missionen in anderen Ländern möchten ihnen diese Perle in ihrer ausgesuchtesten Schönheit zeigen, und zwar in der Gestalt des Juden Jesus, des ersehnten Messias.

Im sowjetischen Judentum gibt es bereits spontane Annäherungsversuche an Christus. Ein Jude, Boris Pasternak, der Nobelpreisträger, hat als erster die Persönlichkeit Jesus in die russische Literatur zurückgebracht, von der er fünfzig Jahre lang gewaltsam ausgeschlossen worden war. Wie schön sind doch Pasternaks Gedichte über Maria Magdalena! In seinem Buch *Doktor Schiwago* reinigt sie Jesu Füße, mit ihren Tränen benetzt, und sagt: »Wie ich meine Haare aufgebunden habe, binde du mich von meinen Sünden los«.

Ein hervorragender religiöser Schriftsteller aus der Sowjetunion ist heute ein weiterer hebräischer Christ, Anatolij Krasnow-Lewitin.

Um seines Glaubens willen verbrachte er sieben Jahre im Gefängnis. Als er zum zweiten Mal verhaftet wurde, betrat er mit folgenden Worten das Zimmer des Untersuchungsbeamten: »Ne kupite i ne pugaete (Ihr werdet mich nicht kaufen und nicht einschüchtern). Was für Fragen haben Sie an mich?«

Seit kurzem bringt ein weiterer Jude namens Pomeranz die Gedanken Christi in der geheimen Literatur, die in der UdSSR gedruckt wird. Die sowjetische Untergrundkirche berichtet von etlichen Fällen, in denen jüdische Intellektuelle zum Christentum bekehrt wurden. Uns sind andere Fälle von gewöhnlichen Leuten bekannt.

Christus geht durch die Straßen Moskaus, Kiews und Bukarests. Wie überall wird Er das Heil auch in jüdische Häuser tragen. Er steht immer auf der Seite der Verfolgten. Er ist auf der Seite der Juden, die vom antisemitischen Kommunismus verfolgt werden. Er wird sie in Seine Arme schließen.

In Lukas 6, 1 lesen wir von einem Sabbat, der auf Griechisch »deuteroprotos« genannt wird. Die Übersetzer wußten nichts mit diesem Wort anzufangen. Wörtlich übersetzt bedeutet es »zweites zuerst«. Es gibt Tage, an denen zweitrangige Dinge zuerst kommen. Als die Jünger Jesu Hunger hatten, kam das Recht zu essen, das für einen Gläubigen sonst von zweitrangiger Bedeutung ist, an erster Stelle vor der Achtung gegenüber dem Sabbat.

Der Staat Israel erlebt jetzt »deuteroprotose« Tage. Die Hauptsorge der dortigen Juden kann nicht geistlicher Art sein, obwohl sie das erwählte Volk Gottes sind. Zweitrangige Dinge kommen an erster Stelle. Der jüdische Staat muß überleben. Die Christen aller Nationen müssen helfen mit ihren Gebeten, ihrem Einfluß auf die Politik der Regierungen, mit praktischer Hilfe in Form von Geld, das an israelische Gesandtschaften sowie an Freiwillige für die Armee geschickt wird.

In Rotchina wurden alle Kirchen geschlossen. Viele wurden mit Plakaten geschändet, auf denen geschrieben stand: »An den Galgen mit Gott«. In Rußland sind Kirchen in atheistische Museen mit obszönen Bildern von Jesus, der Heiligen Jungfrau und den Aposteln umfunktioniert worden. Doch Satan ist damit nicht zufrieden. Er möchte gern ein Plakat »An den Galgen mit Gott« an der Geburtskirche in Bethlehem hängen sehen.

Er würde auch gern Bilder und Parolen, die zur Verspottung Jesu dienen, in der Heiligen Grabeskirche sehen. Jesus, an den heiligen Stätten lächerlich gemacht, die von den Christen verehrt werden — das ist es, wofür der Antichrist kämpft. Nazareth wird bereits »die rote Stadt« genannt.

Die irregeführten arabischen Machthaber sind die ohnmächtigen Werkzeuge des Antichristen. Sie sollten sich daran erinnern, daß der mohammedanische Glaube in den kommunistischen Ländern ebenfalls verfolgt wird, während er in Israel frei ist.

Israel schreitet zur Selbstverteidigung. Es soll kein weiteres Auschwitz geben. Israel verteidigt die heiligen Stätten der Christenheit gegen die Bolschewiken. Heute hat diese Aufgabe äußerste Dringlichkeit. Alle Kinder Gottes, vom Nichtjuden oder vom jüdischen Volk angefangen, stehen in diesem Kampf auf der Seite Israels.

Doch das religiöse Problem wird wieder in den Vordergrund rücken, und im Geiste sehe ich bereits jüdische Synagogen, Schulen, Zeitungen und Verlagshäuser — ich sehe Juden in allen politischen, wirtschaftlichen, kulturellen, wissenschaftlichen und künstlerischen Schlüsselpositionen in jedem Land der Erde, im Dienste Christi versammelt! Ich sehe, wie sich die Menschen aller Hautfarben und Rassen an die Juden wenden, damit diese ihnen den Weg zum Heiland zeigen können. Sacharja 8. 23.

Ich sehe Jerusalem als die Hauptstadt der christlichen Welt. Ich sehe den Triumph des Friedens, der Liebe, der Gerechtigkeit und des gegenseitigen Verständnisses. Ich sehe den Löwen neben dem Lamm liegen. Ich sehe ein Königreich, in das Jesus zurückgekehrt ist, um die Herrschaft anzutreten. Ich sehe ein irdisches Dasein, das bewußt als Vorbereitungsstufe zum ewigen Leben benutzt wird. Ich sehe Juden auf christlichen Kanzeln, wie sie den Völkern der Erde den vollkommenen Weg zur Erlösung zeigen. Der Glaube sieht all diese Dinge, und so wird es auch sein. Denn ich glaube nicht an die Wirklichkeit, wie sie mir mein Auge zeigt, sondern an die Versprechen

Gottes.

Der Morgen dämmert; bald wird es Tag sein; bald wird die Sonne auf Israel scheinen.

Diese Hoffnung inspirierte Nollensen, den Apostel der Batakier aus Sumatra, und mit eigenen Augen sah er die Erfüllung seines Traumes.

Die Juden leben auf einer ganz anderen Ebene, und es ist viel schwieriger, sie zu bekehren. Sie sind eine Rasse mit sehr vielen hervorragenden Persönlichkeiten. Doch wo Gott uns zur Seite steht, gibt es keinen Unterschied zwischen dem, was schwierig ist und dem, was einfach ist.

Bis zum heutigen Tag glaubt die Mehrzahl der Juden nicht an Jesus — nicht weil sie es so wollten, sondern weil Gott die Wahrheit vor ihnen verborgen hat (Matth. 11, 25). Und Gott ist ihnen verborgen geblieben, weil Er sie als Seine strategische Reserve zurückbehalten wollte. Sie sind die zukünftige Hoffnung der Kirche. Gott hat sie vor fünfzehn Jahrhunderten des Irrtums und des Niedergangs in der Kirche verschont, weil Ihm das ermöglichen würde, die Juden, die von diesen Sünden unbefleckt sind, im entscheidenden Augenblick zur Wiedererrichtung der Kirche einzusetzen.

Dieser Augenblick ist gekommen; und jetzt wird Christus der König der Juden sein.

BÜCHER DER STEPHANUS EDITION

Pfarrer Richard Wurmbrand:
    Erreichbare Höhen
    Antwort auf Moskaus Bibel
    Marx und Satan
    Gefoltert für Christus
    Stärker als Kerkermauern
    Das blutbeschmutzte Evangelium

Michael Wurmbrand: Christus oder die rote Fahne

Sabine Wurmbrand: Mit und ohne Richard

A. Shifrin: Das Verhör
    UdSSR-Reiseführer

Ernst-Wilhelm Kohls: Jesus Christus bekennen

J. Barron/A. Paul: Das Massaker

A. Hlinka: 20+10 Jahre danach

P. Stocker: Die getrennten Reiche

Gitt & Wermke: Schöpfung oder Evolution

Akos Nagy: Siehe, ich bin des Herrn Magd

D. Martin Luther: Der Kleine Katechismus

Nicole Valéry: Zelle 24

H. Hartfeld: Glaube trotz KGB

A. Moise: Lösegeld für Wurmbrand

Tscheng Jen-Juan: Zerstörte Jahre

H. Germani & H. Heck: Löwe oder Bär

George Watt: China Spion

Harald Vetter: Der Schrei ohne Antwort
    „... so du niederfällst und betest mich an..."